"十四五"职业教育国家规划教材

（第3版）

药店经营与管理

Pharmacy Operation and Management

■ 主 编 吴 锦

ZHEJIANG UNIVERSITY PRESS
浙江大学出版社
·杭州·

内容简介

本书按照药店经营与管理的逻辑顺序展开,首先对药店的申请开办、选址、营业场所设计,以及药品采购与验收、仓储与养护、陈列、销售等主要经营管理活动的方法、技术和策略进行了详细的阐述,然后论述了药店服务、员工、药品价格、收银作业与财务等管理问题,最后探讨了如何运营网上药店和连锁药店。

本书按照"项目引领"教学模式的要求,内容凸显实用性和可操作性。本书适合医药院校相关专业本科、高职高专、中职教育作为教材使用,也可作为药事监督管理人员、药店经营管理者、药店工作人员的学习参考书。

图书在版编目(CIP)数据

药店经营与管理 / 吴锦主编. —3 版. —杭州:
浙江大学出版社,2019.4(2025.7重印)
ISBN 978-7-308-19098-5

Ⅰ.①药… Ⅱ.①吴… Ⅲ.①药品—专业商店—商业
经营 Ⅳ.①F717.5

中国版本图书馆 CIP 数据核字(2019)第 074416 号

药店经营与管理(第 3 版)
吴　锦　主编

责任编辑　秦　瑕
责任校对　汪　潇　高士吟
封面设计　春天书装
出版发行　浙江大学出版社
　　　　　(杭州市天目山路 148 号　邮政编码 310007)
　　　　　(网址:http://www.zjupress.com)
排　　版　杭州青翊图文设计有限公司
印　　刷　杭州钱江彩色印务有限公司
开　　本　787mm×1092mm　1/16
印　　张　15.75
字　　数　403 千
版 印 次　2019 年 4 月第 3 版　2025 年 7 月第 14 次印刷
书　　号　ISBN 978-7-308-19098-5
定　　价　49.90 元

浙江大学出版社市场运营中心联系方式:0571-88925591;http://zjdxcbs.tmall.com

本书编委会名单

主　编　吴　锦

副主编　沈　枫　柯小梅　林　琳
　　　　柯　瑜　林瑾文　张　宁

编委名单　（以姓氏笔画为序）

王丽梅　淄博职业学院

龙萌萌　河南医药健康技师学院

朱茂根　浙江药科职业大学

江　燕　北京联合大学

孙　倩　浙江药科职业大学

吴　锦　浙江药科职业大学

沈　枫　广东药科大学

张　宁　山东药品食品职业学院

林　琳　沈阳药科大学

林瑾文　福建生物工程职业技术学院

周　静　浙江药科职业大学

赵　雯　山西药科职业学院

赵　静　浙江药科职业大学

柯　瑜　江西中医药大学

柯小梅　广东食品药品职业学院

施能进　浙江药科职业大学

宣　扬　浙江药科职业大学

郭文博　浙江药科职业大学

章建飞　宁波四明大药房有限责任公司

童　燕　浙江药科职业大学

前　言

　　药品是特殊商品,药店是一种特殊的经营场所。对药店的经营与管理行为,国家有着系统、严格的政策和法规。药店作为零售业态的一种,伴随着药品零售市场的变化又有着其独特的经营之道。其经营管理者不仅需要具备一定的药事管理法规、药品知识与技能,还应掌握一定的经营和管理技巧,只有这样,才能创造出更好的经济效益和社会效益。

　　本书的特点主要有:①项目引领。按照"项目引领"教学模式的要求,每个项目编写的顺序为:"项目描述"、"项目分析"、"相关知识"、"项目实施"、"拓展提高"、"重点知识"、"实用技术训练"等几个模块。其中心是解决项目实施问题,体现理论为实践服务的特点。为帮助读者理解、引导读者思考,在每一项目中还穿插有"课堂随想"、"小资料"和"链接"。"归纳总结"以结构图的形式概括了各项目的内容,方便复习和记忆。"实用技术训练"有重要概念解释、问题理解、知识应用、案例分析、操作实训等多种题型,并在书后提供参考答案,便于检查每个项目的学习效果。②实用性和可操作性。一方面,教材对经营与管理的理论不做系统性叙述,而是将理论与药店经营管理的实际有机结合,并突出体现药品零售经营的特点,强调药店不同于一般商店经营与管理的特殊性。围绕实际应用讲解理论,通过案例分析,向读者说明药品是怎么零售、药店是怎样经营管理的。另一方面,教材在结构的布局、内容的选取、案例的设计等方面符合教改目标和课程标准的要求,配有电子课件,把教师的备课、授课、辅导答疑等教学环节有机地结合起来,适应以学生为中心的互动型教学需要。本教材提供了药店经营与管理的手段和方法、技术和技巧,希望其能成为药店经营管理者的好帮手。

　　本书共设十三个项目。项目一申请开办药店,介绍了药品与药店的特殊性以及如何开办药店等;项目二选择药店地址,主要介绍了影响药店商圈的因素以及药店选址的原则和方法等;项目三设计药店营业场所,介绍了影响药店营业场所设计的因素以及药店店面设计、内部布局和药店环境设计的方法与技巧等;项目四采购与验收药品,介绍了药品采购渠道类型、方式及谈判、药品验收的原则、编制药品采购计划、明确药品采购和验收的程序和方法、建立和保存药品验收记录、药品拒收(退货)作业管理等;项目五仓储与养护药品,介绍了药品仓库的建设要求,以及药品的储存、保管、养护与在库检查的一般方法等;项目六陈列药品,介绍了药品品类的配置及货位布局,药品陈列的原则、要求、方式、技巧与艺术,陈列药品的标价、补货及盘点的技术与方法等;项目七销售药品,介绍了药品消费者消费行为分析,药品促销的模式、方法与策略等;项目八药店服务管理,介绍了药店服务的理念和内容,药店服务技巧与方式、会员制营销等;项目九药店员工管理,介绍了药店的工作岗位职责,员工的选用、培训与教育和员工健康检查管理等;项目十药品价格管理,介绍了影响药品价格的因素,药品的定价方法和策略以及药品价格调整策略等;项目十一收银作业与财务管理,介绍了药店收银作业的工作流程、原则和要求以及会计凭证、会计账簿和财务的管理等；项目十二运营网上药店，介绍了网上药店监管及相关法规，网上药店的优势与制约因素以及网上药店运营的基本技术等；项目十三连锁经营药店，介绍了连锁经营的内涵、特征及类型，我国连锁药店的盈利模式等。

党的二十大报告提出，深入实施科教兴国战略、人才强国战略、创新驱动发展战略，开辟发展新领域新赛道，不断塑造发展新动能新优势。本书作为药店经营管理人才培养的重要支撑，是引领药店经营创新发展的重要基础，在内容上力求紧密对接国家发展重大战略需求，不断更新升级，更好服务于高水平科技自立自强、拔尖创新人才培养。

本书主要适用于医药院校相关专业本科、高职高专、中职教育教材，也可作为药事监督管理人员、药店经营管理者、药店工作人员的学习参考书。

本书难免有不当与疏漏之处，望广大读者批评斧正。

吴　锦

2022 年 12 月

目　　录

项目一　申请开办药店

申请开办药店

项目描述

　　药品是特殊商品,药店是一种特殊的经营场所。国家对药店的经营与管理行为,有着系统、严格的政策和法规。申请开办药店需要一定的条件和手续,有其特殊性。基本医疗保险定点药店的申报和管理需要更高的条件,并符合一定的规章制度。

　　知识目标:了解药品的定义,熟悉药品和药店的特殊性,掌握开办药店的条件。

　　能力目标:能熟练操作申请开办药店的手续,会申报和管理基本医疗保险定点药店。

　　素质目标:培养严格执行政策法规的职业习惯,培养严谨细致的工作作风。

项目分析

　　申请开办药店,必须熟知相关的政策法规,如《中华人民共和国药品管理法》及《中华人民共和国药品管理法实施条例》、《药品经营质量管理规范》、价格管理政策、税务管理政策等。根据规定,按程序领取《药品经营许可证》和《营业执照》,并要通过 GSP 认证,获得《GSP 认证证书》,方可经营药品。

　　知识点:

- ● 药品的特殊性及对药店经营管理的影响;
- ● 药店的特殊性及其功能。

　　技能点:

处方药与非处方药

- ● 申请开办药店的手续;
- ● 申报与管理基本医疗保险定点药店。

相关知识

一、药品的特殊性及对药店经营管理的影响

　　根据《中华人民共和国药品管理法》(以下简称《药品管理法》)关于药品的定义:本法所称药品,是指用于预防、治疗、诊断人的疾病,有目的地调节人的生理机能并规定有适应症或者功能主治、用法和用量的物质,包括中药、化学药和生物制品等。

区分四品一械

课堂随想 1-1　保健品属于药品吗？

药品与其他商品相比,有显著特点,具体表现在以下几个方面:

1. 生命关联性

药品与其他消费品比较,其不同之处在于,首先强调的是,药品是与人的生命相关联的物质。药品使用的目的是预防、治疗和诊断人的疾病,有目的地调节人的生理机能,维持生命与人体健康。各种药品有其各不相同的适应证以及用法用量,若没有对症下药,或用法用量不适当,均会影响人的健康,甚至危及生命。而其他商品没有这种与人的生命直接的相关性,故生命关联性是药品的基本商品特征。因此,对症售药并指导消费者正确使用药品是药店的基本经营行为准则。

2. 高质量特性

药品与人的生命有直接关系,因此,确保药品质量尤为重要。药品的纯度、稳定性与药品的使用价值密切相关。人们使用混有杂质、异物的物品后可出现异常生理现象、毒副作用、药品不良反应甚至中毒,危及人的生命与健康。药品只有合格品与不合格品之分,而没有顶级品、优质品与等外品之分。法定的国家药品标准是判断和保证药品质量的标准,是划分药品合格与不合格的唯一依据。药品(原料药及其制剂)的质量特性包括安全性、有效性、稳定性和均一性。

(1)安全性。药品的安全性是指按规定的适应证、用法和用量使用药品后,人体产生的毒副反应的程度。大多数药品均有不同程度的毒副反应,俗话说"是药三分毒",因此,只有在有效性大于毒副反应,或可解除、缓解毒副作用的情况下才使用某种药品。假如某物质对防治、诊断疾病有效,但是对人体有致癌、致畸、致突变的严重损害甚至会致死,则不能作为药品。安全性也是药品的固有特性。

(2)有效性。药品的有效性是指在规定的适应证、用法和用量的条件下,能满足预防、治疗、诊断人的疾病,有目的地调节人的生理机能的要求。有效性是药品的固有特性,若对防治疾病没有效,则不能成为药品。但药品的有效性是在一定前提条件下实现的,即针对特定的适应证,并在规定的用法用量条件下,才能表现其有效性。世界上不存在通治百病的药品。

(3)稳定性。药品的稳定性是指在规定的条件下,药品保持其有效性和安全性的能力。这里所指的规定的条件一般是指规定的有效期内,以及满足生产、贮存、运输和使用的要求。假如某物质虽然具有防治、诊断疾病的有效性和安全性,但极易变质、不稳定,则至少不能作为商品药。稳定性也是药品的固有特性。

(4)均一性。药品的均一性是指药品的每一单位产品都符合有效性、安全性的要求。即药品制剂的单位产品如一片药、原料药品的单位产品如一盒药都具备有效性和安全性。由于人们的用药剂量一般与药品的单位产品有密切关系,特别是有效成分在单位产品中含量很少的药品,若不具备均一性,则可能等于未用药;单位产品中有效成分含量多的药品用量过大,会引起中毒,甚至致死。均一性是制药过程中,形成的药品的固有特性。

药品的高质量特性还反映在国家对药品的研制、生产、流通和使用实行严格的质量监督管理,推行 GLP、GCP、GMP、GSP、GAP、GDP、GPP 等质量管理规范。其中,GSP

是《药品经营质量管理规范》,通过国家强制推行的 GSP 认证是药店许可经营的基本条件之一。

【小资料 1-1】

经济性是指药品的最终价格满足用药者经济承受能力的程度。其主要表现在用药环节,实质意义是获得单位用药效果所投入的成本尽可能低。药品的经济性对于药品的功能和价值的最终实现,在某种程度上具有决定意义。因此,经济性应当是药品质量不可或缺的一项特征。经济性对于合理使用医药资源,减轻患者和社会的经济负担,满足医疗卫生需要,实现社会公平公正,具有重要意义。世界各国普遍采取各种措施,遏制药价上涨。在我国,经济性依赖于政府主管部门对于药品价格的制定、指导、对成本的控制和对市场的干预来实现。

3. 公共福利性

药品作为防治疾病、维护人们健康的商品,其使用价值具有社会福利性质。由于疾病的多样性,治疗疾病的药品品种也就具有多样性。但每种药品的需求量却有限,这就导致某些药品的生产成本较高,从而使该药品的价格较高。政府为了保证人们使用质量高、价格适宜的药品,对药品的价格采取一定的控制手段。对基本医疗保险药品目录中的药品实行政府定价,不由市场竞争自由定价。药品的需求价格弹性小,患者不会因所需药品价格高而不买,也不会因药品价格低而大量购买。所以,药品不像其他商品,不能靠价格杠杆来调节消费。对药品的价格管理,对药品广告进行审查管理,以及对药品促销的管理,均体现出药品的公共福利特性。因此,药店在定价、广告及促销等经营活动中必须遵守国家制定的相关法律法规。

4. 高度专业性

药品这一商品要发挥预防、治疗、诊断疾病,维护人们健康的作用,必须在经专业训练且在合格的医师、药师的指导下使用才能得以实现,这与其他商品有很大的不同。对一般消费者而言,药品的名称晦涩难懂,药品说明书中也有许多专业术语,未受过医药专业教育的营业员不能正确理解和解释;处方药必须通过执业医师开具的处方才能购买;药品的研究开发、生产也需要专业人员进行。因此,医药产业被称为高科技产业,药品被称为指导性商品。高度专业性是药品与其他商品不同的又一特性。药店必须配备执业药师负责对处方审核并指导消费者购买和使用药品,同时要对营业员进行必要的培训,使其能向消费者正确地介绍和销售药品。

5. 品种多、产量有限

有资料报道,人类疾病有 10 万种以上,人类疾病也会随着自然环境(地域、季节、气候等)和社会环境的影响而变动,因此客观上需要多种药品来防治疾病。但在一定的历史时期,各种疾病的发病率有一定的规律,因此所需的药品也有限,即市场需求基本上无弹性,是由发病率来决定的。品种多、产量有限是药品与其他商品的又一个不同之处。因此,经营的药品品种齐全是药店竞争力的一个重要体现。

二、药店的特殊性及其功能

药店,在《现代汉语词典》中解释为"出售药品的商店",是药品零售企业的俗称。《中华人民共和国药品管理法实施条例》对药品零售企业的定义是:药品零售企业,是指将购进的药品直接销售给消费者的药品经营企业。药品经营企业是指经营药品的专营企业或者兼营企业。零售是指将小批量产品直接销售给最终消费者。

1.药店的特殊性

药品的特殊性决定了药店的特殊性,药店区别于一般的零售商店,有如下特殊性:

(1)药店要依法开办。药店必须根据《药品管理法》及国家的有关规定,按程序领取《药品经营许可证》和《营业执照》,并要通过 GSP 认证,获得《GSP 认证证书》,方可经营药品;否则,属于非法经营。

(2)对从业人员的资格有严格的要求。药品的专业性决定了药店必须配备执业药师等药学技术人员,进行质量管理和开展业务经营。从事药品质量管理、验收、调配处方的工作人员以及从事药品经营、保管、养护工作的人员均需经过专业培训,考试合格并取得上岗证才能上岗。药店还必须有质量管理体系,并配备专职的质量管理人员,质量管理人员配备的数量也要符合要求。

(3)对从业人员健康状况有严格的要求。对从事药店经营的人员每年要体验一次,并建立个人健康档案。凡患有传染病、精神病、皮肤病、隐性传染病者,不得在直接接触药品的工作岗位上工作。

(4)药店经营活动具有较强的政策性。国家对药品的经营活动有严格的政策约束,如《药品管理法》、《药品经营质量管理规范》等一系列药事管理的法律法规,此外,还要遵守价格管理政策、税务管理政策等。药店必须严格遵守国家有关法律法规,并依据这些法规形成药店日常经营管理的各项规章制度来规范药品经营行为。药店必须依法经营,接受当地行业主管部门、药品监督管理部门和其他监督管理部门对药店经营质量等方面的监督检查,并执行检查结论,以确保人们用药合理、安全和有效。

(5)有保证药品质量的设施设备。药品的质量易受外部条件变化的影响,药店要有符合国家规定的仓储、运输和营业设施设备,有检测质量的手段和技术。

2.药店的功能

药店作为药品流通的终端市场,其基本的功能是向消费者提供药品,以满足消费者对药品的需求,这是药店的基本功能。随着我国市场经济体制的建立、完善以及医疗体制改革的深入,药品零售市场的竞争日益激烈,药店的功能也不断地丰富和完善。药店的功能表现在以下三个方面:

(1)提供以药品为中心的健康产品。药店最为核心的功能是直接向消费者提供其所需的药品。药店的数量很多,星罗棋布遍及城乡。众多的药店发挥着扩散商品的功能。它与药品批发企业的功能衔接,将成批的多品种药品拆零,供应给附近的消费者,使消费者可以很方便地买到所需要的各种药品,保证了医疗卫生事业社会目标的实现。

近年来,随着药品零售市场竞争的加剧,药店经营的产品种类也发生了变化,经营保健品、化妆品、医疗器械等与健康相关产品的药店也越来越多。

(2)提供以药学服务为中心的健康服务。药店在销售药品的同时,还为消费者提供各种服务,如免费测量血压、身高、体重,免费吸氧,电话购药,送药上门等。会员制服务在药店也蓬勃兴起,药店会员可以享受价格折扣、健康旅游等优质服务。

药品作为一种特殊商品,消费者一般没有识别真假的能力,也无法保证自身用药的安全性和有效性,绝大多数药品需经医师诊断后开具处方,并在药师的指导下购买和使用。因此,从答复消费者的购药询问,指导选购药品,到指导消费者正确使用药品,记录消费者购药历史,以及对轻度疾病的用药推荐等药学服务是药店应该提供的核心服务内容。

(3)提供以用药信息为主的健康信息。药店以橱窗布置、宣传物、药品展示、健康指导、用药咨询等多种形式向消费者提供健康相关信息,其中药品的功能主治、适应证、用药方法、用药注意事项等信息是消费者购买药品时需要得到的必要的基本信息。药店有提供上述相关信息的功能和义务。

药店还可通过药品不良反应报告等向药品监督管理部门提供在药品使用方面可起到监督作用的信息。在消费者健康状况、用药情况等方面获得消费者的相关信息,反馈给药品生产经营企业,通过这些信息的获得与反馈发挥其指导药品生产、经营和使用的功能。同时,药店在经营药品的同时,也会向广大消费者提供提高身体素质、预防疾病、保健方面的相关信息。

 项目实施

一、申请开办药店的手续

1. 开办药店的条件

根据《药品管理法》第五十二条规定,从事药品经营活动应当具备以下条件:

(1)有依法经过资格认定的药师或者其他药学技术人员;

(2)有与所经营药品相适应的营业场所、设备、仓储设施和卫生环境;

(3)有与所经营药品相适应的质量管理机构或者人员;

(4)有保证药品质量的规章制度,并符合国务院药品监督管理部门依据本法制定的药品经营质量管理规范要求。

 【小资料1-2】

《药品管理法》

第一百一十五条　未取得药品生产许可证、药品经营许可证或者医疗机构制剂许可证生产、销售药品的,责令关闭,没收违法生产、销售的药品和违法所得,并处违法生产、销售的药品(包括已售出和未售出的药品)货值金额十五倍以上三十倍以下的罚款;货值金额不足十万元的,按十万元计算。

第一百一十八条　生产、销售假药,或者生产、销售劣药且情节严重的,对法定代表人、主要负责人、直接负责的主管人员和其他责任人员,没收违法行为发生期间自本单位所获收入,并处所获收入百分之三十以上三倍以下的罚款,终身禁止从事药品生产经营活动,并可以由公安机关处五日以上十五日以下的拘留。

2.开办药店的申报审批程序

步骤一： 申办人向拟办企业所在地的市级药品监管机构或省、自治区、直辖市药品监管部门直接设置的县级药品监管机构提出筹建申请。

步骤二： 按照"两证合一"的制度申请《药品经营许可证》和《药品经营质量管理规范》认证（即 GSP 认证）。

步骤三： 筹建完成后，向受理申请的药品监管机构申请现场验收。验收符合条件的，取得《药品经营许可证》和《GSP 认证证书》。

步骤四： 申请办理《营业执照》。2015 年 10 月 1 日起，国家推行"三证合一"登记制度，即《营业执照》、《组织机构代码证》和《税务登记证》三证合一。营业执照是营业单位从事生产经营活动的凭证，凭营业执照可以刻制企业公章、开立企业账户，在核准登记的范围内从事经营活动。

3.办理换发许可证的程序

《药品经营许可证》应当标明有效期，到期后由原发证机关重新审查发证。《中华人民共和国药品管理法实施条例》中规定：《药品经营许可证》有效期为 5 年。有效期满，需要继续经营药品的，持证企业应当在许可证有效期届满前 6 个月，按照国务院药品监督管理部门的规定申请换发《药品经营许可证》。

4.办理经营许可变更程序

药店在《药品经营许可证》有效期内，因种种原因需要变更企业名称、法定代表人、经营范围、经营方式、地址等《药品经营许可证》许可事项的，应当在许可事项发生变更 30 日前，向原发证机关申请《药品经营许可证》变更登记；未经批准，不得变更许可事项。原发证机关应当自收到企业申请之日起 15 个工作日内做出决定。申请人凭变更后的《药品经营许可证》到工商行政管理部门依法办理变更登记手续。

药店终止经营药品或者关闭的，《药品经营许可证》由原发证机关缴销。

课堂随想 1-2　开办药店需要取得哪些证件？

申报与管理
基本医疗保
险定点药店

二、申报与管理基本医疗保险定点药店

1.什么是基本医疗保险定点药店

基本医疗保险定点零售药店是指经统筹地区劳动保障行政部门审查，并经社会保险经办机构确定的，为城镇职工基本医疗保险参保人员提供处方外配服务的零售药店。处方外配是指参保人员持定点医疗机构处方，在定点零售药店购药的行为。

2.基本医疗保险定点药店的条件

医保定点零售药店除符合区域规划设置要求外，还要具备以下条件：

（1）取得《药品经营许可证》、《营业执照》，达到国家《药品经营质量管理规范》的标准，获得 GSP 认证证书；

（2）遵守《药品管理法》及有关法律法规，有健全和完善的药品质量保证制度，进药渠道正规，能确保供药安全、有效；

（3）严格执行国家和省、市物价管理部门规定的药品价格政策、法规，经物价管理部门监督检查合格；

(4)具备及时供应基本医疗保险药品目录内的药品、24小时提供服务的能力；

(5)具有整洁的营业场所，营业用房使用面积在60m²以上，具备与医疗保险经办机构微机联网的条件；

(6)定点药店应配备1名以上专职执业药师，能保证营业时间内至少有1名药师在岗，营业人员需经培训取得合格证书，并在执业药师或药师指导下提供服务；

(7)严格执行基本医疗保险有关规定，有规范的内部管理制度，配备符合基本医疗保险规定的相应的管理人员和设备。

3. 基本医疗保险定点药店审查和确定的原则

基本医疗保险定点药店审查和确定的原则是：能保证基本医疗保险用药的品种和质量；引入竞争机制，合理控制药品服务成本；方便参保人员就医后购药和便于管理。

4. 申请基本医疗保险定点药店

为了加强和规范城镇职工基本医疗保险定点零售药店管理，根据《国务院关于建立城镇职工基本医疗保险制度的决定》(国发〔1998〕44号)，劳动保障部与药品监管局制定了《城镇职工基本医疗保险定点零售药店管理暂行办法》(以下简称《办法》)。该《办法》确定了统筹地区社会保险行政部门首先对申请医保定点的零售药店进行资格审查，审查通过后经办机构再与之签订服务协议，实行协议管理。

2015年12月2日，人力资源社会保障部印发《关于完善基本医疗保险定点医药机构协议管理的指导意见》(以下简称《意见》)，明确目标任务：2015年年底前，各地要按照《国务院关于第一批取消62项中央指定地方实施行政审批事项的决定》(国发〔2015〕57号)文件要求，全面取消社会保险行政部门实施的两项资格审查项目。各统筹地区要在认真总结经验的基础上，完善经办机构与医药机构的协议管理，提高管理服务水平和基金使用效率，更好地满足参保人员的基本医疗需求。

《意见》明确提出规范程序，具体内容如下：

(1)自愿申请。依法设立的各类医药机构均可根据医疗保险医药服务的需要和条件，根据自身服务能力，自愿向统筹地区经办机构提出申请，并如实提供服务范围、服务规模、服务质量、服务特色、价格收费等方面的材料，配合做好经办机构评估工作。

统筹地区人力资源社会保障部门要及时公开医药机构应具备的条件。有关条件要体现基本医疗保险制度与管理的要求，包括医药机构规划布局、服务能力、内部管理、财务管理、信息系统等方面的内容。

(2)多方评估。统筹地区人力资源社会保障部门要制定医药机构评估规则和程序。经办机构开展评估要注重听取参保人员、专家、行业协会等各方面意见，探索通过第三方评价的方式开展评估，保证程序公开透明、结果公正合理。

(3)协商签约。经办机构根据评估结果，统筹考虑医药服务资源配置、服务能力和特色、医疗保险基金的支撑能力和信息系统建设以及参保人员就医意向等因素，与医药机构平等沟通、协商谈判。要根据"公平、公正、公开"的原则，鼓励医药机构在质量、价格、费用等方面进行竞争，选择服务质量好、价格合理、管理规范的医药机构签订服务协议。双方签订的服务协议，应报同级社会保险行政部门备案。

5.管理基本医疗保险定点药店

《意见》明确提出完善服务协议,包括规范协议内容和探索动态管理,具体内容如下:

(1)规范协议内容。服务协议除应包括服务人群、服务范围、服务内容、服务质量、费用结算、违约处理等基本内容外,要适应预算管理、付费方式改革、医药价格改革、医保医疗行为监管、异地就医结算等政策和管理要求,进一步细化总额控制指标、具体付费方式、付费标准、费用审核与控制、药品和诊疗项目以及医用材料管理、监督检查、医保医生管理、信息数据传输标准等内容,并根据医保政策和管理的需要及时补充完善。

(2)探索动态管理。有条件的地方可以通过长期协议与短期(如年度)协议相结合的办法探索动态协议管理。经办机构和医药机构双方的基本权益和义务,购买的医疗、药品服务范围等可在长期协议中约定;医药机构一段时期(如年、季度、月)提供的服务量、付费方式、付费办法和标准、考核指标以及其他管理要求等可在短期协议中明确。

另外,《意见》要求加强监督管理,具体措施如下:

(1)严格履行服务协议。经办机构和医药机构要严格遵循服务协议的约定,认真履行协议。对违反服务协议约定的,应当按照协议追究违约方责任。

(2)加强行政监督。社会保险行政部门根据社会保险法等相关法律法规的规定,可以通过调查、抽查等多种方式对经办机构和协议管理的医药机构执行医疗保险政策法规、履行服务协议情况以及对各项监管制度落实情况进行监督检查。发现违法违规行为的,应提出整改意见,并依法行政处罚决定。涉及其他行政部门职责的,移交相关部门;涉嫌犯罪的,移送公安机关。

(3)创新监管方式。拓宽监督途径、创新监督方式,探索通过参保人员满意度调查、引入第三方评价、聘请社会监督员等方式,动员社会各界参与医疗保险监督。畅通举报投诉渠道,及时发现问题并进行处理。

 拓展提高

药店的类型

药店的类型是药品零售企业向确定的顾客提供确定的商品和服务的具体经营形态,主要有以下几种类型:

(1)标准药店。也可以叫传统药店。这类药店以药品为主,处方药、非处方药、保健产品和医疗器械皆有,有些以处方药为主,有些以OTC为主,药品占比在90%以上,医保目录内品种齐全。大多都是基本医疗保险定点药店,药品品种齐全是其特色。

(2)社区便利药店。这类药店所处位置多靠近居民区,以方便附近居民为主,所售商品品种较为齐全,除销售药品外还销售居民日常所需的各种非药品,主要以便宜商品吸引顾客入店,再以药品销售赢利。其中药品销售约占总销售额的40%以上。

(3)平价药店。这类药店主要以减少流通环节、降低流通费用、压缩药店经营成本,来实现药品的低价。药店以低利润、关联销售以及消费者健康管理的相关服务赢取顾客。

(4)专科药店。此类药店以慢性疾病的患者为主要销售对象,以销售某类特定疾病的药品为主,如糖尿病专科药店、肿瘤专科药店、肝胆病专科药店等,以专科药齐全,并配以与该类疾病相关的保健品、食品、器械等非药品的销售来吸引顾客的光顾。

(5)超市店中店。此类药店一般开在超市的出口处或入口处,利用超市人流量大、聚客能力强的优势,实现产品的销售,这类药店的商品结构主要包括 OTC 药品、化妆品、保健品、各类参茸等滋补品。

(6)药妆店。此类药店主要依托药店的专业背景,为追求美丽时尚的女性提供各种皮肤护理、美容咨询以及化妆品知识的专业服务。主要销售 OTC 药品、各种特殊功能的化妆品、各种个人清洁及护理用品、健美器材等。药品销售占比低于 40%,药妆品最少占 30%,药妆品齐全是其特色。药妆店所处位置一般在各种闹市商业区、写字楼、文教区、高档住宅区等地段。

(7)网上药店。这是互联网时代的产物。主要是利用互联网实现信息的发布,并通过互联网实现与顾客之间的信息交流。顾客可以登录到感兴趣的网上药店了解药品知识、药店特色服务、查询药品价格、使用方法、注意事项等信息,并可通过网络获得执业药师的在线即时帮助,完成药品的选购和在线支付,最后通过物流配送,实现足不出户就完成购药。

(8)药诊店。这类药店主要联系和召集各地的退休及民间老中医,以坐堂看病开方、代客煎药和医学指导服务为特色。主要经营处方药和中药饮片、中成药,OTC 药品次之,配以医疗器械等。中药销售占比高于 50%。中医馆尤其是以中药、高档滋补类参茸产品、养生类产品为特色。

 重点知识

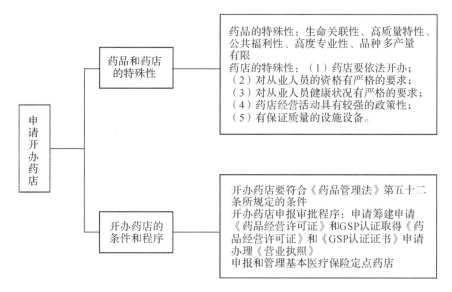

 实用技术训练

一、知识训练

1.重要概念解释

药品　　药店

测试1

2. 问题理解

(1) 药店的功能

(2) 开办药店的条件

3. 知识应用

(1) 判断题

( ) ① 药品的均一性是指每一个的重量相等。

( ) ② 分店在开办时只要盈利就可以，不用考虑其他要素。

( ) ③ 药店开办的审批程序与其他商店或超市没有区别。

(2) 选择题（每小题至少有一个正确答案）

① 药店申报医疗保险定点药店的最基本条件是什么？ （ ）

    A. 取得《药品经营许可证》   B. 取得《营业执照》

    C. 获得《GSP 认证证书》   D. 《卫生许可证》

② 《药品经营质量管理规范》用字母简称为 （ ）

    A. GMP   B. GSP   C. GLP   D. GDP

③ 从事药店经营的人员多长时间体检一次？ （ ）

    A. 三年   B. 两年   C. 一年   D. 半年

④ 药店的开办必须配备哪些专业人员？ （ ）

    A. 管理人员   B. 店员   C. 店长   D. 执业药师

二、技能训练

（一）案例分析

是筹建药店还是无证经营？

某零售药店向所在地药品监管部门递交了筹建申请，药品监管部门审核后批复同意其筹建，并在法定时间内进行了现场检查验收，但尚未核发《药品经营许可证》给该药店。在此期间，药品监管部门接到群众举报称，该药店货架（柜）内已摆放了数十种药品。经核查后，发现该药店尚未对外销售药品。

那么，请问执法人员是否应该对其进行处罚？

（二）操作实训

【实训项目】 社会药店调查

【实训目的】 熟悉药店的日常管理

【实训内容】

1. 了解零售药店的基本格局与构成；

2. 观察零售药店不同种类产品的组成与摆放；

3. 观察零售药店墙壁的相关证件及企业宣传图片；

4. 从整体角度了解与认识药店的陈列及陈列艺术。

【实训组织】 以小组为单位，每组参观 3 家社会药店，将所见的情况以文字形式记录下来，并进行比较，重点在于发现不同药店的优势和特点，借鉴不足和缺陷，提出你的构想。基本格式如下：

1. 药店的位置；

2.经营类别；

3.相关证件：包括名称、时间、发放部门；

4.宣传物品：包括医药企业及药店本身，有名称、单位、形式（单页、图画、包装盒摆放等）；

5.某一类药品具体名称（提供 20 个）：包括系统类别、药品名称（通用名与商品名）、剂型、单价、生产单位等；

6.优势与特点；

7.三个药店的比较。

【实训考核】

1.以小组为单位，由组长为组员考评；

2.由课代表组成的领导小组为各个小组考评；

3.由带教老师将各组情况汇总，根据实际巡视结果，进行最后考评。

（吴　锦　周　静）

选择药店地址

项目二　选择药店地址

项目描述

　　药店选址是企业市场开发的一个重要环节,也是经营者必须掌握的一门技能。药店选址的重要性体现在以下几个方面:①药店选址的实质是企业目标市场的选择;②药店选址关系到企业的经营目标和经营策略;③药店选址关系到企业的经营绩效;④药店选址与企业的管理水平相关。

　　知识目标:了解药店商圈及其影响因素,熟悉选择药店地址的原则,掌握选择药店地址的过程与方法。

　　能力目标:会选择目标市场,会划定商圈,会选择药店地址。

　　素质目标:培养认真负责的工作态度,培养自主学习的工作风范。

项目分析

　　选择药店地址可以分为三个步骤,即:选择目标市场、分析商圈和选择药店地址。

　　知识点:

- 商圈的构成及其影响因素;
- 选择药店地址的原则。

　　技能点:

- 选择目标市场;
- 划定商圈的方法;
- 选择药店地址的过程与方法。

相关知识

一、商圈的构成

　　商圈,指特定商店销售范围的地理界线,它以商店为中心,沿一定距离形成不同层次的吸引顾客的区域。

　　商圈由核心商圈、次级商圈和边缘商圈组成。核心商圈的顾客占商店顾客总数的55%～75%,顾客最为集中;次级商圈的顾客占顾客总数的15%～25%,顾客较为分散;边缘商圈的顾客为余下来的部分,顾客最为分散。核心商圈的半径为500m,顾客步行时间8分钟左右;次级商圈的半径为1000m,顾客步行时间15分钟左右;边缘商圈的半径为1500m,顾客步行时间30分钟左右。图2-1用从小到大的三个环形清楚地表示了商圈的构成。

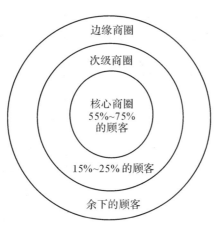

图 2-1　商圈的构成

二、影响药店商圈的因素

1. 药店经销药品的品种、规格和价格

药店的营业面积越大、经营品种越多、规格越多、价格越合理,商圈就越大。若药店除了经营药品以外,还经营保健品、医疗器械、日常卫生用品、化妆品、提供彩扩业务等,其商圈就会得到有效的拓展,从而能容纳多种品牌、不同价格档次的药品,以满足消费者的多种需求。

2. 药店所在地的地理环境及交通便利程度

药店所处的地段一般可分为中央商业区、一般商业街、医院附近、住宅小区、城乡接合部、郊区、店中店等。

在中央商业区里,主要大街贯穿其间,百货商店、饭店、影院云集,客流量大,交通便利,人们购物的时间长,选购的药品多。设在这个区域的药店,可以扩大经营品牌的知名度和影响力。商业中心云集了众多大型商场,具有浓厚的商业气氛,为顾客提供更多选择,对顾客的吸引力加大。

药店设在住宅区或一般的街面上,是人流必经之处,营业面积可相对小些,主要提供常用药品,目标顾客住在方圆 1000m 以内,多数为老顾客,商圈范围较小。即使这样,药店所在地也要交通顺畅、道路宽敞、方便顾客行走,最好处于顾客习惯性行走路线上。药店的标志要容易被看到,清晰醒目。店内的装修、药品陈列、服务质量以及药店周围环境都会对其商圈有影响。

3. 周围店铺的竞争性与互补性

药店作为经营与健康和疾病相关商品的场所,有其外部的销售空间,这个销售空间在一定范围内为众多商业企业所共有,各个企业的商圈是互相交叉覆盖的。当人们经过某个超市或百货大楼时,临近的药店也会是顾客常常光顾的场所。一般而言,周围竞争者越少,商圈越大;周围互补的商店越多,商圈越大。但是商圈的扩大是有局限性的,一家药店准备进入一个药店成堆的区域时,应该考虑到市场剩余容量有多少,竞争对新开店的影响,客流的分流比例,互补店为新店带来的客流量,尽量选择在互补店较多、竞争店较少的商圈内开店。

分析竞争者与自己的相关性,门面装饰,招牌的形状、颜色、效果和显眼程度,出入口大

小,店铺卫生,药品陈列,接待顾客的场所和设施,营业员的服务态度和精神面貌,广告宣传,销售量大小等。利用调查表对竞争对手的基本情况进行大体的评价,见表 2-1。

表 2-1　竞争者调查

	门面装饰	好	一般	不好
	与邻店的相关性	好	一般	不好
外观与招牌	招牌的形状、色彩	好	一般	不好
	晚间照明效果	好	一般	不好
	显眼程度	好	一般	不好
	销售宣传	好	一般	不好
	店面卫生	好	一般	不好
店面布置	出入口大小	好	一般	不好
	营业员精神状态	好	一般	不好
	药品的陈列	好	一般	不好
	接待顾客的场所和设施	好	一般	不好
服务质量	营业员服务态度	好	一般	不好
	气氛	好	一般	不好
	销售的能力	好	一般	不好
销　售	销售量	好	一般	不好
	广告	好	一般	不好

通过对竞争对手的调查,可以找出主要的竞争对手,对其经营管理进行研究分析,对于本店的经营管理,或借鉴别人成功的某些方面,或对自身薄弱环节加以改进完善,形成自己的竞争优势。

【小资料 2-1】

　　湖南老百姓大药房长沙湘雅店和金沙大药房毗邻而设,与之相邻的是中南地区最大的医院——中南大学附属湘雅医院。一方面,医院的名气吸引了大批的患者和家属来此就医。另一方面,两家药店因为竞争的需要不时推出各种促销手段,也吸引了大批顾客,而在这种竞争的氛围之下药店商圈也随之扩大,两家药店在竞争中不仅没有被对手挤垮,反而经营状况越来越好。所以,选址时与竞争对手为邻也是一个不错的选择。

4.当地的人口规模变化及消费者特征

人口多的地方,商业相对发达,对于药品的需求量也较大。在一个人口逐渐增长、商业有发展潜力的地区开店比较容易成功,在一个人口逐渐减少或商业已经饱和的地区开店容易失败。而一个地区的人口数量的变化主要取决于政府的政策和规划,因此,选择药店地址必须注意新出台的一些政策和远景规划,掌握该地区的发展趋势。

消费者的特征也会影响商圈,如当地多数消费者的收入水平、收入的增长幅度、不同年龄层次的常见病和购药频率等。

5.时间因素

药店开张后的一段时间里,客流量会出现一个高峰,能吸引远距离的顾客。一段时间以后,商圈范围会逐渐缩小。所以药店必须及时地调整自己的经营方式,争取始终如一地吸引顾客,并赢得顾客的青睐。

三、选择药店地址的原则

选择药店的地址要遵循以下四个原则:

1.顾客流量大且稳定

(1)人口密度高,居民集中,稳定,有多样化的需求;

(2)处于客流量大的街面;

(3)交通便利,旅客上下车最多的车站或主要车站附近,顾客到达店铺的步行距离小;

(4)接近人们聚集的场所,如大型商场、影院附近等。

2.药店地址的选择与其经营规模及品种相适应

小规模的药店地址不要选择在繁华的商业区;规模大且品种齐全的药店地址不要选择在人口密度小且交通不便的地方。

3.药店地址的选择要与药店的经营目标一致

药店地址的选择要与企业未来发展战略、市场策略、管理水平、资金状况等相适应。

4.药店地址的选择要充分考虑与周围药店的相关性和互补性

一般来说,相关店少而互补店较多的区域比较合适。

四、选择药店地址应考虑的因素

1.客流量

客流分为现有客流和潜在客流,药店最好设在潜在客流量最多、最集中的地点,以方便人们就近购买药品。商业中心、医院附近、大型社区是药店选址的黄金地段。这里客流量大、稳定,交通方便,药店可分享一部分临近的商店或所在超市和商场的分流,投资容易在短期内收回。但是这里竞争对手繁多,经营费用高。

　课堂随想 2-1　火车站、汽车站、机场等地适合开办药店吗?

2.交通因素

药店应接近主要公路,方便配送中心送货运输。店外具备必要的送货使用的停车设施,如果是大型药店,还要考虑为开车顾客安排停车位置。一般而言,药店不应设在交通主干道上,以防行人乱穿马路的隔离栏,快速行驶的车辆也会使行人望而却步。

3.购买力因素

欲开店应与所在商圈的购买力相适应。商圈内的购买力水平取决于商圈内的经济结构,经济的稳定性,居民收入的增长程度。同时,购买力也决定了当地的租金水平。

4.分店与配送中心的关系

要考虑供应系统(配送中心)是否有能力为新开店供货。对于药品零售连锁企业而言,在一个城市中的所有分店应均匀分散在以配送中心供应能力为半径的圆内,方便配送中心送货,减少运输成本,并可调剂各分店药品余缺。

项目实施

一、选择目标市场

这里的目标市场不是以顾客需求差异为标准来划分而形成的,而是依据地理位置不同将市场划分为不同的细分市场,这是由药店经营方式的特性决定的。选择目标市场是指企业从地理位置的角度在行政区域上来选择的目标市场,即企业拟将哪些地区确定为自己的目标市场。

影响企业进行目标市场选择的因素可以分为两大类,一类与目标市场相关,另一类与企业相关。与目标市场相关的影响企业目标市场选择的因素包括:市场容量、交通运输状况、竞争程度、与公司总部的距离、政策等。一般而言,企业要选择市场容量大,与公司总部距离较近,交通便利,竞争不激烈,目标市场所在地方政府政策允许的地区作为目标市场。与企业相关的影响因素包括:企业发展战略、市场策略、管理水平、资金状况等。

各目标市场由于受上述各因素的影响而对企业的重要性程度不同,企业可用加权系数法对各预选目标市场进行评价,其计算公式为 $Y_j = \sum_{i=1}^{n} W_{ij} X_{ij}$;其中,$Y_j$ 表示第 j 个预选目标市场的得分,$j = 1, 2, 3, \cdots$;W_{ij} 表示影响目标市场 j 的第 i 种影响因素的权数,该影响因素对企业的重要性程度越大,权数越大,$0 < W_{ij} < 1$ 且 $\sum_{i=1}^{n} W_{ij} = 1$;$X_{ij}$ 表示企业对目标市场 j 的第 i 种影响因素的评分,如优为 $80 \sim 100$ 分、良为 $60 \sim 80$ 分、一般为 $40 \sim 60$ 分、差为 40 分以下。

对各个预选目标市场的得分进行比较,选择分数最高的一个或分数较高且接近的几个,作为目标市场。然后,参照企业预先制定的选址标准,在目标市场中拟定几个预开店地点,进行商圈分析。

二、商圈的划定方法

1.雷利法

这一法则的关键在于在两个地区之间设立一个无差异点,顾客在无差异点前往任何一个地区购买所需药品是等可能的。它假设两个地区的交通条件和药店经营水平都一样,那么顾客前往哪一个地区就取决于当地的人口规模,人口越多,商业越发达,对顾客的吸引力越大。具体公式为:

$$D_{AB} = \frac{d}{1 + \sqrt{\dfrac{P_B}{P_A}}} \qquad D_{BA} = \frac{d}{1 + \sqrt{\dfrac{P_A}{P_B}}}$$

式中:D_{AB}——A 地区商圈的半径(以沿公路到 B 地区的里程衡量);

D_{BA}——B 地区商圈的半径(以沿公路到 A 地区的里程衡量);

d——A 地区和 B 地区的里程距离,以千米为单位计算;

P_A——A 地区的人口数量,以万人为单位计算;

P_B——B 地区的人口数量,以万人为单位计算。

如:A 地区人口为 9 万人,B 地区人口为 1 万人,A 地区和 B 地区的里程距离为 2km,那么

$$D_{AB} = \frac{2}{1 + \sqrt{\frac{1}{9}}} = 1.5(\text{km})$$

$$D_{BA} = \frac{2}{1 + \sqrt{\frac{9}{1}}} = 0.5(\text{km})$$

也就是说,A 地区药店吸引顾客的地理区域为 1.5km 以内的顾客,B 地区药店吸引顾客的地理区域为 0.5km 以内的顾客。

雷利法则只考虑了药店所在地人口和所在地区的距离两个因素,未考虑药店品牌对于消费者的吸引力,所以它是有局限性的。

2. 询问法

询问的对象是光顾商圈中已开设的经营同类药品的药店的顾客,目的就是获知顾客期望开设药店的确切地点,然后以药店为中心、以顾客的居住地点为最外围的点画出一条封闭曲线,或以人或车辆到达商店的距离为半径划大致的商圈。对于已开设的店铺,也需要划定商圈,以便进一步改善经营质量,提高经营业绩。询问的方法又分为直接询问法和间接询问法。向顾客发放调查资料,让其填写住址和相关的其他信息就是直接询问法;设立意见簿,在上面登记顾客住址,或登记顾客的汽车车牌号码,或设立 VIP 服务,办理打折卡、优惠卡等获知顾客信息就是间接询问法。

3. 经验法

以已开店的经验来划定商圈,购买频率较高的日常必备的药品(如感冒药、眼药)或慢性病患者服用药(如治疗糖尿病患者专用药)的商圈为 10 分钟左右的时间距离,而购买频度较低的药品,如医疗器械的商圈为 30 分钟左右的时间距离。但是受不同地区自然条件、人口分布、经济水平、政府政策和税收不同的影响,经验和现实总是有一些差距的。

三、选择药店地址的过程与方法

1. 制定选址标准

选址的标准,越具体越好。其标准包括:

(1)营业面积和结构,装修后要与连锁企业的形象相统一,实现经营的标准化;

(2)分店每个月的租金计划及租金的给付方式;

(3)交通的便利状况、人流的密集程度、顾客的消费水平、投资的回收计划。

2. 根据标准选定几个欲开店地点,对其周围环境进行详细的实地观察

表 2-2 详细地列出了实地考察的项目。例如对客流量的考察,将考察时间分为周一至周五,周六和周日,节假日三个部分。对每个部分,早上 8 点至晚上 10 点,以两个小时为时间间隔、15 分钟为一个计量单位,统计各欲开药店地址实际经过的人数车数。将人数车数换算成两个小时为单位的人潮流动数。如:以 15 分钟为抽样点得该抽样点人数为 Y,$Y \times 120 \div 15 = Z$,Z 就是其两个小时可能的人潮流动数。将数字依时段填入"人潮流动抽样表",将人潮流动抽样的数字以线图表示"人潮分布图"。

表 2-2　药店选址实地调查

欲开店地址				
商圈类型	商业中心	一般商业街	居民小区	其他

欲营业时间	周一至周五		周末		节假日	
	早　　点至晚　　点		早　　点至晚　　点		早　　点至晚　　点	

客流量		工作日	周末	节假日
	早上时间段客流量			
	中午时间段客流量			
	晚上时间段客流量			

道路条件	交通情况			
	街道情况			
租金一般为	每平方米　　　　元			

周围竞争店	店名	店名	店名	店名
	与本店距离	与本店距离	与本店距离	与本店距离
	营业面积	营业面积	营业面积	营业面积
	营业人数	营业人数	营业人数	营业人数
	年营业额	年营业额	年营业额	年营业额

3.对欲开店本身进行评估

评估的内容包括：

(1)欲开店是否有明确的地址,附近是否有明显的路标,是否有助于消费者寻找;

(2)店铺内含有哪些设施,水电等常用设施是否完备;

(3)店铺的所有权是否确认;

(4)需要多少时间腾空店铺才能交付使用;

(5)店铺外表面是否有利于架设店牌;

(6)店铺有几层,高度是否有利于摆放药品;

(7)店铺的采光度如何;

(8)店铺是否被租用过,以前的用途,前任租用人的职业,放弃租用的原因;

(9)房屋主人的职业、现住址及信用,是否会大幅度地上调租金;

(10)店铺周围的商店的性质,是否对药店的形象造成不利;

(11)邻店的商德如何,是否会影响本店的正常销售,经营范围和定位是否和欲开店冲突;

（12）店铺所在地是否在配送中心的送货路线上；

（13）店铺的租期及租金给付方式，因不可抗力责任的归属。

欲开店硬件设施状况评估表（见表2-3）列出了其中对硬件设施的考察内容。

表2-3　欲开店硬件设施状况评估

地址				
商圈类型	商业中心	一般商业街	居民小区	其　他
建筑条件	楼层数		面　积	
	屋　龄		外观新旧程度	
店面使用状况	未使用		已使用　　年	
基础设施	水	电	电　话	空　调
一般条件	天花板性质、材料	地面性质、材料	墙壁性质、材料	防火设施
停车场	无	门口可停		收　费
招牌广告	长	宽	高	其他
租金	每年　元,每月　元	给付方式		
押金	元	给付方式		
联系人		联系电话		

4.选择欲开店附近的住户进行入户访问

访问的内容主要有：顾客所希望的营业时间，是否需要24小时服务，需要哪些免费服务，经常购买的药品的种类、价格水平等。

5.进行对欲开店的投资和收益分析

药店的投资包括租金、押金、折旧费、水电气费、上交的管理费、销货成本、装潢费用、设备费用、贷款利息、制作广告费等。对药店的收入进行预算是对主要营业额和财务状况进行评估，计算出预计营业额、损益平衡点销售额和经营安全率。

营业额的欲估方法：

营业额＝预估来客数×预计人均消费额

预估来客数参考商圈内同类商店的来客数；预计人均消费额参考商圈内同类商店的水平。

营业额欲估值和损益平衡点营业额做比较，若前者高于后者，则药店开张后可盈利。

$$损益平衡点销售额 = \frac{固定费用}{1 - \dfrac{变动费用}{计划营业额}}$$

经营安全率，用来衡量欲经营药店的经营状况，计算公式为：

$$经营安全率 = 1 - \frac{损益平衡点销售额}{预计销售额} \times 100\%$$

经营安全率达 30％以上为优秀店,20％～30％为优良店,10％～20％为一般店,10％以下为不良店。

6.将各地点的欲估情况做成营运条件评估比较表

通过表 2-4 的营运条件评估比较表,对各项数据加以比较,做出最优选择。

表 2-4　营运条件评估比较

评估内容	A 地点	B 地点	C 地点
欲开店地址			
租　金			
押　金			
预估营业额			
损益平衡点营业额			
经营安全率			

 拓展提高

药店选址终端营销兵法"三角布点法"

日本有一家名叫药黑衣库金的连锁药店,1981 年,其经营的门店数为 512 家,1987 年营业额占到全日本零售药店营业额的 11％,如今已是一家拥有 1327 家分店的知名医药连锁企业。该药店在创业初期也曾一度陷入困境,几家门店经营状况非常萧条,公司眼看就要支撑不下去了。为此,其创始人通口俊夫整天苦思冥想突破之道。

一天,通口俊夫沿京坂线坐火车去仅有的 3 家分店做工作巡查,他坐在火车车厢内,心事重重地想着企业经营的尴尬,很不是滋味。那时,这 3 家分店几乎呈"一"字形设置在京坂铁路沿线的京桥、干林、梅云这 3 个车站近旁。忽然,车厢内一名小孩在用手指旋弄一个三角板的情形紧紧抓住了他的视线,只见这名小男孩将他一只手指伸进三角板中心的孔中,而用另一只手去拨弄、旋转三角板。他看着看着,忽然灵感顿生,想起了曾看过一部讲述苏联红军和德军作战的书籍,书中有一句名言是,为了能密切配合友军作战,宜采取三足鼎立的布兵模式,这样,将此三点连接起来,就能有效呼应,保卫好中间的区域。想到此,通口俊夫兴奋得如黑夜中觅得了耀眼闪电:是啊,企业经营布点配置,不也类同此理吗?于是,通口俊夫果断决定,将公司过去主要沿铁路干线呈"一"字形设点的布局彻底抛弃,改为像三角板那样分 3 个顶点重设门店点位。结果,一经试用,经营状况明显好转。原因是这种呈三角状配置的分店格局,使得所围起来的中间区域的消费者不论去哪家分店,最后都成了本公司的顾客。此后,他新开门店时都是先开一店为据点,然后就近在可以呼应的商圈距离内再开两家店,形成三角形格局,达到最大限度地扩大覆盖商圈且能相互支持的目的;或者以任何两个老店为三角形的两个固定点,再开一个新店,和两个老店构成一个新的三角形。后来,他又发现,这种布点法在门店的服务、配送、促销宣传、广告、药品调剂、人员调配等方面都具有低成本优势,这为通口俊夫的连锁药店突破瓶颈、走向成功提供了非常有利的条件。

由通口俊夫创造的这一终端营销兵法——"三角布点法"一问世,便轰动了整个药品零售业界,药黑衣库金公司也由此而财源广进,经营规模像滚雪球般迅速发展壮大,并终于笑傲世界,跻身名企之列。

 链接

一家社区药店的败局

A药店于半年前在某小区隆重开业,该小区有3000户居民。从开业时的人流拥挤到后来的无人问津,A药店成立半年即走过了一段尴尬的"历史"。回顾"历史",该店店长向笔者谈及导致今天局面的原因是选址时存在决策性错误。

众多药店的成功经验告诉我们,药店"长寿"的秘诀无疑首先就是选址。连锁药店在开设新店时,都要进行细致周密的市场调研和论证,包括商圈内居民的生活方式、消费水平、人口增长、居住条件等。笔者现场调查发现,A药店位于新开发的某高档小区对面临街商铺一隅。小区第一期入住率为70%,第二期正在建设中。该小区内之前已开有一家单体药店,虽然面积不大,但因先入为主,已与社区居民打成一片。离A药店300m开外的街口(那里有该街道唯一的公交车站),开有一家大型的药品超市。而与A药店并列的主街面则以便利型生活超市及餐饮店居多,并无其他药店。分析A药店店址周边的情况,笔者认为,其先期选址存在以下几方面的失误:

一是客流来源不清晰。虽然对面是社区,附近有小型菜市场,表面上看可以给A药店带来较大的客流量,但这些客流是有固定的时间限制和活动习惯的,早晨出来活动的人群多为老年人,晨练之后买点蔬菜回家。但由于A药店与该市场之间有15分钟的路程,而且还需过马路,因而难以有效地吸引客流。而对面社区里居住的大多是白领人群,白天上班。所以,A药店大部分时间里是没有集中客流的。傍晚五点半以后虽是客流高峰,但上班族会把大部分时间留在菜市场,选好蔬菜后一般都急着回家做晚餐,基本没有其他的购物欲望,如无特殊需求,不会违反交通规则横穿马路。对于一些与"时间赛跑"并具有一定消费能力的白领顾客,小区内的单体药店便会成为他们的主要购药场所。因此,留给A药店的,多半是有迫切的购物需求,且不会逗留很长时间的临时性顾客。没有明确、稳定的客流,A药店的经营状况就可想而知了。

二是交通不便利。A药店与对面居民小区中间的马路是一条交通主干道,每天车辆如织,而且唯一的一条人行横道设于离药店近300余米的街口。对于一些严格遵守交通规则的顾客来说,"路障"制约了其前来A药店消费的打算。

三是竞争对手位置占优。距A药店300m处的街口的那家知名大型药品超市,与A药店的社区经营模式相比,无论是品种结构还是卖场环境都略胜一筹。且该市两家著名大型生活超市的免费接送班车的下客点就在该药品超市门口,这无疑会把很大一批顾客带给此药品超市,这等于是将A药店的客流有力地拦截去了。

由此看来,A药店之所以开业半年后便经营不下去了,根本原因确实是选址不当。

重点知识

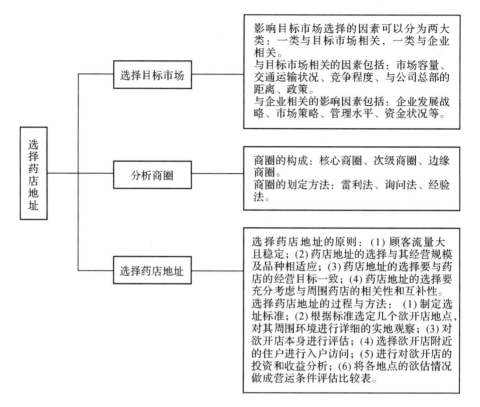

 实用技术训练

测试 2

一、知识训练

1.重要概念解释

选择目标市场　　商圈

2.问题理解

(1)商圈的影响因素

(2)选择药店地址应考虑的因素

3.知识应用

(1)判断题

(　　)①药店目标市场的选择需要多种因素进行综合考虑。

(　　)②选择药店的目标市场以顾客需求差异为标准。

(　　)③规模大且品种齐全药店的地址宜选择在繁华的商业区。

(2)选择题(每小题至少有一个正确答案)

①顾客占 15%～25% 的属于商圈中的　　　　　　　　　　　　　　　　(　　)

　A.核心商圈　　　　B.次级商圈　　　　C.边缘商圈　　　　D.无关商圈

②顾客占 55%～75% 的属于商圈中的　　　　　　　　　　　　　　（　　）

　　A.核心商圈　　　　B.次级商圈　　　　C.边缘商圈　　　　D.无关商圈

③划定商圈的方法有　　　　　　　　　　　　　　　　　　　　　　（　　）

　　A.雷利法　　　　　B.询问法　　　　　C.经验法　　　　　D.计算型

④选择药店地址的原则有　　　　　　　　　　　　　　　　　　　　（　　）

　　A.顾客流量大且稳定

　　B.选择药店地址要与其经营规模及品种相适应

　　C.选择药店地址要与药店的经营目标一致

　　D.选择药店地址要充分考虑与周围药店的相关性和互补性

二、技能训练

（一）案例分析

药店甲乙丙丁

　　新开业的药店甲，开业好长时间了也少有人问津，店家做了大量的宣传工作也不见效果。原因出在药店对面的大马路上。这条路很宽，人流如织，但是又长又陡，一路下坡。骑自行车的人到了这儿就想一股劲儿往下冲，自然不愿意在最省力的时候捏闸停车，下来去买药。而上坡的人，走到这儿的时候，正累得气喘吁吁，也不愿穿过马路去对面买药。药店选在这样的位置怎能招来顾客呢？

　　药店乙开业时选择在某省级监狱的后门对面，这里靠近这家监狱的家属区，家属区居民出门就是药店，购药十分方便，他们也是这家药店的主要客户群。但是好景不长，"非典"时期，这家监狱为了便于管理，所有人员进出只限走正门，而正门在另外一条街道上，后门口则是"铁将军"把门。"非典"过后，此临时措施变成制度，后门不再启用。由此，这家药店失去了自己最大的一个客户群，销售也受到了较大影响。

　　药店丙地处闹市，地理位置十分优越，门面不大，但顾客盈门，销售一年上一个台阶。可是，随着城市客流量的不断加大，这里道路拥挤的状况日益突出，高峰时期，人车拥堵。很快，交通管理部门在这里竖起了长长的隔离带，把药店挡在了隔离带后边。过了些日子，城建部门又在这里建起了过街天桥，顾客要去这家药店购药要么绕过长长的隔离带，要么在天桥上绕行，很是不便，自然影响了药店的销售。

　　药店丁虽不在闹市区，但门前开阔，也没有限制停车的区域，便于停放车辆。随着私家车增多，一些有车族很乐于在这儿购药。而驱车来购药的顾客又多数是高消费人群，该店的销售情况自然是节节升高了。

　　问题：比较甲乙丙丁四家药店，分析如何选择药店地址。

（二）操作实训

【实训项目】　宁波海王星辰新药店选址

【实训目的】　掌握药店选址。

【实训内容】　以"健康＋专业＋便利"为药店定位的海王星辰，在短短几年间便搭建起遍布全国的连锁网络，成为国内"社区便利型"连锁药店的代表。现宁波海王星辰准备开办一家新药店，请为其选择地址。

【实训组织】　以小组为单位，为新药店选择一个地址，并对其进行分析，基本内容如下：

1.选址的标准；

2.周围环境的实地考察；

3.新开药店本身的评估(包括路标、设施设备、店铺的所有权和使用权、店铺的采光、店铺的送货路线、邻店的商德等)；

4.新开药店的营运条件评估。

【实训考核】 由带教老师将各组情况汇总,根据实际巡视结果,进行最后考评。

（吴　锦）

项目三　设计药店营业场所

　项目描述

　　药店营业场所是药店设施与设备的主要组成部分,是药店直接面对消费者,为消费者提供专业健康产品、服务、信息的主要场所。药店营业场所设计是否科学合理、是否形成特色,不仅关系到药店的药品销售,还是药店整体品牌形象在店面和药店内部空间的直接表现。药店营业场所设计包括药店店面设计、药店内部布局和药店环境设计三个方面。

　　知识目标:了解药店营业场所设计的宗旨,熟悉影响药店营业场所设计的主要因素,掌握药品店面设计、药店内部布局和药店环境设计的原则与方法。

　　能力目标:能够按照 GSP 对药店营业场所的要求,运用药店店面设计、药店内部布局和药店环节设计的理论与方法,完成特色鲜明、布局合理的药店营业场所设计,激发消费者的购买欲望,达成购买行为。

　　素质目标:拥有较强的审美感觉和独立设计思维,培养学生独立观察、思考、设计能力。

　项目分析

　　药店营业场所设计必须以顾客为核心,迎合不同消费者的消费特性来不断地诱导顾客进行消费,刺激顾客消费的欲望。同时,良好的营业场所可以调整员工的身心状况,促使员工工作更顺利,节省时间和体力。药店营业场所设计包括药店店面设计、药店内部布局和药店环境设计三个方面。药店店面是顾客对药店的第一印象,是药店形象的重要组成部分,它决定了顾客是否愿意惠顾。药店店面设计包括出入口设计、招牌设计、橱窗设计三方面内容;药店空间一般由三个基本空间构成:药品空间、店员空间和顾客空间,药店空间格局可依据药品数量、种类、销售方式等情况,将上述三个空间进行合理布局;药店除了提供药品等商品外,还要创造愉快的药店购物环境,可通过环境卫生、仪表用语、音乐灯光等方面的精心安排,从视觉、听觉、嗅觉和感觉等角度为顾客营造一个温馨舒适、宽松和谐、赏心悦目的购物氛围。科学合理地设计药店营业场所不仅有利于提高药店的营业效率和营业设施的使用率,还有利于为顾客提供舒适的购药环境,满足顾客精神上的需求,从而达到提高药店经济效益与社会效益的目的。

　　知识点:

● 药店营业场所设计的作用和宗旨;

● 影响药店营业场所设计的因素。

　　技能点:

● 药店店面设计;

- 药店内部布局；
- 药店环境设计。

 相关知识

一、药店营业场所设计的重要性

具有特色的药店营业场所的设计,可以吸引顾客的目光,可以留住顾客的脚步,激起顾客入店的欲望,增加顾客光顾药店的次数。

1. 促进药品销售

药店的终极目的就是销售药品,药店经营场所的设计,也是为药品的销售服务。设计和布局,除了树立药店的整体形象和烘托愉悦气氛以外,最关键的就是能激发顾客的购买动机和欲望,使其产生购买行为。

2. 培养顾客忠诚度

顾客的忠诚度是药店培养出来的,而非开业就能拥有的。顾客的忠诚度是一种资源,特色的、人文的、能够为顾客所接受和偏好的布局有助于药店培养顾客的忠诚度。

3. 现场广告宣传

药店陈列的药品本身就是广告,药店的布局同样是一种广告。中国有一句经商谚语:"货卖一张皮"、"货卖堆山"。"皮"就是药店的脸面,"堆山"就是要通过药品的极大丰富、合理布局招徕顾客、吸引顾客、刺激顾客的购买欲。药店要把营业场所当成药店对外宣传的一种有力途径,进而充分结合周边商业环境和消费需求,有计划、有步骤地进行。

4. 提高药店工作效率

布局科学合理,不仅能作用于顾客,还会给店员一种便利和享受。繁杂凌乱的通道规划和药品摆放,会降低店员在药店内的工作效率。

科学合理地设计药店营业场所,对顾客、药店自身都是十分重要的。它不仅有利于提高药店的营业效率和营业设施的使用率,还有利于为顾客提供舒适的购药环境,满足顾客精神上的需求,从而达到提高药店经济效益与社会效益的目的。

二、药店营业场所设计的宗旨

药店营业场所设计的宗旨包括以下几个方面:

1. 有利顾客,服务大众

药店营业场所设计必须坚持以顾客为中心的服务宗旨,满足顾客的多方面要求。今天的顾客已不再把"逛市场"看作一种纯粹的购买活动,而是把它作为一种集购物、休闲、娱乐及社交为一体的综合性活动。因此,药店不仅要有充足的物品,还要创造出一种适宜的购物环境,使顾客享受最完善的服务。

2. 突出特色,善于经营

药店营业场所设计应依照经营药品的范围和类别以及目标顾客的习惯和特点来确定,以别具一格的经营特色,将目标顾客牢牢地吸引到药店里来。使顾客一看外观,就驻足观望,并产生进店购物的愿望;一进店内,就产生强烈的购买欲望。例如,日本品川区的某茶叶海苔店在店前设置了一个高约 1m 的偶像,其造型与该店老板一模一样,只是进行了漫画式的夸张,它每天站在门口笑容可掬地迎来送往,一时间顾客纷至沓来,喜盈店门。

3.提高效率,增长效益

药店营业场所设计要科学,要能够合理组织药品经营管理工作,使进、存、运、销各环节紧密配合,使每位工作人员能够充分发挥自己的潜能,节约劳动时间,降低劳动成本,提高工作效率,从而增加企业的经济效益和社会效益。

三、药店营业场所设计的影响因素

风格独特的外观,能在几秒钟内抓住观众或过路者的注意力,使人有一种想进去看一看的欲望,想知道它内部的情况如何,是否有与其他的药店不一样的地方,进去之后能产生购买的冲动。药店设计需要考虑如下要素:

1.行业的特性

药店是一种采取自选和柜台相结合的销售方式,以销售药品、保健品、医疗辅助品为主,以食品和生活中的其他必需品为辅的综合场所,是一种满足顾客消费需求的零售业态。药店的药品交易特性决定了药店向顾客提供的不仅是药品销售服务,还要有专业的导购、服务的销售、艺术的销售、文化的销售。药店最根本的特征是售货,但因药店是各种药品云集之地,如果不能对其进行规划布局,没有了规矩,自然难成方圆。正如松下幸之助所言,要不时创新,这是吸引顾客登门的秘诀之一。唯其如此,药店才能客源不断、财源滚滚。

2.顾客的需求

顾客来药店购买的到底是什么?是药品吗?以感冒药为例,几乎每一家药店都在出售很多品牌的感冒药,而且不同药店里的感冒药品在价格上差距不大时,顾客为什么就偏偏在某药店发生购买行为呢?可以说,在药品同质化越来越明显的市场状态下,顾客在药店购买的并不仅仅是药品,同时也体验购买时的感觉。科学合理的布局能使顾客在最合理的时间,以最理想的状态购买到最想要的药品,这就是顾客的需求。

3.竞争的驱使

药品的同质化、促销形式的相似、药品价格的透明,使以往的种种优势在激烈的竞争驱使下,已经荡然无存。这时候,药店要想最大化地吸引客源,就要在力所能及的环节上下一番功夫。就布局而言,特色化的店面设计、声光色味的氛围营造、差异化的药店布局艺术和互补的楼层分布,使药店产生了特色优势,如此一来,顾客就乐意前来购物,回头客就会越来越多。

4.与周边环境相协调

药店虽然应有不同特色以显示其独特的风格,但是也要注意造型与色彩的整体效果,不宜与周边的环境气氛相差过大,那种一味追求富丽堂皇的做法反而易流于俗气。因为顾客对药店一般已有大体印象,若药店设计风格迥异,反而会使顾客不明所指,不为人们所接受。

5.符合相应的法律和法规

药店在进行营业场所设计时必须遵循国家和地方的法规,不可违背。如《药品经营质量管理规范》规定:企业的营业场所应当与其药品经营范围、经营规模相适应,并与药品储存、办公、生活辅助及其他区域分开。

【小资料3-1】

《药品经营质量管理规范》第一百四十五条 营业场所应当有以下营业设备：①货架和柜台；②监测、调控温度的设备；③经营中药饮片的，有存放饮片和处方调配的设备；④经营冷藏药品的，有专用冷藏设备；⑤经营第二类精神药品、毒性中药品种和罂粟壳的，有符合安全规定的专用存放设备；⑥药品拆零销售所需的调配工具、包装用品。

 项目实施

一、药店店面设计

俗话说："树有皮，人有脸。"树若没皮，就会干枯死掉；而不少人是由于有了一张俊俏的脸而备受朋友们的喜欢。药店的店面也有同样的作用，它是顾客对药店形成第一印象的要素，是药店形象的重要组成部分。如果店面不协调，招牌残缺不全，会影响顾客光临。药店店面设计包括出入口设计、招牌设计、橱窗设计三方面内容。

（一）药店店面设计的原则

1. 突出行业特点

营造药店文化。在整体布置上应加强药店的用药指导、购药指导、保健指导，尤其是安全用药和医药知识普及等，使药店成为顾客用药咨询、获得健康知识的窗口。在这方面，药店可以充分利用药厂在当地的办事机构和工作人员，把橱窗、墙报、立牌、展板布置起来，比如定期把墙体广告换成医药科普知识等。

2. 形成自我的风格

差异化是竞争力的关键点，药店的差异化可先从店面设计的差异化做起。特殊的形象是区别于竞争者的开始。自我风格即在确保整体效果的情况下为突出某一点或某几个点的特色。外部装饰与整体建筑结构和设计风格协调一致，如用药片的放大模型做广告牌；从整体效果出发拟定药店店面装饰的设计思路，尽可能突出药店的门店规模和相应档次；要以单纯清新、赏心悦目的色彩位置，保持祥和的气氛，避免滥用色彩渲染，任何不适宜的装饰和"浓妆艳抹"都可能致使顾客产生消极购物情绪。

3. 稳中求变的外观装饰

店面设计是药店整个布局规划的第一步。药店经营本身就是一个低成本入市的行业，在不可能投入大笔费用做媒体广告和强势形象树立的情况下，药店经营就要善于在外观等细节上做好文章。

店面设计要在总体风格保持不变的情况下，不定期地寻求店面装饰的变化。这样可以让顾客有耳目一新的感觉，尤其是对药店周边区域内的顾客群。店面装饰包括广告牌、霓虹灯、灯箱、电子屏广告、招贴画、传单广告、活人广告、门面装饰、橱窗布置和室外照明等。

4. 要有较高的能见度

药店外观的能见度，是指步行或驱车行人能清晰地看到药店外在标志的程度。能见度差,即在较远的距离,有时甚至在近处都不易看清药店的标志,不仅给顾客带来不便,也影响药店的销售。一般来说,能见度的提高主要靠构成要素的独特性和鲜明性,如独特的建筑外形、鲜明的招牌、光彩的照明装置、宽敞的药店入口、诱人的橱窗等均能吸引路人的视线,形成深刻的印象。

5. 药店店面风格必须与经营的药品品位相一致

如以经营高档次药品为主的药店,就必须在外观上多下功夫。但以低廉价格进行大量销售的药店,其装潢标准如果过于豪华,会使顾客感到价格一定也很高,反而吓走了顾客。

另外,对于连锁药店来说,连锁药店的经营目标、经营方针可以从外观的形式表现出来,因为药店外观在连锁药店经营中有着宣传的功能。为了达到这一要求,连锁药店在外观装潢上,必须重点突出连锁药店形象的识别标记。结合中国实际情况来看,许多连锁药店和连锁便利店的建筑物都是一般平房、某幢楼房底层或地下室的一部分,其本身很难以建筑物的造型变化来体现自己的特色,主要依靠招牌来体现自己的特色。因此,连锁药店外观装潢的重点应突出招牌的作用,像麦当劳的大写"M"标志一样,老幼皆知。

(二)药店出入口设计

药店的出入口设计,应该本着既方便顾客又美观的原则。入口选择的好坏是决定药店客流量的关键,不管什么样的出入口都要易于行走。药店出入口设计应考虑药店的规模、客流量大小、经营品的特点、所处地理位置及安全管理等因素;另外,入口处一般要高于街道,否则不易排水,其落差要用缓慢的斜坡来弥补,使顾客感到入口和街道一样高。有关调查表明,顾客不愿光顾那些高于或低于街面的药店。

1. 药店出入口的类型

一般来说,大型药店的出入口可以安置在中央,而小型药店的进出位置设置在中央是不妥当的,因为店堂狭小,直接影响了店内实际使用面积和顾客的自由流通。规模小的药店进出口设计一般在药店门面的左侧宽度为3~6m。因为根据行人一般靠右走的习惯,入店和出店的人不会在出入口处产生堵塞。同时出入口处的设计要保证店外行人的视线不受到任何阻碍而能够直接看到店内,这样比较合理。至于药店进出口的具体设计,这里介绍常见的几种类型。

(1)封闭型出入口。封闭型药店入口(见图3-1)尽可能小些,面向大街的一面,要用陈列橱窗或有色玻璃遮蔽起来。顾客在陈列橱窗前大致品评后,进入药店内部,可以安静地挑选药品。许多连锁药店和专门经营药品的药店,相对来说,店面比较讲究,标志、招牌和颜色等都是统一的,店面入口即可以给顾客留下深刻印象。

(2)半开型出入口。半开型药店入口(见图3-2)稍微小一些,从大街上一眼就能看清药店的内部。倾斜配制橱窗对顾客有吸引力,并且可以尽可能无阻碍地把顾客吸引到店内。这种药店在经营一般药品的同时,可以经营药品延伸的中档药品。橱窗里除了摆放药品外,还可以把经营的其他物品摆放进去,如化妆品、装饰品等。顾客一般从外边看到橱窗,对经营的药品感兴趣,才进入店内,但开放的程度不要太高,要保证顾客在店内安静地挑选药品。

(3)开放型出入口。开放型出入口(见图3-3)是把药店的前面,即面向马路一边全开放的类型,可使顾客从街上很容易看到店内的药品,顾客出入药店没有任何阻碍。这种类型的药店是除了经营药品外,还可以经营生活的必需品,如食品、水果等。开放型的出入口前面

很少设置障碍物。

图 3-1　封闭型出入口　　　图 3-2　半开型出入口　　　图 3-3　开放型出入口

（4）出入分开型出入口。出口和入口通道分开设置，一边是进口，顾客进来之后，必须走完药店才能到出口结算，这种设置对顾客来说不是很方便，有些强行的意味，但是对商家管理是非常有利的，有效地阻止了物品的偷盗事件发生。同时这种类型出入口对顾客的接待效率也很高。这种出入设置与营业位置、营业规模等有关，一般比较适用于开放货架、顾客自选药品的药店。

为了店堂的安静和保暖，药店一般要设有门。店门设计，还应考虑店门前边是否有阻挡及影响药店门面形象的物体或建筑、采光条件、噪声影响及太阳光照射方位等。店门所使用的材料，以往都是采用较硬质的木材，也可以在木质外部包铁皮或铝皮，制作较简便。近年来大多数药店使用铝合金材料制作药店门，由于它轻盈、耐用、美观、安全、富有现代感，所以有普及的趋势。无边框的整体玻璃门和造型华丽的玻璃门、自动门属于豪华型门，透光性好，应用也越来越多。门的材料不能太重，以免小孩、老人等顾客开启不便，此外，门的设计还要使顾客推货车可以自由出入。

2．出入口设计应注意的问题

（1）要考虑行人流动线。出入口应依据行人流动路线选择。车水马龙的大马路边不宜设出入口，行人川流的步行街是开口的好位置。所以出入口设置务必以人流量、路线选择规律、目光辐射取向调查为基础，把出入口开在行人最多、路径最顺畅、最引人注目的地方。

（2）要有出入口指示。出入口最好能清楚地看清药店的内部，陈列要有强烈的吸引力，以便引起顾客的购买欲望。对于一些开设在楼上或地下室的药店，其入口要设立醒目而有特色的标志，并采取人员促销等方式克服出入口的"先天不足"。

（3）要方便顾客出入。出入口一定要方便顾客进出。因为药店的出入口既有出店的顾客又有进店的顾客，所以必须排除药店门前的一切障碍，如顾客停放的车辆、路牌广告、促销展台等。如果药店门前车辆安排不好，杂乱无章，进入药店就很困难。特别是店员在药店门前接待，跟随来店的顾客出入药店，就更加困难。

（4）门槛的设计不要妨碍进出店内。药店出入口的地面设计，一定要有利于顾客行走的安全性和便利性。如果药店出入口的地面用玻璃进行了镶嵌，顾客就不得不小心翼翼，担心滑倒。尤其是老年顾客和小孩，特别在北方的雪天里，所有顾客都会绕开玻璃地面。另外，应注意拐角的橱窗、特价台及狭窄的通道也不要妨碍顾客进入店内。

（5）考虑出入口的大小与季节的变化。出入口大小设置要考虑当地气温情况。一般情况下，应尽可能地避开季节变化的影响，但是不同的季节应略有变化。在寒冷的地区和寒冷的季节里，开放程度应当小一些。夏季可以将门全部打开，保持通风，如果是采用空调调节店内温度，也要考虑门的开放程度。

（6）考虑日光照射和灰尘污染情况。由于日光照射会引起药品变质，变色。开放度大了,药品容易蒙上灰尘。出入口设计时要充分考虑这些因素。

(三)药店招牌设计

在繁华的商业区里,顾客往往浏览的是大大小小、各式各样的店铺招牌,寻找自己的购买目标,因此药店招牌名称十分重要。一个具有高度概括力和强烈吸引力的招牌名称,对顾客的视觉刺激和心理影响都起着重要作用,不仅能给人以美的享受,而且还能吸引顾客,扩大销售,起到第一"推销员"的作用。

1.药店招牌的命名原则

(1)易读、易记原则。易读、易记原则是对店名最根本的要求,店名只有易读易记,才能高效地发挥它的识别功能和传播功能。这就要在取名时做到:第一,简洁。名字单纯、简洁明快,易于传播,中国招牌名称一般以 2～4 个字为宜,外国名一般以 4～7 个字母为宜。第二,独特。招牌名称应具备独特的个性,避免与其他品牌招牌名称混淆,这样才能在公众心目中留下鲜明的印象。第三,新颖。招牌名称要有新鲜感和时代潮流,创造新概念。第四,响亮,有气魄。招牌名称要易于上口,难发音或音韵不好的字,都不宜作招牌名称。有气魄要做到起点高,具备冲击力及浓厚的感情色彩,给人以震撼感。

(2)暗示产品属性原则。店名还应该暗示经营产品某种性能和用途。显而易见的问题是,店名越是描述某一类产品,那这一招牌名称就越难向其他产品上延伸。因此,为药店命名时,如果兼营其他物品,不要使店名过分暗示药品,否则将影响企业业务的进一步扩展。

(3)启发联想原则。启发联想原则是店名应包含与产品或企业相关的寓意,让顾客能从中得到有关企业或产品的愉快联想,而不是消极的联想,也就是讨个吉利的名字,进而产生对品牌的认知或偏好。但要注意,有时从一种语言看来,它是吉利的名字,而用另一种语言读出来,就会有消极的意义。如果出现这种情况,想进入该地区的市场时,就必须改名。

④与标志物组合原则。品牌 LOGO(可识别部分)是指品牌中无法用语言表达但可被识别的部分。当招牌名称与标识物相得益彰、相映生辉时,品牌的整体效果会更加突出。标志物是指药店中可被识别但无法用语言表示的部分,如"金象大药房"门口的两头白色的小象、医院的红色"十"字、可口可乐的红色标志、麦当劳醒目的黄色"M",以及奔驰的三叉星环等。当能够刺激和维持药店标识物的识别功能时,店名的整体效果就加强了。

(5)适应市场环境原则。不同国家或地区顾客因民族文化、宗教信仰、风俗习惯、语言文字等的差异,对同一品牌招牌名称的认知和联想是截然不同的。因此,品牌招牌名称要适应目标市场的文化价值观念,也要适应潜在市场的文化价值观念。在品牌全球化的趋势下,品牌招牌名称应具有世界性,要想进入新市场,首先必须入乡随俗,有适应当地市场文化环境并被消费者认可的名称。

企业应特别注意目标市场的文化、宗教、风俗习惯及语言文字等特征,以免因招牌名称在顾客中产生不利的联想。鉴于此,药店应本着适应性原则,在为药店命名时,要把眼光放远一点,给药店一个"走遍世界"(起码被目标市场认可)都叫得响的名字,这样才有利于药店的发展。

(6)受法律保护原则。命名也要考虑注册问题,即招牌名称是否符合《商标法》登记的必要条件。首先,该药店名是否在允许注册的范围以内。有的药店名虽然不构成侵权行为,但仍无法注册,难以得到法律的有效保护。如不允许使用地理方位、地名、"第一"之类为店名。其次,已经有其他人登记了相同的招牌名称,工商部门不会受理。再次,该药店名是否有侵权行为。药店经营者要通过有关部门,查询是否已有相同或相近的店名被注册。如果有,则必须重新命名。因此,在命名时,不要总是用一些常见的思维模式来进行创意,一般来说,注册前不妨多起 2~4 个招牌名称,做到有备无患。招牌名称受到法律保护是品牌被保护的根本。

2. 药店招牌的命名方法

(1) 以企业的名称命名。这种命名能反映药店经营药品的范围及优良品质,树立药店声誉,使顾客易于识别,并产生一睹为快的心理,达到招徕生意的目的。所有的连锁药店都是使用统一的名称,例如,哈尔滨人民同泰医药连锁店、北京永安大药房及维康大药房等。又如,成大方圆药店、健民医药连锁店、中联大药房是以企业名称命名的,并且有统一的品牌影响力。

(2) 以服务精神命名。命名反映药店文明经商的精神风貌,使顾客产生信任感。如一元堂药店、医药百信连锁、99 分药店、老百姓大药房等,这其中蕴涵着经营者薄利多销的经营宗旨或诚实的服务理念。一个文化含量高的品牌名,可以达到"借势"、"造势"之目的,招牌可以借助文化含量达到提升自我之目的,给顾客带来巨大的思维空间,对企业后期的发展创造先决条件。当然,做到这点很难,要求在"方寸之地"以小见大,但这种力量十分巨大,应该看到这种优势,并努力运用。

(3) 以经营地点命名。以经营地点命名反映药店经营所在的位置,易突出地方特色,使顾客易于识别。我国许多药店均采取这一命名方法,如东北大药房、北京石景山药材公司第一连锁店、重庆桐君阁大药房、甘肃众友医药等。

(4) 以人名命名。这种命名能反映经营者的历史,使顾客产生浓厚兴趣和敬重心理,如华氏大药房、时珍阁大药房等。如美国的金卡伦药店,是由创办人麦克·卡伦名字转化而来的,日本的伊藤洋华堂也是用人名命名。

(5) 以美好愿望命名。以美好愿望命名能反映经营者达到某种美好的愿望而尽心服务,同时包含对顾客的良好祝愿,引起顾客有益的联想,并对药店产生亲切感。如同仁堂、万宁药店、利康药店、回春大药房、金康药业等,这些店名,蕴涵着来此的顾客定能沉醉于美好的环境以及美好的祝愿中。命名是用语言来表达药品本身的主要方式。因此,命名时的意义、音感、视觉三种形象给目标顾客的感受是很重要的,因为招牌名称是药店形象的先锋。

(6) 以新奇幽默命名。命名的风趣诙谐,也容易让顾客记忆,也是赢取市场的重要环节。比如提到老干妈、阿庆嫂,便让人似乎看到一张慈祥的面孔,品牌极具亲和力。如万草堂、福生堂、采芝林药业连锁店、济世通大药房等,寓意了传统的民族文化。好的命名,大多是给人一种正面的联想。

(7) 以花卉或动物名称命名。以花卉或动物名称命名也是一些企业命名的一种方法,如牡丹药房、金象大药房、竹林大药房、双鹤同德堂连锁大药房、白猫有限公司等,用这种方法命名是希望取其吉祥、顺利、美好的含义,但是一定要注意这种命名进入不同市场时的区域文化不同,营销也要随着变化。

(8) 以中文与外文合用命名。药店的命名也可以为走出国门做好准备,就像药品的命名一样,如"克咳"的外文名字 KEKE 等,做好中文与英文的统一命名,可为药店的发展打下了一个伏笔；这种命名也有外商在国内的合资店或代理店采纳，便于顾客记忆与识别，如"欧姆龙"、"史克"等。药店尽量不要运用英文缩写，如果用了英文缩写，还要准备大量的广告费用，来耐心地告诉顾客每个字母代表什么，这种沟通很复杂，也极易让人混淆不清。药店在命名时要把着眼点放在创造新的中文与英文字义的融合一体上，以有别于其他品牌。

 课堂随想 3-1 药店招牌有哪些类型？

(四)药店橱窗设计

1.橱窗展示的心理效应

橱窗是药店形象的一个重要组成部分，是药店的广告，是顾客的顾问和向导。橱窗通过设计者的布置与陈列使药品的性能、特点、种类真实地展示出来。调查显示，有60%以上的人在逛药店时会注意药店的橱窗，药店橱窗在一定程度上影响顾客的购物行为。其中37.1%的人进一步表示，药店橱窗会刺激他们的购买欲。

随着药品愈来愈丰富，人们对于药品的需求与购物时的信息传递的要求也越来越高，一成不变的展示方式已不适应社会的发展，只有创意新颖、风格独特的设计才能吸引行色匆匆的路人。橱窗摆放处理药品，药店能招来对价格敏感型顾客；进行艺术化处理，药店能吸引行人注意，并显示高雅的格调；提供公共服务信息，药店能显示其对社会的价值。

2.橱窗的主要类型

药店的橱窗只能是"大题巧做"，而非"小题大做"。根据橱窗的布置方式和空间的分配变化，主要有以下几种：

(1)综合式橱窗。综合式橱窗是将许多药品的包装综合陈列在一个橱窗内，以组成一个完整的橱窗广告。这种橱窗布置由于药品之间差异较大，设计时一定要谨慎，否则就给人一种"什锦粥"的感觉。综合式橱窗可以分为横向橱窗、纵向橱窗、单元橱窗。

(2)系统式橱窗。大中型药店橱窗面积较大，可以按照药品的类别、性能、用途等因素，分别组合陈列在一个橱窗内。

(3)专题式橱窗。专题式橱窗是以一个广告专题为中心，围绕某一个特定的事情，组织不同类型的物品进行陈列，向媒体大众传输一个诉求主题。专题式陈列又可分为：节日陈列，以庆祝某一个节日为主题组成节日橱窗专题；事件陈列，以社会上某项活动为主题，将关联药品组合起来的橱窗；场景陈列，根据药品用途，把有关联性的多种药品在橱窗中设置成特定场景，以诱发顾客的购买行为。

(4)特定式橱窗。特定式橱窗指用不同的艺术形式和处理方法，在一个橱窗内集中介绍某一药品，例如，单一药品特定陈列和药品模型特定陈列等，从而获得好感。

(5)季节性橱窗。根据季节变化把应季药品集中进行陈列，如节日的保健品、秋末冬初的感冒类和风湿类药品、春末夏初的肠胃类药品展示。这种手法满足了顾客应季购买的心理特点，有利于扩大销售。但季节性陈列必须在季节到来前一个月预先陈列出来，向顾客介绍，才能起到应季宣传的作用。

3.药店橱窗展示的要求

在现代商业活动中，橱窗既是一种重要的广告形式，也是装饰药店店面的重要手段。一个构思新颖、主题鲜明、风格独特、手法脱俗、装饰美观、色调和谐的药店橱窗，与整个药店建

筑结构和内外环境构成的立体画面,能起美化药店和市容的作用。具体要求如下:

(1)橱窗横度中心线最好能与顾客的视平线相等,整个橱窗内所陈列的药品都在顾客视野中。而且长度和宽度的比例一定要符合视觉习惯,一般高、宽的比例以 1∶1.62 为佳,这便是通常所说的"橱窗的黄金定律"。

(2)在橱窗设计中,必须考虑防尘、防热、防淋、防晒、防风、防盗等,要采取相关的措施。

(3)不能影响店面外观造型,橱窗建筑设计规模应与药店整体规模相适应。

(4)橱窗陈列的药品必须是本药店出售的最畅销的药品。

(5)橱窗陈列季节性药品必须在季节到来前一个月预先陈列出来,这样才能起到应季宣传的作用。

(6)陈列药品时,应先确定主题,使人一目了然地看到所宣传介绍的药品内容,千万不可乱堆乱摆,分散消费者视线。

(7)一般药店橱窗陈列的是药品精美的外包装,特别是容易液化变质的药品以及日光照晒下容易损坏的药品,要用其模型代替。

(8)橱窗应经常打扫,保持清洁。肮脏的橱窗玻璃,或橱窗里面布满灰尘,会给顾客不好的印象,引起对药品的怀疑或反感而失去购买的兴趣。

(9)橱窗陈列需勤换。

(10)橱窗内除展示药品外,有时也可用粘贴宣传标语。

二、药店内部布局设计

(一)药店的空间布局

1.药店的空间

药店空间一般由三个基本空间构成:药品空间、店员空间和顾客空间。

(1)药品空间:指药品陈列的场所,有箱型、平台型、架型等多种选择。

(2)店员空间:指店员接待顾客和从事相关工作所需要的场所。有两种情况:一是与顾客空间混淆,如自选区间;二是与顾客空间相分离,如员工更衣室、员工培训区、服务台内和行政办公区等。

(3)顾客空间:指顾客参观、选择和购买药品的地方,以及顾客休闲的区域,如器械体验区、免费吸氧区等,根据药品不同,可分为药店外、药店内和内外结合等三种形态。

2.药店空间格局的形态

药店空间格局可依据药品数量、种类、销售方式等情况,将上述三个空间有机组合。

(1)接触型药店。药店空间毗邻街道,顾客站在街道上购买物品,店员在店内进行服务,通过药品空间将顾客与店员分离。这种药店一般是经营中延伸兼营了生活必需品的,一般属于社区便利店。

这种类型的空间格局,是一种传统店铺形式,没有顾客活动的空间,顾客在路边与店员接触、选择和购买药品。它有三大特征:一是店员空间狭窄;二是顾客活动区在店外;三是药品空间在店面。这样的设计格局多适用于兼营的药店,主要是经营 OTC 和保健品。该种格局形式适于兼营低价品、便利品和日常用品的药店,它的经营规模小,带有早期店铺的种种特征,比较适用于乡村。

因为接触型药店是在行人往来的通道上陈列兼营的药品,所以接触型药店大多店员空间狭窄,但也有一些较为宽阔。这种药店适合销售无须费时认真挑选,便于携带的药品或小礼品。

此种形式可使店员适当与所兼营物品保持距离,顾客挑选药品时自由随意,没有压迫感和戒心。店员切忌整排站在柜台前,而应运用宽阔的空间做各种工作,这样能给药店带来蓬勃的生机,吸引顾客购买。

(2)封闭型药店。药品空间、顾客空间和店员空间全在店内,药品空间将顾客空间与店员空间隔开。

第一,店员空间狭窄的封闭型药店。这种类型的药店,顾客进入店面才能看到药品,店员空间较狭窄,大多设立于繁华地区,顾客较多,由店员来取放顾客要看的药品,这种格局对于处方药是必需的,属于柜台式销售,顾客自己不可以随意取放药品,也适合贵重药品和保健品之类的药品。

在封闭型药店里,店员的行为对顾客购买与否起着重要作用。空间狭窄的封闭型药店,店员的一举一动异常明显,如店员僵立于柜台前,一定会使顾客失去购买兴趣。如店员摆放药品、擦拭橱窗、统计数字,即可以引人注目,又可以缓解店内的僵硬气氛。

第二,店员空间宽阔的封闭型药店。这种类型的药店是顾客、店员、药品空间皆在室内,店员活动空间较宽阔,顾客活动空间也很充裕。最为常见的是邻近社区的药店,店内处方药和非处方药区域分割得很清楚。宽阔的顾客空间可使人们自由地参观和选购,药店整体布局给人的印象是:欢迎参观!此外,也有开展"小型健康咨询会"的空间。此类药店努力营造药店的热络气氛,靠环境、人气提高顾客的购买情绪。

(3)环游型药店。顾客可以自由、漫游式地选择药品,实际上是开架销售。该种类型可以有一定的店员空间,也可没有特定的店员空间。

第一,无店员空间的封闭环游型药店。店员空间被限定在一定范围的柜台内,他们一般不走入顾客的空间,只有顾客将选好的药品带到收银台时,店员才会主动服务。顾客可在不受打扰的情况下,悠闲地在店内选购、参观、阅读说明书。采用这种形式的药店给人以轻松舒适的感觉,这样的区域一般放置妇科用药、皮肤病或遗传病的药品,以及普药等,处方药不可采用此方式。

另外,这种格局的最大特色是向顾客发出"店员不对顾客推销药品"的信息。顾客有能力进行挑选,店员不要过于热情,更不能用"狩猎"的目光盯着顾客。

第二,有店员空间的环游型药店。这种类型的药店,多为已经很有名气的连锁药店和专卖店。店员活动空间与顾客活动空间不加以区分,是专为销售贵重药品、保健品和保健器械而设计的。这种格局本身已将顾客进行了严格的过滤和挑选。同时,这种药店经营的药品价格昂贵,顾客购买时较认真、仔细,常需要店员从旁说明,充当顾客的顾问。店员应活动于顾客中间,销售行为应追求轻松自然,店员切忌固定在店中央等待顾客招呼。

(二)药店顾客流动线设计

顾客流动线是指店内顾客的流动方向。由于店内顾客的流动方向是被店方有计划地引导的,所以也把顾客流动路线称"客导线"。实质上顾客流动线就是药店通道,是顾客购物与药店服务员补货的必要通路,其设计要方便各方人员行走和参观浏览。药店通道一般分主副通路,主通道是顾客从店门进入店的通道。药店流动线布局应充分考虑主副通道的宽度,药品补给路线选择,非营业场所与营业场所连接等各个方面。

1. 顾客流动线设计的重要性

一般来讲,药店销售额主要由两个因素决定:一是来店的顾客数,二是顾客的平均购买单价。药店的客流量多少对于销售额有很重要的影响作用,要把药店建好,就需要使顾客尽可能地多停留,多买药品,尽可能地提高客流量和顾客购买单价。

2. 顾客流动线设计的原则

(1)开放畅通,使顾客轻松出入。如果一家药店门面局促,入口拥挤,即使店内药品丰富,价格适宜,依旧无法招揽顾客。切记生意成功的第一步是让顾客"进门"。

药店内顾客流动主线是主通道,顾客流动的副线是副通道。主副通道的区分是根据药店营销目标和药品的布局及陈列设计安排的。良好高效的通道设计,要求能引导顾客按设计的自然走向,步入药店的每一个角落,能接触尽可能多的药品,消灭死角和盲点,使入店时间和药店空间得到最高效的利用。药店通道的设置既要"长"得留住顾客,又要"短"得一目了然,还得考虑到顾客走动的舒适性和非拥挤性。大中型药店主通道的宽度一般在2m以上,副通道在 1.2~1.5m,最窄的通道也不能小于 0.9m,因为这是两个人并行或逆向非侧身避让相遇时的最小宽度。特别是药店的出入口结算台前的通道应适当宽一些,一般在 2m以上,以免出现拥挤,造成混乱。

(2)笔直、平坦。通道必须尽可能平直,并避免出现只能止步回走的情况,还可以拉长顾客的回逛时间,创造销售机会。若能在通道口、电梯口、楼梯口设置一些明显的药品大类指示牌会更好。一些大型药店有多层,层与层之间必须用通道连接,此时就应采用一些坡度小、平直的电梯通行。此外,药店通道地面应保持平坦,尽量处于同一个平面上,如果药店是由两个或多个建筑物改造而成,通路不平坦,就需要做好标志牌,以免顾客穿行不便,影响购物。

(3)明亮清洁,使顾客心旷神怡。通常通道上的照明亮度要达到 $500lx$(lx:$1m^2$ 所照的光亮,100 瓦的白炽灯的正下方距离处的亮度为 $100lx$)以上。尤其是主通道,相对空间比较大,是客流量最大、利用率最高的地方,要保证足够的照明度,通道上的照明度比药店明亮,要充分考虑到顾客走动的舒适性。明亮清洁的药店通道、优雅轻松的购物环境,往往使顾客对店内药品产生一种优质的感觉。把握整洁与优质之间的心理连接,合理运用和安排有效空间内的灯光、音响、摆设、色彩,使之相互配合,才能营造出一派令顾客心旷神怡的物质、精神双重消费场所氛围。

(4)没有障碍物。通道可用来吸引顾客多走、多看、多买药品。通道要避免死角,通道内不能放置一些与药品陈列或者促销活动无关的物品,以免阻断药店的通道。由于人们一般习惯于走短距离且无障碍物的道路,药店应该考虑有意减少通路的直角而更多地在拐弯处或通路交叉处采用曲线角度,使得药店通路设计更符合人们的生活习惯。

(5)"曲径通幽",使顾客停留更久。有时需要借助于连续展开不间断的药品陈列线来调节顾客的视觉,这样可以增强药品存在感,使店内药品最大限度地变得让顾客目之可及、伸手可得,进而吸引顾客更长时间停留,最终实现购买。药店的药品陈列线以 12~15m 为宜。这种陈列线长短的差异,也要考虑不同规模面积的店堂在布局上的要求。

3. 顾客流动线的设置

药店各区域位置的确定应本着药店核心原则,各个辅助区域都是为药店服务的,有效的配置会使货物流转的人工成本尽可能减少,取得更好的效益。从顾客走的路线上,可以分为四种通道类型:

（1）直线式通道。也被称为单向通道（见图3-4）。这种通道的起点是药店的入口，终点是药店的收款台。顾客依照货架或柜台排列的方向单向购物，以药品陈列不重复、顾客不回头为设计特点，它使顾客在最短的线路内完成药品购买行为。

（2）斜线式通道。斜线式通道（见图3-5）是货架或柜台和通道呈菱形分段布局。这种形式可供顾客看到更多的商品，使得药店的气氛比较活跃，顾客的流动不受拘束，但斜线式布局不如直线式布局能充分利用药店面积。

（3）曲线式通道。曲线式通道（见图3-6）是用不规则的方法设置通道，可任意布置柜台。开架式销货常采用这种形式，它能创造出活跃、温馨的气氛，顾客四处浏览无拘无束，顾客被鼓励到达药店的任何地方，且可采用不同路线，从而增加了随意购买的机会。但这种布局易浪费场地面积，使顾客寻找货位不够方便，这种布局方式要求药店的规模不要太大。

图3-4　直线式通道　　　图3-5　斜线式通道　　　图3-6　曲线式通道

（4）回字形通道。又被称为环形通道（见图3-7），通道布局以流畅的圆形或椭圆形按从右到左的方向环绕药店铺的整个药店，使顾客依次浏览药品，购买药品。在实际运用中，回字形通道又分为大回形和小回形两种线路模型。大回形通道适合于营业面积在400m² 以上的药店。顾客进入药店后，从一边沿四周"回"形浏览后再进入中间的货架。它要求药店内部一侧的货位一通到底，中间没有穿行的路口。小回形通道适用于营业面积在200m² 以下的药店。顾客沿一侧前行，不必走到头，就可以很容易地进中间货位。

（5）口字形通道。对于中小规模的药店来说，要尽可能地采用"口字形"，也可以采用"日字形"的通路设计。即在店堂内放置货架摆放成口字或日字形，这种客导线有利于顾客在店内的回逛，让顾客多浏览药品，增加顾客的购买机会（见图3-8）。

目前我国大型药店的通路设计基本上强调药店布局的对称性，突出药品的分类和销售区域。近年来，国外一些大型药店打破了药店通路左右对称的传统布局，更强调其布局的非对称性，力求给顾客一种药店不断变化的新鲜感觉。另外，几乎所有大型药店的通路数都是偶数，如果是奇数的话，顾客走到通路尽头还要原路返回，这样有利于顾客在店内的回逛。

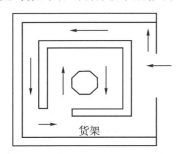
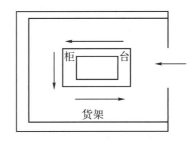

图3-7　回字形通道基本路线　　　　　图3-8　口字形通道基本路线

（三）货架布局

1.格子式布局

格子式布局（见图3-9）是传统的药店布局形式。格子式布局是药品陈列货架与顾客通道都成长方形分段安排,而且主通道与副通道宽度保持一致,这种布局也有两种情况:一种是开放型的布局,所有货架相互呈并行或直角排列,店员与顾客的空间是混合在一起的。另一种是半封闭型的布局,货架紧靠四周墙壁,货架前面放置了柜台,店员站在货架和柜台之间,营业场所四周属于封闭型,店堂中间采取开放型的布局,放置了并列的货架,这种布局是把处方药陈列于四周的封闭型货架内,店堂中间则陈列了OTC、保健品或食品等,购物者转个弯就可以到达另一条平行的通道上,这直直的通道和90°的转弯,可以使顾客以统一的方向和一系列有秩序地选购商品。

格子式布局有利于药店面积在各类药品区域配比上的划分,可以利用货架和柜台的布局,使处方药和非处方药有间隔,也能利用货架和柜台的自然隔断,把药品按功能主治划分出不同的区域,如分为15类,如抗消炎类、解热镇痛、心脑血管、止咳化痰平喘、胃肠消化、肝胆泌尿、跌打抗风湿、妇科用药、镇静安神、皮肤病、维生素与矿物质、五官用药、儿科用药、降糖药品等。每类不同的药品功能区域采取了不同的货架和颜色,药品也采取了不同的设计和摆放,形成独立的风格。

2.岛屿式布局

岛屿式布局(见图3-10)是在营业场所中间布置成各不相连的岛屿形式,在岛屿中间设置货架陈列药品。这种形式一般主要陈列体积较小的药品,有时也作为格子式布局的补充。现在国内的药店在不断改革经营手法,许多药店引入各种品牌专卖店,形成"店中店"形式,于是,岛屿式布局被改造成专业店布局形式被广泛使用。这种布局是符合现代顾客要求的。专卖店布局可以按顾客"一次性购买钟爱的品牌药品"的心理设置,一般把某一品牌的保健品、化妆品或医疗器械等采取这一方法在店内布局,效果不错。形成几个系列药品专区,如儿童系列产品专区(儿童药品、器械、保健品、儿童护肤洗涤用品等),糖尿病系列产品专区(降糖药品、血糖仪、血糖试纸、降糖食品等)。

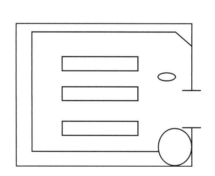

图 3-9　格子式布局基本形式

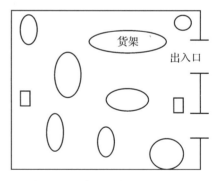

图 3-10　岛屿式布局基本形式

3.自由流动式布局

自由流动式布局(见图3-11)是以方便顾客为出发点,它试图把药品最大限度地展现在顾客面前。这种布局有时既采用格子形式,又采用岛屿形式,是一种顾客通道呈不规则路线分布的形式。药店的四周可以设计成封闭性的货架和柜台的组合,而中间采取的是开放性的形状多变的货架或者是层次分明的展台等。

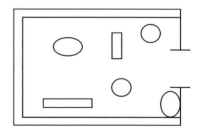

图 3-11　自由流动式布局形式

4.货架和柜台类型及适用环境

货架有不同的构造形式和规格,其设计既要讲究实用、牢固、灵便,便于营业操作,便于消费者参观,又要适应摆放各类药品的要求。货架的基本尺寸除了与人体高度和人体活动幅度密切相关外,还需考虑到人的正常视觉范围和视觉规律。人的正常视觉有效高度范围为从地面向上 30～230cm,通常地面以上 60～164cm 为药品的重点陈列空间。对于敞开式自选药店来说,顾客识别和选取药品的有效范围为地面以上 60～200cm,一般顾客选取药品频率最高的范围为地面以上 90～150cm。60cm 以下时难以吸引顾客注视。店内使用的货架应尽量适合所要放置的位置。紧靠墙壁放置的货架高度一般为1.6～2.2m,放置在店堂中间的货架一般来说高度为 1.5m 左右;柜台的高度一般为 80cm。

三、药店环境设计

药店除了提供药品等商品,还要有愉快的购买环境、周到的服务等。通过店堂布局、环境卫生、仪表用语、音乐灯光等方面的精心安排,从视觉、听觉、嗅觉和感觉等角度为顾客营造一个温馨舒适、宽松和谐、赏心悦目的购物环境和氛围。药店的气氛在很大程度上影响购买行为。药店环境设计主要包括:灯光照明设计、色彩运用、声音和音响配置、气味设计等。

(一)灯光照明设计

1.人工照明的类型

营业场所采用自然光,既可以展示药品原貌,又能够节约能源。但自然光源受建筑物采光和天气变化的影响,远远不能满足营业场所的需要,特别是大型药店多以人工照明为主。药店的人工照明分为基本照明、重点照明和装饰照明。

(1)基本照明。基本照明是药店为保持店堂内的能见度,方便顾客选购药品而设计的照明灯具。目前药店多采用吊灯、吸顶灯和壁灯的组合,来创造一个整洁宁静、光线适宜的购物环境。设计灯具的原则是灯光不宜平均使用,要突出重点、突出药品陈列部位,总的照明亮度要达到一定强度。药店内一般照明、一般性的展示区,照度为600lx;普通走廊、通道和仓库,照度为 400～500lx 就可以了。

灯光应采用纯白双管日光灯,因为日光灯的照明度最为均衡,同时双管日光灯还能够弥补单管日光灯的直射死角,而且纯白的灯光能够毫无保留地反射出药品的原始色彩。日光灯应安装在购物通道的上方,距离货架的高度约等于购物通道宽度的一半,灯管的排列走向应与货架的排列一致,保证能够从正面直接照射到药品。在营业场所最里面或边角的地方,照度要求略高,一般要求 1200～1500lx,用灯光效果来弥补顾客对边角的模糊视觉。

(2)重点照明。重点照明主要是为突出药品特质,吸引顾客注意而设置的灯具。药店的设计强调特别灯光以加强药品的颜色和质地,就像在剧场里一样,是一种环境气氛。药品有如演员,期待能获得"观众"的青睐。在运用灯光时,既要考虑自然光线,又要考虑人工采光。自然光线有助于赋予药品自然色彩,但不易控制。而人工采光除了可以用来补充自然光线不足外,还可用来突出药品,形成视觉中心。店内药品陈列橱柜、重点陈列品、POP 广告、药品广告、展示品、重点展示区等,照度为 1200～1500lx。其中对柜台局部照明,照度最好为普遍照明度的两倍。在分配药店内的照明亮度时,对药店的一些部位要进行重点照明,如柜台可以采取半直接照明等,不能一视同仁。

(3)装饰照明。对于夜间营业的药店装饰照明很重要。这是营业场所现场广告的组成部分,主要是用霓虹灯、电子显示屏或用旋转灯吸引顾客注意。装饰照明主要有橱窗照明、招牌照明和外部装饰灯照明。

2.照明的光源位置与效果

不同位置的光源给药店带来的气氛有很大的差别:

(1)从斜上方照射的光。这种光线下的药品,像在阳光下一样,表现出极其自然的气氛。这种光线适合于店堂内,以及柜台的最下面和中间层。

(2)从正上方照射的光。这种光可制造一种特异的神秘气氛,高档、高价产品用此光源较合适。这种光线比较适合于橱窗和柜台内。

(3)从正前方照射的光。在这种光线下,顾客不可能正面平视物品,就会挡住光源,在物品上留下影子,因此,此光源不能起到强调药品的作用。

(4)从正后方照射的光。在此光线照射下,药品的轮廓很鲜明,需要强调药品外形时宜采用此种光源,在离橱窗较远的地方也应采用此光源。

(5)从正下方照射的光。这种光能造成一种受逼迫的、具有危机感的气氛。

在以上不同位置的光源中,最理想的是斜上方和正上方的光源。另外,对于旧灯具要常换常新,更换一个壁灯、改变一个吊灯灯罩的色彩都可表现出与过去完全不同的气氛。

(二)色彩运用

1.色彩与顾客感受的关系

消费者进入药店的第一感觉就是色彩。精神上感到舒畅还是沉闷都与色彩有关。在药店内部恰当地运用和组合色彩,调整好店内环境的色彩关系,对形成特定的氛围空间能起到积极的作用。

人们对色彩的感觉来自物理的、生理的、心理的几个方面。红色、黄色、橙色,是暖色,给人们温暖的感觉。蓝色、绿色和紫罗兰色被认为是冷色,通常用来创造雅致、洁净的气氛。因此,色彩可以自然形成一种直觉的心理反应:暖色给人温暖、快活的感觉;冷色给人以清凉、寒冷和沉静的感觉。暖色向外扩张,前移;冷色向内收缩,后退。了解了这些规律,对药店购物环境设计中的色彩处理、装饰物品的大小、位置的前后、色彩的强弱等,都是很有帮助的,可以提高药店购物环境的整体效果。色彩的冷暖是最基本的心里感觉。掺入了人们复杂的思想感情和各种生活经验之后,色彩也就变得十分富有人性和人情味儿。

表示药店色彩的要素有药品、陈列器具、天花板、壁面、地板及照明设施,主要考虑的因素为其色调是否均衡以及协调。墙壁、陈列架要将药品的特色显现出来,达到吸引顾客的目的。

2.药店装饰用色的注意事项

在色彩布置上,药店应以让顾客感到舒适、轻松为前提,不同的药品可以用不同的颜色做背景。如将中药柜中的中药饮片和部分中药材布置成金黄色的背景,而将注射剂等药品柜布置成浅蓝色背景,让顾客身临其境,勾起其强烈的购买欲望。不过药店的色彩应以淡色调为主,若药店的面积不大,就不应用太多的色彩。相反,若面积较大甚至有多层,则可视药品、楼层的不同而采用不同的色彩。色彩运用的原则如下:①色彩运用要在统一中求变化;

②避免大面积单纯用色;③药店不宜单独使用黑色;④色彩要随季节做相应的变化;⑤根据不同地区的气候特点调配颜色;⑥利用色彩影响顾客视觉。

(三)声音和音响配置

药店应该建立背景音乐系统。国外的一项试验表明,音乐可以控制客流的节奏,当背景音乐舒缓时,顾客的脚步就会放慢,浏览药品的时间也会更长。美国一项调查研究显示:有70%的人喜欢在播放音乐的药店购物,但并非所有音乐都能达到此效果。调查结果显示,在药店里播放柔和而节拍慢的音乐,会使销售额增加40%,快节奏的音乐会使顾客在店里流连的时间缩短而购买的物品减少。所以,药店在使用声音和音响的过程中要注意以下几点:

1.音乐的播放要注意时间

音乐让人觉得流连忘返。如果店内所播放的音乐,能获得顾客喜爱,顾客会在一边聆听音乐的时候,选择更多药品。音乐可以创造药店的气氛,没有音乐的药店让人觉得安静得有点压抑感。音乐的选择应依时段不同,如开店前、上午、下午、晚间以及打烊前,而做不同的搭配。

2.音乐的种类要对药店的销售产生积极的影响

音乐要与药店想创造的气氛协调,一般而言,仍以轻快的轻音乐为主,甚少选用歌唱的乐曲,当然亦应避免国外色彩太浓的音乐,以减少部分顾客反感。

3.音乐的密度要适度

音乐的密度指的是声音的强度和音量。如果掌握不好,声音过高,则会令人反感,声音过低,则不起作用。因此,音乐的响度一定要与药店力求营造的店内环境相适应。

(四)气味设计

药店的气味,对创造最大限度的销售额来说,也是至关重要的。药店中中药材等的药味在空气中弥漫,能让人感觉到阵阵药香。正如有令人不愉快的声音一样,也有令人不愉悦的气味。这种气味会把顾客赶走。令人不愉快的气味,包括有霉味的地毯,吸纸烟的烟味,强烈的染料味,残留的尚未完全熄灭的燃烧物的气味,汽油、油漆和保管不善的清洁用品的气味,洗手间的气味等。这些气味不仅令人不愉快,与药店的环境、气氛也不协调。

消除店内不良气味可以通过以下措施:设置良好的通风设备;采用空气过滤设备;定期释放一些芳香气味,但药品释放的气味与药店有意释放的气味的浓度要与顾客的嗅觉限度相适应;如果新开张或店内刚进行过装修,有很大的异味,但是短时间内又无法消除时,药店应以张贴在店内的说明或告示牌的形式向顾客说明情况并表示歉意。顾客心理上会觉得受到了尊重而愉快,本来比较浓的异味会被这种愉悦心情而淡化。

 拓展提高

橱窗展示十大制胜准则

优秀的橱窗展示仅需3秒钟就能征服观者。某一期《加拿大花商》撰文指出:橱窗展示不仅要吸引路人注意,而且应该起到引导顾客购物的作用。此外,展示要有一个主题或是围绕一种产品,这样有助于表现花店的形象。

营造一个美好的橱窗,应注意如下10条准则:

1.简洁。每次只使用一种设计思路,如果急于把各种作品都展示出来,只会显得凌乱。

2.规划好作品和布局。利用挡板、支架、平台等,将作品错落开摆放。要注意,在所有作品之中应该有一个明确的焦点。

3.运用照明设备来营造气氛。有了人工照明设施,橱窗内部的光线不会随自然光变化,永远都是抢眼的。深色花需要的照明量相对较多。如果花店紧邻交通大道,那么在夜里也应该点亮橱窗内的照明灯。

4.用颜色传达你想表露的讯息。深色使橱窗显得紧密;浅色使橱窗看起来更有空间感。橱窗用色不宜超过4种,而且应当以其中3种为主色调,突出的色彩主题对消费者更有吸引力。使用相同颜色、不同品种的花卉,能获得意想不到的效果。

5.使用由专业人士设计的标志。标志应干净整齐,一个微小的折角或污点,都会影响到观赏效果,使你的创意大打折扣。在标牌上加印 FTD(国际送花组织)之类的特殊标志,可以增加顾客对花店的信任度。还可以考虑摆上花艺作品的价签。

6.富于动感的展示方法。摆放一些小喷泉、瀑布、风车,这些物品可以起到配合展示主题的作用,也可以仅仅是用来活跃气氛。

7.保持橱窗清洁。每天都应该擦拭橱窗的里外玻璃,及时清理败叶和飞虫有助于使你的花艺作品始终保持良好的状态。

8.定期更换展示内容。除了情人节这样的重大节日,花店也应该根据自己的实际能力,每隔几周更换一下展示主题。重大节日甚至可以提前4~6周做展示。更换橱窗展示的时间最好选在营业时间之外,而且要一个橱窗一个橱窗地更换,避免给人造成"花店好像被搬空了"的感觉。

9.巧用装饰材料。店里应该一直储备有常用的装饰材料,并应分门别类地放好,以便取用。选择装饰材料时不妨学习一下大型商场的橱窗展示。

10.橱窗展示要有主题。所有的节日都是不可忽视的主题。此外还可以描绘日常生活中的某个场景:生日聚会、周年庆典、婚礼、毕业典礼等主题,展示某类花也可以,比如丝制花、盆景。

总之,我们所从事的是一项视觉的艺术,你必须找到顾客内心渴望的东西,并且通过花艺作品把它表达出来。

重点知识

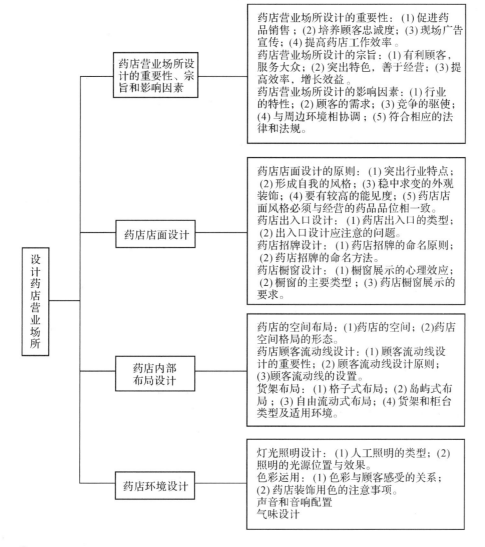

药店营业场所设计的重要性、宗旨和影响因素

药店营业场所设计的重要性：(1)促进药品销售；(2)培养顾客忠诚度；(3)现场广告宣传；(4)提高药店工作效率。
药店营业场所设计的宗旨：(1)有利顾客，服务大众；(2)突出特色，善于经营；(3)提高效率，增长效益。
药店营业场所设计的影响因素：(1)行业的特性；(2)顾客的需求；(3)竞争的驱使；(4)与周边环境相协调；(5)符合相应的法律和法规。

药店店面设计

药店店面设计的原则：(1)突出行业特点；(2)形成自我的风格；(3)稳中求变的外观装饰；(4)要有较高的能见度；(5)药店店面风格必须与经营的药品品位相一致。
药店出入口设计：(1)药店出入口的类型；(2)出入口设计应注意的问题。
药店招牌设计：(1)药店招牌的命名原则；(2)药店招牌的命名方法。
药店橱窗设计：(1)橱窗展示的心理效应；(2)橱窗的主要类型；(3)药店橱窗展示的要求。

设计药店营业场所

药店内部布局设计

药店的空间布局：(1)药店的空间；(2)药店空间格局的形态。
药店顾客流动线设计：(1)顾客流动线设计的重要性；(2)顾客流动线设计原则；(3)顾客流动线的设置。
货架布局：(1)格子式布局；(2)岛屿式布局；(3)自由流动式布局；(4)货架和柜台类型及适用环境。

药店环境设计

灯光照明设计：(1)人工照明的类型；(2)照明的光源位置与效果。
色彩运用：(1)色彩与顾客感受的关系；(2)药店装饰用色的注意事项。
声音和音响配置
气味设计

 实用技术训练

一、知识训练

1.重要概念解释

药店空间 顾客流动线 药店环境设计

2.问题理解

(1)药店营业场所设计的宗旨

(2)药店顾客流动线设计的原则

(3)药店招牌的主要命名方法

(4)药店橱窗的主要类型

测试3

3.知识应用

（1）判断题

（　　）①药店营业场所设计应坚持以"突出特色"为设计宗旨。

（　　）②药店营业场所设计包括药店店面设计、药店内部布局和药店环境设计三个方面。

（　　）③药店招牌的命名方法和其他商店的命名方法无区别。

（　　）④环游型药店可以使顾客自由、漫游式地选择药品，实际上是开架销售。

（　　）⑤顾客流动线就是药店通道，是顾客购物与药店服务员补货的必要通路。

（2）选择题（每小题至少有一个正确答案）

①药店空间格局的形态有哪些？　　　　　　　　　　　　　　　　　　　　　　（　　）

    A.接触型药店　　　B.封闭型药店　　　C.环游型药店　　　D.直线型药店

②顾客流动线的设置的类型有哪几种？　　　　　　　　　　　　　　　　　　　（　　）

    A.直线式通道　　　B.斜线式通道　　　C.曲线式通道　　　D.回字形通道

③药店货架布局的方式有哪几种？　　　　　　　　　　　　　　　　　　　　　（　　）

    A.格子式布局　　　B.岛屿式布局　　　C.自由流动式布局　　D.排列式布局

④药店的人工照明分为哪几种？　　　　　　　　　　　　　　　　　　　　　　（　　）

    A.基本照明　　　　B.强光照明　　　　C.装饰照明　　　　D.特殊照明

⑤一般顾客选取药品频率最高的范围为地面以上多少高度？　　　　　　　　　　（　　）

    A.90～150cm　　　B.30～230cm　　　C.60cm 以下　　　D.40～90cm

⑥"万宁大药房"是以什么方法命名的？　　　　　　　　　　　　　　　　　　（　　）

    A.以经营地点命名　　　　　　　　　　B.以人名命名

    C.以美好愿望命名　　　　　　　　　　D.以新奇幽默命名

⑦用灯箱或霓虹灯做招牌，这属于哪种类型的招牌？　　　　　　　　　　　　　（　　）

    A.文字型　　　　　B.文图型　　　　　C.形象型　　　　　D.照明型

⑧北京金象大药房门口的两头白色的小象，符合招牌命名中的哪个原则？　　　　（　　）

    A.暗示产品属性的原则　　　　　　　　B.启发联想的原则

    C.与标志物组合的原则　　　　　　　　D.适应市场的原则

⑨岛屿式布局的优点有　　　　　　　　　　　　　　　　　　　　　　　　　　（　　）

    A.可充分利用面积　　　　　　　　　　B.环境富于变化

    C.可以装饰环境　　　　　　　　　　　D.对供应商有吸引力

二、技能训练

操作实训

【实训项目】　选择一家药店，进行药店内部布局重新设计。

【实训目的】　掌握药店内部布局设计的方法和技能。

【实训内容】

1.走访并选择一家药店，对其原来的药店内部布局进行记录；

2.观察并仔细分析药店原有布局存在的问题；

3.按照药店实际情况和GSP的要求，以"服务顾客为导向，突出药店特色，提供药店工作效率"为设计宗旨，对药店进行内部空间布局；

4.进行药店内部顾客流动线的设置；

5.进行货架布局；

6.画出详细的药店内部布局设计图。

【实训组织】　以小组为单位,每组选择一家社会药店,在获得药店经营者理解和同意的前提下,为该药店进行药店内部布局的重新设计和改造。

【实训考核】

1.以小组为单位,根据药店内部布局设计改造方案的可行性、规范性、创新性,由药店经营者进行初步考评；

2.由带教老师将各组情况汇总,根据实际设计方案的质量,进行最后考评。

（施能进　林瑾文）

采购与验收药品

项目四　采购与验收药品

 ## 项目描述

药品采购与验收是保证药品质量的重要环节,是保障人们安全用药的重要前提,药店要重视药品采购与验收工作,这项工作对于药店的经营业绩和声誉都有重要影响。采购药品要把质量放在选择药品和供应单位条件的首位,制订能够确保购进的药品符合质量要求的采购程序。验收药品要建立检查验收管理制度,明确验收的程序和方法并建立和保存药品验收记录。

知识目标:了解药品采购渠道类型、方式及谈判,了解药品验收的原则,熟悉药品采购计划的编制,掌握药品采购的程序和药品验收的程序和方法。

能力目标:能够对供货方的资质和购入药品的合法性进行审核,会根据原始凭证,对购进的药品,严格按照有关规定逐批验收并做好验收记录。

素质目标:培养较高的质量意识和较强的责任心,培养严谨细致的工作作风。

 ## 项目分析

根据《药品管理法》的规定,药品必须从依法取得《药品生产许可证》或《药品经营许可证》的单位购进,即选择合法的购药渠道。购进药品,必须建立并执行进货检查验收制度,验明药品合格证明和其他标识;不符合规定要求的,不得购进。药品的采购与验收,是保证药品质量的一项重要措施。

知识点:

● 药品采购渠道类型、方式及谈判;

● 药品验收的原则。

技能点:

● 编制药品采购计划;

● 明确药品采购和验收的程序和方法;

● 建立和保存药品验收记录;

● 药品拒收(退货)作业管理。

 相关知识

一、药品采购渠道类型、方式及谈判

1. 药品采购渠道类型及特点

药品采购渠道分为两种类型:生产企业直接采购和批发企业采购。生产企业直接采购的特点是可购药品的种类较少,但价格较低;由于地理位置的原因,运输成本可能会高一些。批发企业采购的特点是可购药品的种类较多,但某种药品的价格会高一些;由于运输药品种类和数量较多,可能会享受低的运输费率。

2. 采购方式

药品采购可分为分散采购、集中采购、现卖现买、投机采购、预算采购、多货源采购和单货源采购等方式。

分散采购是依据采购计划和库存情况,在不同的供货商中购买所需药品。

集中采购是依据采购计划和库存情况,在一家供应商中购买所需的药品。

现卖现买是药店依据药品的销售情况,随时补充药品的库存。

投机采购是根据预测市场需求的波动,在需求高峰到来之前,提前大量囤积药品或依据市场价格的波动特征,在低价时大量买入某种药品的采购方式。

预算采购是根据药店当期流通资金状况,考察可用资金数额的多少来计划采购药品的种类和数量。

多货源采购和单货源采购是指一种药品可以从多个供货商处采购或单个供货商处采购。如果有多个供应商,则采购不到特定药品的风险较小,供货的可靠性高,讨价还价的余地和不同药品规格的选择余地较大。但由于与各个供应商打交道,工作量较大,与供应商的关系较松散,供应商对长期合作的信心不足,责任心较弱。

3. 药品采购过程的谈判

药品采购过程的谈判策略有三个经典类型,第一是成本基础价格模型。这一模型要求供应商对买主公开账簿,合同价格是以生产花费的时间和原材料为准或在固定成本之上再加劳动力及管理费用的部分。

第二是市场基础价格模型。在这一模型中,价格是以市场上披露的价格或价格指数为准。

第三是竞争出价。在供应商不愿讨论成本或完全竞争的市场还没有形成的情况下,采用竞争出价这种形式较为合适。许多公司在购买中经常采用这种形式。这些公司要求购买部门掌握几家供应商,然后每家报价。这种方法的弱点是不容易在买主和卖主之间建立长期稳定的关系。

二、药品的采购要求

1. 药品批发企业的采购

(1)采购活动的程序:确定供货单位的合法资格;确定所购入药品的合法性;核实供货单位销售人员的合法资格;与供货单位签订质量保证协议。

(2)首营企业、首营品种的审核。首营企业:采购药品时,与本企业首次发生供需关系的

药品生产或者经营企业。首营品种:本企业首次采购的药品。

对首营企业的审核,应当查验加盖其公章原印章的以下资料,确认真实、有效。资料包括《药品生产许可证》或者《药品经营许可证》复印件;营业执照、税务登记、组织机构代码的证件复印件,以及上一年度企业年度报告公示情况;《药品生产质量管理规范》认证证书或者《药品经营质量管理规范》认证证书复印件;相关印章、随货同行单(票)样式;开户户名、开户银行及账号;《税务登记证》和《组织机构代码证》复印件。

采购首营品种应当审核药品的合法性,索取加盖供货单位公章原印章的药品生产或者进口批准证明文件复印件并予以审核,审核无误的方可采购。

(3)核实、留存供货单位销售人员的资料:加盖供货单位公章原印章的销售人员身份证复印件;加盖供货单位公章原印章和法定代表人印章或者签名的授权书,授权书应当载明被授权人姓名、身份证号码,以及授权销售的品种、地域、期限;供货单位及供货品种相关资料。

(4)质量保证协议:明确双方质量责任;供货单位应当提供符合规定的资料且对其真实性、有效性负责;供货单位应当按照国家规定开具发票;药品质量符合药品标准等有关要求;药品包装、标签、说明书符合有关规定;药品运输的质量保证及责任;质量保证协议的有效期限。

(5)发票管理的要求:采购药品时,企业应当向供货单位索取发票。发票应当列明药品的通用名称、规格、单位、数量、单价、金额等;不能全部列明的,应当附《销售货物或者提供应税劳务清单》,并加盖供货单位发票专用章原印章、注明税票号码。

发票上的购、销单位名称及金额、品名应当与付款流向及金额、品名一致,并与财务账目内容相对应。发票按有关规定保存。

(6)采购记录的内容:采购药品应当建立采购记录。采购记录应当有药品的通用名称、剂型、规格、生产厂商、供货单位、数量、价格、购货日期等内容,采购中药材、中药饮片的还应当标明产地。

(7)直调方式购销药品的情形和质量保证:发生灾情、疫情、突发事件或者临床紧急救治等特殊情况,以及其他符合国家有关规定的情形,企业可采用直调方式购销药品,将已采购的药品不入本企业仓库,直接从供货单位发送到购货单位,并建立专门的采购记录,保证有效的质量跟踪和追溯。

(8)综合质量评审和动态跟踪管理:企业应当定期对药品采购的整体情况进行综合质量评审,建立药品质量评审和供货单位质量档案,并进行动态跟踪管理。

2. 药品零售企业的采购

采购中涉及的首营企业、首营品种,采购部门应当填写相关申请表格,并通过质量管理部门和企业质量负责人的审核批准。必要时应当组织实地考察,对供货单位质量管理体系进行评价。

三、药品验收的原则

药品验收是保证药品质量的重要环节,是保障人们安全用药的重要前提,药店要重视药品验收工作,这项工作对于药店的经营业绩和声誉都有重要影响。

一般而言,药店对药品的验收应遵循如下原则:

1.及时性

一般情况下,药品应于到货后 15 天内验收完毕。如遇大批量到货,发现严重残损,需要清点整理,核实数量,挽救损失。按期验收完毕确实有困难时,可及时通知发货方延长验收期限,延长期不应超过 7 天,并提出查询,列明详细情况和处理意见。

2.真实性

验收人员填写药品验收单和药品入库验收记录时,应按实际情况填写。

3.全面性

验收员根据《药品验收单》上的内容进行逐项检查,认真填写《药品入库验收记录》,包括药品的验收日期、供货单位、开票日期、发票号、品名剂型、规格、生产厂家、批号、批准文号、注册商标、有效期、应收数量、实收数量、质量情况、验收结论、验收人、收货人、验收单号等。

4.详细性

验收人员在填写《药品入库验收记录》时,生产厂家不得只写地名,要填全称。有效期不应只填××年,应填写有效期至××年××月。

5.区分性

国产药品、进口药品各建一本验收记录。进口药品记录增加了《进口药品注册证》号、《进口药品检验报告书》号、中文说明书等项目,和国产药品分开。

6.明确性

药品验收结论要明确。验收合格的药品可直接判定合格结论并签章,在《药品入库验收记录》中的验收结论栏内填写"接受",验收不合格,填写"拒收"。判定不合格或有疑问时,应报质量管理机构确定。

四、药品验收的程序

为保证所经营药品的质量,药品验收一般要经过以下工作程序:

1.审查书面凭证

验收人员对随货到达的书面凭证如合同、订单、发票、产品合格证等进行审查,确定单据的真实性、规范性和所到货物的一致性。

2.外观目检

对照书面凭证从外观上逐项核对药品的名称、厂家、商标、包装是否完好,判定所到货物品质。

3.填写验收记录

根据以上情况填写,包括品名、规格、收货日期、数量、收货人、供货方厂名、厂址、外观是否完好。

【小资料 4-1】

某药店药品检查验收管理制度

一、质量管理部门必须根据《药品管理法》及《药品经营质量管理规范》等有关规定,建立健全药品入库验收程序,以防假冒伪劣药品进入仓库,切实保证入库药品质量完好,数量准确。

二、企业必须设专职验收员,检查验收人员应经过专业或岗位培训,由地市级(含)以上药品监督管理部门考试合格,获得合格证书后方可上岗,且不得在其他企业兼职。

三、入库药品必须依据入库通知单,对药品的品名、规格、批准文号、注册商标、有效期、数量、生产企业、生产批号、供货单位及药品合格证等逐一进行验收,并对其外观质量、包装进行感观检查。发现质量不合格或可疑时,应迅速查询拒收,单独存放,做好标记,并立即上报主管经理处理。

四、特殊管理药品、外用药品,其包装的标签或说明书上应有规定的标识和警示说明。特殊管理药品必须双人逐一验收到最小包装。处方药和非处方药按分类管理要求,标签、说明书有相应的警示语或忠告语;非处方药的包装有国家规定的专有标识。

五、中药材和中药饮片应有包装,并附有质量合格的标志。每件包装上,中药材标明品名、产地、供货单位;中药饮片标明品名、生产企业、生产日期等。实施文号管理的中药材和中药饮片,在包装上还应标明批准文号。

六、验收首营品种,应有该批号药品的质量检验报告书。

七、进口药品验收时,应凭盖有供货单位质管机构原印章的《进口药品注册证》或《医药产品注册证》及《进口药品检验报告书》的复印件验收,进口预防性生物制品、血液制品应有加盖供货单位质量管理机构原印章的《生物制品进口批件》复印件;进口药材应有加盖供货单位质量管理机构原印章的《进口药材批件》复印件。其包装的标签应以中文注明药品的名称、主要成分以及注册证号,并有中文说明书。实行进口药品报关制度后,应附《进口药品通关单》。

八、凡验收合格入库的药品,必须详细填写检查验收记录,验收员要签字盖章。检查验收记录必须完整、准确。检查验收记录保存五年。

九、进货验收以"质量第一"为基础,因验收员工作失误,使不合格药品入库的,将在季度质量考核中处罚。

 **项目实施**

一、编制药品采购计划

采购计划应该在采购方针的指导下制订。即应该针对目标顾客的需要,展开商品的采购及配置,进而提供各项有关的服务,尤其在商品采购的广度和深度上都要能够同设定的顾客对象及药店特性相适应。

采购计划要在各种内外部资料分析的基础上制订,其中两个重点:一是每月或每个季度应该购进的商品系列及库存额的决定,二是在这个库存额的范围之内,制订备齐药品的采购计划。

通常情况下,药店经营药品系列构成每年都不会有太大的变化,但由于顾客需求的变化及竞争状况的多变,应定时增加以前所没有的新产品系列;相反地,如果销售情况不佳,收益性或者吸收顾客的效果不理想,也可能要剔除一部分商品。如果商品系列的构成决定了,在每一种系列中,各类药品品目的幅度和内容就可以确定了。当然其前提就是了解关于该药品系列在一年间(或一个月、一季间)的销售量,必须以此为根据,来决定备齐商品的幅度,根据需要来决定采购数量。

1.按顾客需要确定采购计划

药品采购计划的编制,必须针对顾客的需要。应当根据药店的营业目标,通过调查了解消费者的需要,知道消费者要什么后,再去采购。这就是说,要力求使商店的计划与顾客需要相结合。

为了测定这些需求,在药店用以下三个方法进行调查将很有效:

(1)药店要整理日常各种记录,按内部资料进行调查。比如:关于销售量,要分析不同季节、不同月份、不同种类药品和不同价格的变化;从不同年龄的消费者中,分析消费者销售额变化和购买药品的变化;在药店的发送记录上,分析地区的变化。用这种方法,了解商店过去的活动情况,对将来的计划是很有用的。

(2)从政府部门、行业团体、研究所发表的统计资料上进行调查,比如,人口统计、疾病发病率统计等。政府的这些统计资料可以从各地方政府的文件、行业协会的刊物、服务中心等获得。从新闻、杂志,特别是行业报纸上也可以得到分析资料。如果把这些资料很好地整理出来,就可以明确我国一般家庭收入的变化,了解家庭用于医疗保健方面的支出的实际情况、各类疾病的发病规律及特征等,也可以掌握行业的动向和经营特征,把整体行业与某个药店的实际相对照,就能得到制订计划的有效资料。

(3)药店本身要配备意见簿,派遣调查员收集外部的资料,例如,顾客范围,对本店的评论和希望,顾客的职业、收入程度、平均每月的购买额等。从各个角度,把这些调查情况填入意见单进行研究。

2.ABC 分析法

ABC 分析法是基于这样一种统计事实:通常在某个产品市场上,销售排名在前20 名的商品项目(A 组)占总销售额的80%,再加上前 40 名的商品项目(B 组)占到总销售额的95%,而剩下的 40%的商品项目,其销售额只占 5%(见图 4-1)。

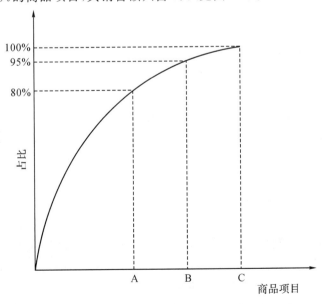

图 4-1　营业额 A、B、C 分析法

药店在采购计划编制时,可以运用 ABC 分析法,将所有药品分别划分 ABC 三类,并采取不同的采购策略,如 A 类药品的采购周期可以短一些,如 1 周,而 B、C 类放宽时间至 4～12 周;安全库存量,A 类药品在 3～5 天的用量额,而 B、C 类则放宽到 1 周的用量。

3.药品品种组合

药店药品齐备是很重要的。顾客会去那家药店买东西,是因为他认为到那里可以买到他要的药品。如果顾客的希望落空,又会是怎样的情况呢? 这个药店的形象一下子倒退许多,顾客对店面的满足感或信赖感也大打折扣。更可怕的是,一旦顾客感到失望或不满,对药店不良的印象很可能永远留在他们心中,有的客人很可能因吃一次苦头,便不再上门来了。

因此,药品是否备置齐全,能否不辜负消费者的期待,可以左右企业的盛衰。

要学习如何配置药店的种类使其齐备,一定要先理解其基本构型,也就是设定所谓宽度、深度和高度的概念。宽度,是指各类药品的配置,如处方药、非处方药、保健品、中药饮片等类型齐备。深度,即指同一类药品中规格剂型的多寡,如某一种药品,要配置不同的剂型、规格。高度,则指陈列药品的库存量,如今药店要非常注重缩减库存量,以减少库存成本。

 课堂随想 4-1 如何进行药店药品品种组合?

综合以上所述,若想在固定面积的卖场中,做好商品安排,建议采用正攻法。首先规划出药品构成类别,按种类决定药品安排的深度,再决定库存量,按此步骤一步一步进行。这个过程可以形成这家药店的特色。

二、药品的验收要求

1.药品批发企业的验收

验收药品应当按照药品批号查验同批号的检验报告书。供货单位为批发企业的,检验报告书应当加盖其质量管理专用章原印章。检验报告书的传递和保存可以采用电子数据形式,但应当保证其合法性和有效性。

(1)企业应当按照验收规定,对每次到货药品进行逐批抽样验收,抽取的样品应当具有代表性:同一批号的药品应当至少检查一个最小包装,但生产企业有特殊质量控制要求或者打开最小包装可能影响药品质量的,可不打开最小包装;破损、污染、渗液、封条损坏等包装异常以及零货、拼箱的,应当开箱检查至最小包装;外包装及封签完整的原料药、实施批签发管理的生物制品,可不开箱检查。

(2)验收人员应当对抽样药品的外观、包装、标签、说明书以及相关的证明文件等逐一进行检查、核对;验收结束后,应当将抽取的完好样品放回原包装箱,加封并标示。

(3)特殊管理的药品应当按照相关规定在专库或者专区内验收。

(4)验收药品应当做好验收记录,包括药品的通用名称、剂型、规格、批准文号、批号、生产日期、有效期、生产厂商、供货单位、到货数量、到货日期、验收合格数量、验收结果等内容。验收人员应当在验收记录上签署姓名和验收日期。

中药材验收记录应当包括品名、产地、供货单位、到货数量、验收合格数量等内容。中药饮片验收记录应当包括品名、规格、批号、产地、生产日期、生产厂商、供货单位、到货数量、验收合格数量等内容,实施批准文号管理的中药饮片还应当记录批准文号。

(5)冷藏、冷冻药品到货时,应当对其运输方式及在运输过程中的温度记录、运输时间等质量控制状况进行重点检查并记录,不符合温度要求的应当拒收。

收货人员对符合收货要求的药品,应当按品种特性要求放于相应待验区域,或者设置状态标志,通知验收。冷藏、冷冻药品应当在冷库内待验。

(6)对实施电子监管的药品,企业应当按规定进行药品电子监管码扫码,并及时将数据上传至中国药品电子监管网系统平台。

企业对未按规定加印或者加贴中国药品电子监管码,或者监管码的印刷不符合规定要求的,应当拒收。监管码信息与药品包装信息不符的,应当及时向供货单位查询,未得到确认之前不得入库,必要时向当地药品监督管理部门报告。

(7)验收不合格的还应当注明不合格事项及处置措施。

2. 药品零售企业的验收

(1)药品到货时,收货人员应当按采购记录,对照供货单位的随货同行单(票)核实药品实物,做到票、账、货相符。

(2)企业应当按规定的程序和要求对到货药品逐批进行验收。验收抽取的样品应当具有代表性。

(3)当冷藏、冷冻药品到货时,应当对其运输方式及在运输过程中的温度记录、运输时间等质量控制状况进行重点检查并记录,不符合温度要求的应当拒收。

验收药品应当按照药品批号查验同批号的检验报告书。供货单位为批发企业的,检验报告书应当加盖其质量管理专用章原印章。检验报告书的传递和保存可以采用电子数据形式,但应当保证其合法性和有效性。

(4)对实施电子监管的药品,企业应当按规定进行药品电子监管码扫码,并及时将数据上传至中国药品电子监管网系统平台。

企业对未按规定加印或者加贴中国药品电子监管码,或者监管码的印刷不符合规定要求的,应当拒收。监管码信息与药品包装信息不符的,应当及时向供货单位查询,未得到确认之前不得入库,必要时向当地药品监督管理部门报告。

(5)验收不合格的,不得入库或者上架,并报告质量管理人员处理。

三、验收记录及其保存

验收员在验收过程中要填写《药品验收单》(见表4-1),并依据药品验收单填写《药品入库验收记录》(见表4-2),对于进口药品要填写单独的《进口药品入库验收记录》(见表4-3)。

表 4-1　药品验收单

验收药品类别：　　　　　　　　　　　　　　　　　　　　　　　　　　　　　编号：

品　　名		生产厂家		产品批号	
验收检查内容					
1.包装的标签和说明书上有无如下内容？					
生产企业:有□,无□	地　　址:有□,无□	品　　名:有□,无□		规　　格:有□,无□	
批准文号:有□,无□	产品批号:有□,无□	生产日期:有□,无□		有　效　期:有□,无□	

续表

药品成分:有□,无□	适 应 证:有□,无□	用　　法:有□,无□	用　　量:有□,无□
禁　　忌:有□,无□	不良反应:有□,无□	注意事项:有□,无□	贮藏条件:有□,无□

2.是否整件包装?

是○,有无产品合格证:有□,无□	否○

3.是否首营品种?

是○,有无该批号药品的质量检验报告书:有□,无□	否○

4.是否特殊管理药品、外用药品?

是○,包装的标签或说明书上有无规定的标识和警示说明:有□,无□	否○

5.包装的标签、说明书有无药品分类管理的警示语或忠告语及专有标识:有□,无□

6.是否进口药品?

是○	中文药品名称:有□,无□		主要成分:　有□,无□		否○
	注册证号:有□,无□		中文说明书:有□,无□		
	《进口药品注册证》复印件:有□,无□				
	《进口药品检验报告书》复印件:有□,无□				
	是否进口的预防性生物制品、血液制品?				
	是□,有无《生物制品进口批件》复印件? 有□,无□			否○	
	是否进口药材?				
	是□,有无《进口药材批件》复印件? 有□,无□			否○	

7.是否中药材或中药饮片?

是○	包装?有□,无□		质量合格标志? 有□,无□		批准文号? 有□,无□	否○
	是否中药材?					
	是○,其包装上有无如下内容?				否○	
	品名:有□,无□	产地:有□,无□		供货单位:有□,无□		
	是否中药饮片?					
	是○,其包装上有无如下内容?				否○	
	品名:有□,无□	生产企业:有□,无□		生产日期:有□,无□		

验收结论:

验收员1(签章):　　　　　日期:　　　　　验收员2(签章):　　　　　日期:

说明	1.药品类别:指购进药品或销后退回药品; 2.验收员在○内打"√"表明验收药品的类属情况;在□内打"√"表明药品是否符合要求; 3.在无后的□内打"√"时要用红色笔,当有红色"√"时即表明该药品的相应验收检查项目不符合要求; 4.对特殊药品验收时要双人同时验收并签字; 5.验收员验收完后,要依此单并按验收记录的填写要求填写验收记录。

表 4-2　药品入库验收记录

验收日期	供货单位	开票日期	发票号	品名剂型	规格	生产厂家	批号	批准文号	注册商标	有效期	单位	数量		质量情况	验收结论	验收人	收货人	验收单号
												应收	实收					
说明	1.生产厂家不得只填地名,要填写全称; 2.批准文号和注册商标,在该栏内打"√"或"×"填写"有"或"无"即可; 3.有效期不应填××年,而应填写失效终止日期,有效期至××年××月; 4.验收无质量问题的药品,在质量情况栏内填"合格"字样; 5.验收结论填"接收"或"拒收"; 6.验收销后退回药品应特别注明"销后退回"字样; 7.非药品不得用此记录,应单独设置记录表。																	

表 4-3　进口药品入库验收记录

验收日期	中文名称	国别厂名	剂型	供货单位	规格	单位	批号	数量		效期	主要成分	注册证号	检验报告书号	中文说明书	质量情况	验收结论	验收人	收货人	验收单编号
								应收	实收										
说明	在相应栏内应填《进口药品注册证》和《进口药品检验报告书》的编号,不能只填"有"、"无"。																		

　　验收记录由验收组或验收员负责保存。每季度结束后将本季度的药品验收单和验收记录及相应的凭证整理、编号、装订成册,填写《药品入库验收质量信息季度报告单》(见表 4-4),报质量管理人员,验收记录及凭证至少保存五年。

　　门店以送货单代替验收记录时,对配送中心所配送的药品进行验收确认无误后,将签好字的送货单中的一联返回配送中心,另一联留存。门店留存的送货单应与总部的相关凭证在数量内容等方面保持一致。

表 4-4 药品入库验收质量信息季度报告单

年度：　　　　第　　季度　　　　　　填报人：　　　　　　填报日期：

本季验收总批数				本季总购进金额		
有质量问题的药品	总批数		总金额	占总购进金额/%		
	品名	批号	规格	生产厂家	供货单位	业务人员	金额
	备注						

四、药品拒收（退货）作业管理

验收员在药品验收过程中，发现如下类情况的药品要拒收：

（1）无批准文号（国家另有规定的除外），未经药品监督管理部门批准生产的药品；

（2）整件包装中无出厂检验合格证的药品；

（3）标签和说明书的内容不符合药品监督管理部门批准范围、不符合规定、没有规定标志的药品；

（4）购自不具有法定资格（无"证照"或"证照不全"）的药品经营企业或非法药品市场的药品；

（5）进口药品无经营企业《进口药品注册证》和口岸《进口药品检验报告书》或经质量验收不合格的药品；

（6）生产企业不合法的药品；

（7）性状外观和合格品有明显差异的药品；

（8）内外包装有明显破损、封口不严的药品。

门店在验收过程中发现以上药品，应填写"药品拒收报告单"（见表 4-5），同药品一起返回连锁企业的配送中心或供应商，并填写"不合格药品报告、确认表"（见表 4-6），报告总部质量管理机构。

表 4-5 药品拒收报告单

单位名称：　　　　　经办人：　　　　　填表日期：　　年　月　日

药品名称		规　格		数　量		金　额	
生产企业			生产日期或编号				
供货单位			进货凭证				
检验标准		检验日期		抽检数量			

检验情况与存在的问题（包括内在质量、外观质量和包装）

验收员意见
　　　　　　　　　　　　　　　　　　　日期：　　年　　月　　日

验收组意见
　　　　　　　　　　　　　　　　　　　日期：　　年　　月　　日

质管部意见
　　　　　　　　　　　　　　　　　　　日期：　　年　　月　　日

表 4-6 不合格药品报告确认单

（　　）字 第　　号　　　　　　　　　　　类别：

调入单位							
调拨日期和号码	商品名称	规格	生产企业	批号	有效期	单位	数量
质量情况及责任	经办人：　　　　　　　　　　　年　　月　　日						
质管部鉴定后处理意见	负责人：　　　　　　　　　　　年　　月　　日						
质管部处理意见反馈	负责人：　　　　　　　　　　　年　　月　　日						
说明	本单一式四联：一联质量部门存查；一联报告部门存查；一联责任部门存查；一联责任部门按质量管理部门意见处理后返回质量管理部门存查。						

 重点知识

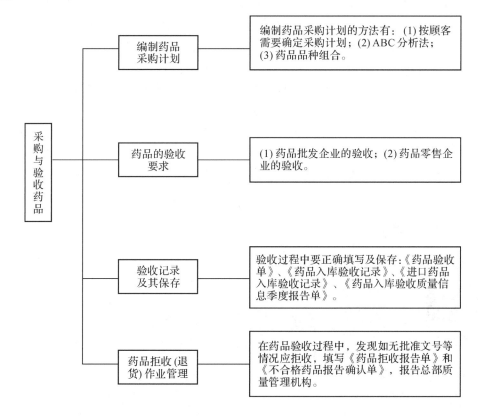

拓展提高

药品采购的战略目标

为抑制药品费用的不合理增长,目前全国各地都在尝试新的药品采购模式。任何采购模式都应当确立明确的采购战略目标。目前,国际上普遍认为药品采购应遵循四个基本战略目标。

1.采购最具成本效果的药品,采购量要适宜。药品采购的第一个战略目标是必须保证所采购的药品具有最好的成本效果。这就要求负责采购的部门建立相应的基本药品采购目录,把那些临床疗效好、安全、价格相对低廉的药品纳入采购目录。如此才能从根本上纠正临床用药中的不良行为,遏制不正常的药品促销行为,控制药品费用的不合理上涨。对于采购目录内的药品还要评估可能的需求量,以便制订采购计划,尽可能减少库存和流动资金的占用,且保证需求。

2.选择可靠的药品供应商,保证药品质量。药品是一种不同于普通商品的特殊的消费品,药品质量是采购过程中必须给予高度重视。要保证所采购药品的质量,就必须选择合格的药品生产和批发供应厂商。因此,要对参与采购的厂商进行资格认定和评估工作。政府主管部门在这方面要起主导作用,有必要建立合格厂商的数据库并向社会开放,药品采购机构利用这一信息源对参与招标采购的厂商进行资格预审。此外,还需要建立信息监控系统,收集厂商及其产品的市场信息(包括厂商信誉、药品不良反应等),为评标提供参考依据。一般来讲,符合 GMP 和 GSP 要求的企业,产品和服务是比较有保障的,评标时应当首选。

3.及时配送药品。患者对药品的需求是连续不断的,要求采购机构或生产批发厂商能够保证及时地提供药品配送服务,满足患者用药需要。这包括根据患者需要及时提供已签订合同的所有品种和规格的药品,配送药品的数量应满足患者需要量,在整个供货周期内药品的质量不能降低。

4.采购总成本最小化。控制费用也是采购过程本身所追求的目标之一,为此必须注重以下成本控制:药品的实际成交价格,由于药品质量低劣、保存期短、伴随服务差等因素导致的隐性成本,存货成本,药品采购体系本身的运营成本和固定资产折旧等。要达到药品采购总成本最小化,就必须采用竞争和大批量(集中)采购的方法以及高效透明的过程管理,对供应商进行严格的预审和遴选,对患者用药建立科学的计划和监控体系,且采购系统本身要建立灵活高效的运行机制和透明严格的规章。

 实用技术训练

测试4

一、知识训练

1.重要概念解释

首营企业　　首营品种

2.问题理解

(1)药品采购的程序

(2)药品验收的程序

3.知识应用

(1)判断题

(　　)①多货源采购是指一种药品可以从多个供货商处采购。

(　　)②现卖现买是依据药品的销售情况的多少,随时补充药品的库存。

(　　)③分散采购是依据采购计划和库存情况,在一家供应商中购买所需的药品。

(　　)④集中采购是依据采购计划和库存情况,在不同的供货商中购买所需药品。

(　　)⑤投机采购是根据药店当期流通资金状况,考察可用资金数额的多少来计划采购药品的种类和数量。

(　　)⑥预算采购是根据预测市场需求的波动,在需求高峰到来之前,提前大量囤积药品或依据市场价格的波动特征,在低价时大量买入某种药品的采购方式。

(　　)⑦单货源采购是指一种药品可以从单个供货商处采购。

(2)选择题(每小题至少有一个正确答案)

①待验药品区标识牌颜色为　　　　　　　　　　　　　　　　　　　　　　(　　)

　A.绿底白字　　　　B.红底白字　　　　C.黄底白字　　　　D.白底红字

②ABC 分析法中的 A 类商品是指销售排名在前多少位?　　　　　　　　　(　　)

　A.20 位　　　　　　B.40 位　　　　　　C.50 位　　　　　　D.10 位

③购进药品记录书写正确的是　　　　　　　　　　　　　　　　　　　　(　　)

　A.2005 年 2 月 23 日　B.2005/8/9　　　　C.05.9.25　　　　D.20050912

④药店中销售的外用药品的专用标志是什么颜色?　　　　　　　　　　　(　　)

　A.红、黄　　　　　　B.红、白　　　　　C.绿、白　　　　　D.蓝、白

⑤首营品种审核的范围包括　　　　　　　　　　　　　　　　　　　　　(　　)

　A.新产品　　　　　　B.新规格　　　　　C.新剂型　　　　　D.新包装

二、技能训练

(一)案例分析

当事人拒不举证证明药品购进渠道怎么办?

　　某县药监局在例行性监督检查中发现,××药店有一部分购进药品没有做记录。在进一步调查后查明,没有做记录的药品,虽有出售方出具的药品销售票据,但票据上没有销售单位名称,不能反映这些药品从哪里购进。于是,执法人员怀疑该药店有从非法渠道购进药品的违法行为,要求其负责人说明药品来源,以判断药品购进渠道是否合法。该药店负责人说是从××镇一个姓程的个人处购进的,但拒不说出其名字和具体住所,致使执法人员无法进行调查。当日,执法人员又发现该药店之前也曾以同样的手段购进价值 780 元的常用药品。

　　分歧:

　　对该药店该如何处理,药监局内部产生不同意见。

　　第一种意见认为,××药店没有购进药品的记录,不能完全排除其从合法渠道购进,因而不能以"非法渠道购进药品"定性处罚,如果以此定性处罚,当事人提起行政诉讼,药监局不能就"从哪里购进"问题上举证,有可能败诉;而购进药品没有记录,证据充足,事实清楚,应当以"无药品购销记录"为由给予行政处罚。

第二种意见认为,当事人认为自己购进药品的渠道合法,就应当对药监机关负有举证责任,但该药店明知道药品的购进地而拒绝提供证据予以证明,说明购进渠道是非法的,因此可以认定其从非法渠道购进药品;此外,该药店不提供"上家"出售方的线索,说明其故意逃避监督检查和行政处罚,且又以同样的手段购进药品,故应从重处罚。

问题:以上两种意见,哪一种正确?

(二)操作实训

【实训项目】 药品的入库验收、出库验发。

【实训目的】 使学生能熟练地进行药品的入库验收和出库验发工作,填写相应记录和表格,掌握药品入库和出库的基本技能。

【实训内容】

1.药品的入库验收;

2.药品出库复核。

【实训组织】

1.以小组为单位,进入药品仓库,根据"药品购进记录"和"送货单据"对照实物,按照药品验收要求,对药品进行验收,并填写"药品入库验收记录"(见表4-7)。

表4-7 药品入库验收记录

序号	药品名称	规格	生产企业	批号	有效期	批准文号	生产日期	单位	应收数量	实收数量	质量状况	验收结论

验收员签名:　　　　　　　保管员签名:　　　　　　　验收日期:

2.根据药品出库管理程序,按照药品仓库的调拨出库凭证或发货凭证(提货单、调拨单)所注明的货物名称、型号、规格、数量、收货单位、接货方式等条件,进行核对凭证、备料、复核、点交、发放,并填写出库复核记录(见表4-8)。

表4-8 出库复核记录

序号	药品名称	规格	生产企业	批号	有效期	批准文号	生产日期	数量	单位	质量情况	复核情况	发货人	复核人

【实训考核】

1.以小组为单位,由组长为组员考评;

2.由课代表组成的领导小组为各个小组考评;

3.由带教老师将各组情况汇总,根据操作和记录情况,进行最后考评。

(王丽梅　龙萌萌)

项目五 仓储与养护药品

仓储与养护药品

 项目描述

药品是人类防病治病的特殊商品,是救死扶伤的利器,其质量直接关系到人民身体健康。药品从生产到销售的流通过程中总要经过一次或多次的停留,这就形成了药品的仓储管理,也必然涉及药品的保管和养护工作,因此药品的仓储和养护是控制药品质量、保证医疗用药安全、准确、有效的重要环节,国家在《药品经营质量管理规范》中对药品的仓储和养护有明确的规定和要求。

知识目标:了解药品仓储与养护的基本概念,熟悉药品储存的相关知识,掌握药品仓储管理、药品养护的技能。

能力目标:能够对药品仓库进行有效的仓储管理,能够熟练运用药品保管与养护技能,正确对在库药品实行保管和养护,保护药品的使用价值。

素质目标:培养学生踏实、肯干的工作态度,造就细致、耐心、严谨的工作习惯。

 项目分析

药品仓储与养护是药品流通环节中不可缺少的一部分,药品仓储和养护的主要任务在于预防药物变化,目的是保护药品的使用价值,从而保证医疗用药的安全、准确、有效,为广大人民健康服务。药品仓储与养护主要包括两个部分:药品的仓储管理、药品保管与养护。

知识点:

● 药品仓储和养护的基本概念;

● 药品仓储管理的内容和要求;

● 药品保管与养护的技能和要求。

技能点:

● 运用仓储管理知识,实现规范、经济、有效的药品仓储管理;

● 运用药品保管与养护的技能,对在库药品进行合理的保管与养护,保护药品的使用价值。

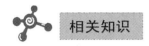 相关知识

一、药品仓储和养护的基本概念

1.药品仓库的概念

药品仓库是进行药品储存保管的建筑物和场所的总称。药品仓库的建筑与设备,是药品经营单位不可缺少的硬件条件,是仓储药品和组织仓储业务活动重要的基础。

2.药品储存的概念

药品储存是指药品从生产到消费领域的流通过程中经过多次停留而形成的储备,是药品流通过程中必不可少的重要环节。

3.药品养护的概念

药品养护是运用现代科学技术与方法,研究药品储存养护技术和储存药品质量变化规律,防止药品变质,保证药品质量,确保用药安全、有效的实用性科学技术。

二、药品储存过程中影响药品质量的因素

在存储药品的过程中,影响药品质量的因素有两方面,一是内因,主要是药品本身物理、化学等性质的变化引起的;二是外因,由药品所处的外界环境影响而导致的。这两方面因素对药品的影响又往往不是单独进行的,而是互相促进、互相影响而加速药品变质的。

(一)影响药品质量的内在因素

1.化学因素

易水解的化学结构:当药品的化学结构中含有酯、酰胺、醚、苷键时,易发生水解反应,而导致药物降解或失效。易被氧化的化学结构:当药品的化学结构中含有酚羟基、香胺、不饱和碳键、醇、醚、醛、吩噻嗪等基团时,易发生氧化反应。

2.物理因素

(1)挥发性。挥发性系指液态药品能变为气态扩散到空气中的性质。例如,含有挥发油的药物在20℃左右时,其油分就会发生挥发。具有挥发性的药品如果包装不严或贮存温度过高,可造成挥发减量。

(2)吸湿性。吸湿性系指药品从外界空气中不同程度地吸附水蒸气的性质。药品的吸湿性并不限于水溶性药品,某些高分子药品和水不溶性药品同样可以吸湿,当药物中含有少量的氯化镁等杂质时,则表现出显著的吸湿性。

(3)吸附性。药品能够吸收空气中的有害气体或特殊臭气的性质被称为药品的吸附性。例如,淀粉、药用碳、滑石粉等因表面积大而具有显著的吸附作用从而使本身具有被吸附气体的气味,常称“串味”。

(4)冻结性。以水或者乙醇作为溶剂的一些液体药品遇冷可凝结成固体,这种固体会导致药品的体积膨胀而引起容器破裂。

(5)风化性。有些含结晶水的药品在干燥空气中易失去全部或部分结晶水,变成白色不透明的晶体或粉末,称为“风化”。风化后的药品,其化学性质一般并未改变,但其重量减少,在使用时剂量难以掌握。特别是剧毒药品,可能因超过用量而造成事故。易风化的药品有硫酸阿托品、磷酸可待因、硫酸镁、硫酸钠及明矾等。

(二)影响药品质量的外在因素

1.空气

空气是各种气体的混合物,其中对药品质量影响比较大的为氧气和二氧化碳。氧气约占空气中五分之一的体积。由于其性质活泼,易使某些药物发生氧化作用而变质。空气中的二氧化碳被药品吸收,使药品发生碳酸化而变质。

2.温度

温度过高或过低都能使药品变质。温度过高与药品的挥发程度、形态及引起氧化、水解等理化和微生物的寄生有很大关系。因此,药品在贮存时要根据其不同性质选择适宜的温度。另外,温度和湿度有着密切的联系,干燥的固体药品受温度影响的程度远比吸潮或呈液体状态的药品小得多。例如,青霉素加水溶解后,在 25℃ 放置 24 小时,即大部分失效。又如脊髓灰质炎疫苗、牛痘苗在温度过高时,很快就失效,温度过低又易引起冻结或析出沉淀。

中药材在常温 15～20℃ 下,成分稳定,利于储存,当温度在 20～35℃ 时,害虫、真菌及其他腐生菌都容易滋生繁殖。当温度＞35℃ 时,含糖、油脂的药物会泛油或发生粘连,挥发成分也易挥发。

3.日光

日光中有一种紫外线,紫外线是药品发生分解、氧化、还原、水解等反应的催化剂之一,能加速药品的氧化、分解等,使药品变质。如肾上腺素受到光照影响可发生氧化反应逐渐变成红色至棕色,使疗效降低或失效。

【小资料 5-1】

光线与药品稳定性的关系

光线的主要来源是日光,它由不同波长的电磁波组成,根据波长不同可分为 3 个光区,既可见光区、红外光区、紫外光区。波长在 400～770nm 范围的为可见光,大于 770nm 的为红外线,小于 400nm 的为紫外线,红外线和紫外线肉眼均看不见。光线使药品变质,紫外线起着关键的作用,它直接引起或促进药品发生氧化、变色、分解等化学反应。紫外线具有化学能,促进化学反应的能力最强,适当照射药物可杀灭微生物和害虫,但照射过久可引起药品变质。

4.湿度

水蒸气在空气中的含量叫湿度。它随地区及温度高低而变化。湿度对药品的质量影响很大。湿度太大能使药品潮解、液化、变质或霉烂,湿度太小,也容易使某些药品风化。最适宜的相对湿度在 35%～75%。

5.微生物和昆虫

许多药品剂型如水剂、糖浆剂、胶囊剂、片剂及某些中药类药品都含有淀粉、油脂、蛋白质、糖类等,这些物质往往是微生物的良好培养基和昆虫的饵料。药品在空气中暴露放置,极易被细菌、真菌、酵母菌和昆虫等侵入,在空气湿度过高、温度适宜的条件下,微生物及昆虫便迅速在药品中生长繁殖,使药物腐败、发酵、霉变、虫蛀。注射剂受微生物的污染,口服药品染有大肠杆菌,外用药品染有绿脓杆菌,金黄色葡萄球菌都会产生不同程度的毒性。

6.时间因素

有些药品因其性质或效价不稳定,尽管贮存条件适宜,时间过久也会逐渐变质、失效,如抗生素、细胞色素,维生素 C 等。因此药典对某些药品特别是抗生素制剂,根据它们的性质不稳定的程度,均规定了不同的有效期。有效期系指药品在规定的贮存条件下,能够保持质量合格的期限,要求使用单位在规定的期限内使用。

三、药品仓库的分类

1.按功能和颜色对药品库房进行分类

药品仓库根据不同的管理要求分为待验药品库(区)、退货药品库(区)、合格药品库(区)、不合格药品库(区)、待发药品库(区),经营中药饮片的还应划分零货称取库(区),以上各库均应设有明显的色标标志,色标标志为红、黄、绿 3 种颜色。其统一划分标准是:待验药品库(区)、退货药品库(区)为黄色;合格药品库(区)、零货称取库(区)、待发药品库(区)为绿色;不合格药品库(区)为红色标示。样式如图 5-1 所示。

合格药品库(区)　　待验药品库(区)

零货称取库(区)　　退货药品库(区)

待发药品库(区)　　不合格药品库(区)

图 5-1　药品仓库的色标标示

2.按照温度进行分类

按照温度管理要求分为冷库(2～10℃)、阴凉库(≤20℃)、常温库(0～30℃)。各类库房的相对湿度控制在 35%～75%。

3.按特殊管理要求分类

根据《药品管理法》规定,国家对麻醉药品、精神药品、医疗用毒性药品、放射性药品实行特殊管理。因此,麻醉药品、精神药品、医疗用毒性药品、放射性药品是法律规定的特殊管理药品,简称"毒、麻、精、放"。按照特殊管理药品的种类,药品仓库可分为麻醉药品库、一类精神药品库、医疗用毒性药品库,放射性药品库和危险品库。此类仓库为专用,建筑为砖钢混结构且无窗、无通风孔,安装钢制保险防盗门,并装有监控系统,与附近公安派出所联网。

四、药品有效期和近效期药品

1.药品有效期的定义

药品有效期是指该药品被批准的使用期限,表示该药品在规定的贮存条件下能够保证质量的期限,有效期从药品的生产日期算起。《药品管理法》规定,未标明或更改有效期的药品以及超过有效期的药品都按劣药论处。有效期是保证药品质量期限的一种表示方法,药品在规定的贮存条件下和一定的时间内能够保持其质量和有效性,但是在超出一定的期限后,即使在正常的贮存条件下,其效价(含量)会逐渐下降,甚至会增加毒性,以致无法使用。药品的有效期是直接反映药品内在质量的一个重要指标,药品必须严格遵守其特定的贮存条件,且在规定的期限内使用,才能保证药品的有效性和安全性。因此,加强药品有效期的管理,是保证用药安全、有效的重要条件。

2.药品有效期的表示方法

药品有效期应当按照年、月、日的顺序标注,年份用四位数字表示,月、日用两位数表示。其具体标注格式为"有效期至 XXXX 年 XX 月"或者"有效期至 XXXX 年 XX 月 XX 日";也可以用数字和其他符号表示为"有效期至 XXXX.XX."或者"有效期至 XXXX/XX/XX"等。如某药品标签中注明有效期至 2018 年 06 月,则指该药品有效期至 2018 年 06 月 30 日,2018 年 07 月 01 日该药品失效。

3.近效期药品的定义

近效期药品是指距离失效日期比较接近的药品,一般大中型企业将距离失效日期 1 年之内的药品定义为近效期药品,小型企业将距离失效日期 6 个月之内的药品定义为近效期药品。近效期药品的规定还和该药品的有效期有密切联系,如某企业规定:有效期大于 5 年(含 5 年)的药品中,距离失效期小于或等于 1 年半的为近效期药品,而药品的有效期大于 2 年(含 2 年)小于 5 年的,距离失效期 1 年内的药品为近效期药品。

【小资料 5-2】

近效期药品与过期药品的区别

近效期药品指的是距离失效日期比较接近的药品,它是药品经营企业基于经济成本控制、保证药品质量而自行规定的(一般距离失效期 6 个月),国家政府部门并无统一标准,近效期药品并不是无效药品、假药或劣药,只要在有效期内的药品质量都是可以保证的,只是对于近效期药品,商家会进行促销,以较低的价格出售。过期药品是指已经过了有效的药品,国家明文规定,超过有效期的药品都按劣药论处,严禁服用。

五、药品批准文号和生产批号

1.药品批准文号的定义

药品批准文号是药品生产合法性的标志。《药品管理法》规定,生产药品须经国务院药品监督管理部门批准,并发给药品批准文号。每一种药品的每一种规格发给一个批准文号,除经 CFDA 批准的药品委托生产和异地加工外,同一药品不同生产企业发给不同的药品批准文号,同一药品同一规格不同生产企业发给不同的药品批准文号。药品的批准文号有效期是 5 年。

2.药品批准文号的格式

药品批准文号格式:国药准字+1 位字母+8 位数字;试生产药品批准文号格式:国药试字+1 位字母+8 位数字。其中拼音字母表示药品的类别:化学药品使用字母"H",中药使用字母"Z",通过国家药品监督管理局整顿的保健药品使用字母"B",生物制品使用字母"S",体外化学诊断试剂使用字母"T",药用辅料使用字母"F",进口分包装药品使用字母"J"。数字的第 1、2 位为原批准文号的来源代码,其中"10"代表原卫生部批准的药品,"19"、"20"代表 2002 年 1 月 1 日以前国家药品监督管理局批准的药品,其他使用各省行政区划代码前两位的,为原各省级卫生行政部门批准的药品。第 3、4 位为换发批准文号之年公元年号的后两位数字,但来源于卫生部和国家药品监督管理局的批准文号仍使用原文号年号的后两位数字。数字第 5 至 8 位为顺序号。

比如治感冒的"泰诺"(酚麻美敏)的批准文号为国药准字 H20010115,表明该药为化学药,系国家药品监督管理局于 2001 年批准生产的,顺序号为 0115;用于治疗冠心病的"复方丹参滴丸"的批准文号为国药准字 Z41022128,表明该药为中药,系河南省卫生行政部门批准并于 2002 年由国家药品监督管理局重新审核批准生产,顺序号为 2128。

3. 药品生产批号的定义

我国 GMP 规定了批的含义,即经一个或若干加工过程生产的、具有预期均一质量和特性的一定数量的原辅料、包装材料或成品。为完成某些生产操作步骤,可能有必要先将一批产品分成若干亚批,再合并成为一个均一的批。在连续生产情况下,批必须与生产中具有预期均一特性的确定数量的产品相对应,批量可以是固定数量或固定时间段内生产的产品量。例如:口服或外用的固体、半固体制剂在成型或分装前使用同一台混合设备一次混合所生产的均质产品为一批;口服或外用的液体制剂以灌装(封)前经最后混合的药液所生产的均质产品为一批。批号是指用于识别一个特定批的具有唯一性的数字和(或)字母的组合。《药品管理法》第五十四条规定,药品的标签或者说明书上必须注明产品批号;第四十九条规定,不注明或者更改生产批号的按劣药处理。可以说药品生产批号就是药品的"身份证号",是药品生产、质量检验、流通、使用过程中必不可少的查验内容。

药品生产批号表示生产日期和批次,可由批号推算出药品的有效期和存放时间的长短,同时便于药品的抽样检验。合理编制的生产批号是实现批产品历史可追溯性的必要手段,在一定程度上反映出生产者的质量方针和质量控制水平。目前我国的药品生产批号通常由 6 位或 10 位数字组成,不同的生产厂家所标示的批号也有所差别。例如,生产批号"2010102154",即 2010 年 10 月 21 日生产的第 54 批药品,该批号的前 8 位数表示生产的年、月、日,最后两位数表示批次;生产批号"990925—02",即表示该药品是 1999 年 9 月 25 日生产的,有效期为 2 年。国内某些合资厂的药品和进口药品的批号(尤其是原料药品),其编制方法是根据自己企业的生产实际而定制的,并无规律可循。

课堂随想 5-1 药品批准文号和药品生产批号有什么区别？药品生产批号和药品生产日期有什么关联性和区别？

六、温度与湿度

1. 温度的基本知识

温度是表示空气冷热程度的物理量。空气温度、库房温度是药品贮藏常见的表示冷热程度的物理量。空气温度决定着库房温度,库房温度随着空气温度的变化而变化。

(1)空气温度。简称气温,用来表示空气冷热程度的物理量。太阳辐射产生热能,再通过短波辐射把热能传到地球表面,地面接收到入射的太阳辐射后,以长波的辐射形式把热能传给近地面的空气,使靠近地面的空气加热,温度升高。反之,地面温度就逐渐冷却。这样地面空气就有了冷热之分。平时我们所说的气温是指距离地面 1.5m 处的空气温度,因为这一高度既基本脱离了地面温度振幅大、变化剧烈的影响,又是人类生产活动的一般范围。为了防止测温仪器受到太阳直接辐射和外界风沙、降水的影响,保证测得空气的真实温度,通常把仪器安置在特制的四面通风的百叶箱里。

(2)库房温度。这是指库房单位体积内空气的冷热程度。库房内温度的变化通常要比气温晚1～2小时,同时温度变化幅度相应减小。这是因为受到库房建筑物(如墙壁、窗户、屋顶)的影响,影响的程度要看库房建筑的结构如何,建筑物的隔热程度好,传入库内的热量就少。库内温度还受到储存商品的影响。例如,商品所含水分的蒸发要吸收空间热量,而吸收水汽就要放出热量。

温度对药品的质量影响很大。过冷或过热都能促使药品变质失效,尤其是生物制品、脏器制剂、抗生素等贮藏对温度的要求过高。因此,每一种药品的储存保管都要求在一定的温度范围内,《中华人民共和国药典》(以下简称《中国药典》)以及其他各国药典都对此做了专项规定。

2.仓库的温度变化规律

库内温度的变化主要受气温变化的影响,但仓库内的温度变化比外界慢。

(1)1日中:仓库温度主要随气温变化而变化。库温最高与最低发生的时间通常比室外气温最高与最低发生的时间迟1～2小时,但室内温差变化较室外小。

(2)1年中:室外气温上升季节,库温低于室外气温;室外气温下降季节,库温高于室外气温。

(3)室温变化的速度和幅度与库房结构和通风情况有关。仓库隔热结构愈好,库温受室外气温影响愈小,有利于控制库温。

(4)仓库内温度还受仓库建筑结构、材料、外表面颜色等多种因素的影响。

一般仓库内最高温度比仓库外略低,最低温度比仓库外稍高;夜间仓库温度高于气温,白天仓库温度低于气温;库内愈近房顶的温度愈高,愈近地面的温度愈低;向阳的一面温度偏高,背阳的一面温度偏低;靠近门窗处容易受库外温度影响,而库内深处温度较稳定。

3.《中国药典》(2015年版)对药品贮藏条件中有关温度的规定

阴凉处:系指不超过20℃;凉暗处:系指避光并且不超过20℃;冷处:系指2～10℃;常温:系指10～30℃。

4.湿度的基本知识

空气中含水蒸气量的大小,称为湿度。空气中水蒸气含量愈大,湿度也愈大;反之,湿度就愈小。目前,常采用的空气湿度的表示量值有下列两种。

(1)饱和湿度(最大湿度),指在一定湿度下每立方米空气中所含水蒸气的最大量(单位为 g/m^3)。

(2)相对湿度,指空气中实际含有的水蒸气量(绝对湿度)与同温度同体积的空气饱和水蒸气量(饱和湿度)之百分比。公式为:相对湿度＝绝对湿度/饱和湿度×100%。

相对湿度是衡量空气水蒸气饱和程度的一种量值。相对湿度小表示干燥,水分容易蒸发;相对湿度大,表示潮湿,水分不容易蒸发。当相对湿度达100%时,空气中的水蒸气已达饱和状态,水分就不再继续蒸发。如果空气中的水蒸气超过饱和状态,会凝结为水珠附着在物体的表面,这种现象叫"水松"或"结露",俗称"出汗"。

某温度下的饱和湿度随温度的上升而增大,温度上升,饱和水汽变为不饱和水汽。相反,如果要将不饱和水汽变为饱和水汽,只要把温度降低到一定程度,不饱和水汽即变为饱和水汽。使空气中的不饱和水汽变为饱和水汽时的温度,称为"露点"。

相对湿度与药品质量关系密切。相对湿度大,药品就易受潮,容易发生潮解、长霉、生虫或分解、变质等一系列的变化;若相对湿度过小,又会使药品发生风化或干裂等。根据 GSP 的要求,各种类型的药库相对湿度应保持在 35%～75%,若在 35% 以下则过于干燥,若高达 75% 以上时则过于潮湿。经验表明,在相对湿度为 60% 时储存药品最合适。因此,仓储保管工作应不断检查、测量仓库内外空气的相对湿度,以便及时采取相应的调节措施。

5. 仓库的湿度变化规律

(1)库内相对湿度的变化与仓库外大气相对湿度的变化规律基本一致,但库内相对湿度的变化幅度比库外大气要小。

(2)库内相对湿度的变化一般和库内的温度变化相反。库内温度升高,则相对湿度降低;温度降低,则相对湿度增大。

(3)库内相对湿度的变化并不完全取决于大气湿度的变化,与仓库的通风状况和仓库结构有很大的关系。

库内向阳的一面气温偏高,相对湿度往往偏低;阴的一面相对湿度往往偏高。库房上部气温较高,相对湿度较低;近地面部分的气温较低,则相对湿度较高。库内墙角、墙距、垛下由于空气不易流通,相对湿度也就比较高,近门窗附近处的湿度易受到库外湿度的影响。冬天气温低,仓库内部温差小,故仓库内上下部的相对湿度相差不大。

七、药品储存的基本要求

(1)药品储存和保管工作要做到安全储存、降低损耗、科学养护、保证质量、收发迅速、避免事故。

(2)对有特殊储存要求的药品,应建立符合所需条件的库房和相应设施。药品在冷处保管,温度控制在 2～10℃;阴凉暗处温度控制在 20℃ 以下;室温温度控制在 1～30℃;相对湿度控制在 35%～75%。各种测量和监控仪器应经常核对。记录结果,应予保存。

(3)药品入库时,应按凭证核对品名、规格、数量和质量验收人员的签章(外地产品入库时,还应查对药厂化验报告),并对质量进行抽查,发现问题及时与质量检验或业务部门联系解决。对货单不符、质量异常、包装不牢、标志不清影响安全储运的药品,有权拒收。

(4)保管人员应熟悉药品质量性质及储运要求,按药品不同自然分类,根据区、库、排、号进行科学储存,储存中应遵守以下几点:①内服药与外用药,必须要与杀虫鼠药分开存放。性能相互影响,容易串味,名称容易搞错的品种也应分开存放。②麻醉药品、精神药品和毒性药品应专库或专柜存放,指定专人保管。③危险品应严格执行公安部颁发的相关规定,按其危险性质,分类存放于有专门设施的专用仓库。④有效药品按效期远近、批号,依次专码堆放。⑤长期储存的怕压药品定期翻码整垛,货垛间应采取必要的隔垫措施。⑥退货药品应单独存放和标记。要查清原因,及时处理。因质量问题而退货的药品征得卫生行政部门同意返工后,必须重新检验合格才能返回库存。退货要做记录(包括退货单位、日期、品名、规格、数量、退货理由、检查结果、处理日期及处理情况等内容)并保存两年。⑦搬运和堆垛应严格遵守药品外包装标记的要求,安全操作,防止野蛮装卸。

(5)药厂直拨药品要注意与库存同品种及时轮换,国家储备药品和外库储存药品及时轮换更新。

(6)要贯彻"先进先出"、"近期先出"和"易变先出",按批号出库的原则。药品出库时登记生产批号或年、月、日,有效期限及入库年、月、日。要把好药品出库验发关,变质和过期药品严禁发货。

(7)药品与非药品、内用药与外用药、处方药与非处方药之间应分开存放;易串味的药品、中药材、中药饮片以及危险品等应与其他药品分开存放。

(8)麻醉药品、一类精神药品、医疗用毒性药品、放射性药品应当专库或专柜存放,双人双锁保管,专账记录。

(9)需要拆零的药品,在拆零前,必须检查其外观质量,凡发现质量可疑及外观性状不合格的不可拆零药品,报质量管理机构或人员处理。拆零药品应集中存放于拆零专柜,不能与未拆零的药品混放,并保留原包装的标签,做好记录。拆零后的药品不能保持原包装的,必须放入拆零药袋,加贴拆零标签。写明品名、规格、用法、用量、批号、有效期及拆零药品,并做好拆零药品记录。

(10)若在药品入库验收时发现不合格药品,应给药品贴上不合格药品标志。不合格药品应集中存放在不合格药品区,由仓储部门设置专人管理并悬挂明显标志,建立"不合格药品台账"。

八、药品养护工作的主要任务

养护工作的任务主要有以下几方面:

(1)指导保管人员对药品进行科学储存。

(2)检查库存药品的储存条件是否符合要求,配合保管人员进行仓间温湿度管理,及时调整库存条件。

(3)对库存药品定期进行循环质量抽查,循环抽查的周期一般为一个季度,易变质药品要缩短抽查周期。

(4)对抽查中发现的问题,提出处理意见和改进养护措施。配合保管人员对有问题品种进行必要的整理。

(5)根据季节气候的变化,拟定药品检查计划和养护工作计划,列出重点养护品种,并予以实施。

(6)建立药品养护档案。

(7)对重点品种开展留样观察,考察变化的原因及规律,为指导合理库存,提高保管水平和促进药厂提高产品质量提供资料。

(8)开展养护科研工作,逐步使仓库保管养护科学化、现代化。

 项目实施

一、药品库区的合理布局

仓库库区总体布局是指在城市规划管理部门批准使用地的范围内,按照一定的原则,把仓库的建筑物、道路等各种用地进行合理协调的系统布置,使仓库的各项功能得到发挥。

1.仓库库区构成

仓库库区由储运生产区、辅助生产区和行政商务区构成。储运生产区主要进行装卸货、入库、验收、复核、出库等作业,这些作业一般具有流程性的前后关系。辅助生产区和行政商

务区内主要进行计划、协调、监督、信息传递、维修等活动,与各储运生产区有作业上的关联性。

2.库区布局的基本原则

(1)便于储存保管。仓库的基本功能是对库存进行储存保管。总体布局要为保管创造良好的环境,提供适宜的条件。

(2)利于作业优化。仓库作业优化指提高作业的连续性,实现一次性作业,减少装卸次数,缩短搬运距离,使仓库完成一定的任务所发生的装卸搬运量最少。同时还要注意各作业场所和科室之间的业务联系和信息传递。

(3)保证仓库安全。仓库安全是一个重要的问题,其中包括防火、防洪、防盗、防爆等。总体布局必须符合安全部门规定的要求。

(4)节省建设投资。仓库中的延伸性设施——供电、供水、排水、供暖、通信等设施对基建投资和运行费用的影响都很大,所以应该尽可能集中布置。

(5)符合 GSP 规定。药品储存作业区、辅助作业区、办公生活区应有一定距离或有隔离措施,装卸作业场所应有顶棚;仓库应划分成待验库(区)、合格品库(区)、发货库(区)、不合格品库(区)、退货库(区)等专用场所,经营中药饮片的还应划分零货称取专库(区)。各库区应设立明显的标志。

3.物品堆垛

物品堆垛是指根据物品的包装、外形、性质、特点、种类和数量,结合季节、气候情况,以及储存时间的长短,将物品按一定的规律码成各种形状的货垛。堆垛的主要目的是便于对物品进行维护、查点等管理和提高仓库利用率。

(1)货垛"五距"要求。货垛"五距"应符合安全规范要求。货垛的"五距"指的是墙距、地距、垛距、顶距和散热管道距达到规定要求,堆垛货垛时,不能依墙、靠柱、碰顶、贴灯;不能紧挨旁边的货垛,必须留有一定的间距。无论采用哪一种垛型,房内必须留出相应的走道,方便商品的进出和消防用途。

①垛距。货垛与货垛之间的必要距离,称为垛距。垛距能方便存取作业,起通风、散热的作用,方便消防工作,药品间距离>5cm。

②墙距。为了防止库房墙壁和货场围墙上的潮气对商品的影响,方便散热通风、消防工作、建筑安全、收发作业,货垛必须留有墙距。药品与墙距离>30cm。

③散热管道距。为了防止库房柱子的潮气影响货物,也为了保护仓库建筑物的安全,必须留有足够的散热管道距,一般>30cm。

④顶距。货垛堆放的最大高度与库房、货棚屋顶横梁间的距离,称为顶距。顶距便于装卸搬运作业,且能通风散热,有利于消防工作和收发、查点。顶距一般为 0.5~0.9m,具体视情况而定。药品与屋顶距离>30cm。

⑤地距。GSP 要求药品与地面距离要大于 10cm。

(2)堆垛方式。堆垛方式储存能够充分利用仓容,做到仓库内整齐,方便作业和保管。药品的堆垛方式主要取决于物品本身的性质、形状、体积、包装等。一般情况下多采取平放,使重心最低,最大接触面向下,易于堆码,稳定牢固。常见的堆垛方式包括重叠式、纵横交错式、压缝式、通风式、栽柱式、衬垫式等。

4.仓库货位的规划

规划货位即根据物资的外形、包装与合理的堆码苦垫方法及操作要求,结合保管场地的地形,规划各货位的分布和货架的位置。

货位的布置方式有横列式、纵列式和混合式三种。横列式指货垛与库房的宽平行。若货垛与库房的宽垂直排列,就是纵列式。两者都有,则为混合式。货位的长和宽要与库房的长和宽成可约的倍数,以便提高库房面积利用率。这种布置方式有利于库内通风和物资进出库,较好地利用自然采光,但这种方式支道多,面积利用率低,特别是采用叉车作业时,这种货位布置使叉车必须进行直角转弯,操作不便,并需要足够的通道,减少了储存面积。因此,当采用托盘储存结合叉车作业时,可采用不同的布置形式。

二、药品仓库的安全管理

药品仓库的安全包括仓库设施、仓储药品的安全管理和仓库工作人员的人身安全。仓库的不安全因素很多,如火灾、水灾、爆炸、盗窃和破坏等。从其危害程度来看,火灾造成的损失最大。因此,安全工作的重中之重是防火灭火。在消防工作中应贯彻"预防为主,防消结合"的方针,严防火灾的发生,确保仓库安全。

1.防火措施

(1)建立健全仓库安全制度,制定防火制度和责任制,消灭引起火灾的一切隐患。

(2)开展防火宣传教育和消防法制教育,进行消防知识与消防技术的学习。

(3)根据仓库实际情况建立消防组织,配足消防器材,并固定在适当位置,保证在发生火灾时能及时扑救。

(4)严格管理火种、火源。

(5)严格管理电源。做到安装符合要求,用电不超负荷,电器设备应经常检查,危险品库应采用防爆照明灯。

(6)对易燃、可燃杂物要及时清除。对易燃、易爆的化学危险品要按《危险化学品安全管理条例》进行生产、储存、经营、装卸和使用,切不可掉以轻心。

2.灭火方法

当药品仓库不慎发生火灾时,除按一般消防措施切断电源、搬移可燃物外,还必须根据药品的特性,采取相应的灭火方法。用水灭火是最普通的方法,但药品不同于一般商品,不能一概用水灭火。遇水能分解燃烧或爆炸的药品如钾、钠、三氯化磷等着火,不能用水扑救,否则会使火势扩大、燃烧更为剧烈甚至爆炸。比水轻又不溶于水的易燃液体如乙醚、松节油等,若用水扑救,则易燃液体浮在水面,随水漂流而扩大火灾,故宜用沙土或二氧化碳灭火器、泡沫灭火器等扑救。酒精虽能与水混溶,但仍不宜用水扑救。贵重药品着火时,可用二氧化碳灭火器扑救,但应注意空气流通,防止窒息,以保证消防人员安全。一般情况下,对于药品仓库发生的小型火灾最好使用沙土或灭火器等扑救,这样既安全,又可避免因大量用水而影响其他药品的包装和质量。

三、药品仓库的防鼠、防虫措施

1.防鼠措施

库内物品堆集,易发生鼠害,造成损失。特别是一些袋装原料(如葡萄糖等)一旦发生鼠害则严重污染药品。因此,必须防鼠灭害,一般可采用下列措施:认真观察,堵塞一切可能窜入鼠害的通道;仓库门口要设 30～40cm 的挡鼠板;库内无人时,应随时关好库门、库窗(通风时例外),特别是夜间;加强库内灭鼠,可采用电猫、鼠夹、鼠笼等工具;加强库外鼠害防治,仓库四周应保持整洁,不要随便乱堆乱放杂物,同时要定期在仓库四周附近投放灭鼠药,以消灭害源。

2.防虫措施

药品在仓储过程中由于仓储环境以及各方面因素的影响易发生被仓库害虫蛀蚀的现象。药品被虫蛀后,内部组织遭到破坏,出现圆形孔洞,严重的被蛀成粉末,失去药用价值。害虫的尸体、排泄物等甚至产生有毒、有害物质,危害人民群众的身心健康。害虫对药品的危害多发生在中药材、中药饮片和部分中成药中。化学药品、生物制品、生化制品由于制剂工艺先进,发生虫害的现象十分少见,但是含脂肪、糖、蛋白质、淀粉等成分的药品由于包装不严,受温湿度的影响也可能发生虫害的现象。虫蛀是中药储存中危害最严重的变异现象之一。

对易生虫的药物在储存养护过程中,除了要勤检查以外,必须从杜绝害虫来源、控制其传播途径、消除繁殖条件等方面入手。药品储存时,首先要选择干燥通风的库房,加强仓库温湿度的管理,使仓库的温湿度控制在适合药品储存的范围内,防止虫害发生。

仓库害虫防治的方法主要分物理防治技术(如高温干燥、低温冷藏等)和化学防治技术。化学防治法防治害虫曾经兴盛一时,现在在某些地区、某些品种的害虫防治上还在大量使用,其操作程序一般为:建立密闭环境—施放化学药剂—保持密闭时间。用化学试剂进行熏蒸,可将虫害杀死,但容易对环境造成一定污染。因此,我们应立足以防为主,积极推广无污染、无公害的现代化防虫治虫的新方法、新技术,以保证人民用药的安全。

【小资料 5-3】

仓库虫害新型防治方法

(1)自然降氧防治法:自然降氧法是在密封条件下,利用药材自身、微生物、害虫等的呼吸作用,消耗密封环境内的氧气,使含氧量逐渐下降,二氧化碳量相应地上升,形成不利于仓虫、微生物生长繁殖的低氧环境。在密封缺氧状态下,仓虫窒息死亡,微生物及药材呼吸受到抑制,从而达到安全储藏之目的。中药饮片在生产时的密封包装,也能起到自然降氧的目的。自然降氧法还可用于药材货垛的薄膜罩帐密封。以六面体罩帐密封效果为佳,密封 4～6 天,氧浓度可降至 12%～14%;密封 15～20 天,氧浓度可降至 3%～5%;密封 40～60 天,氧浓度达到 1.2%～2%,从而达到杀虫、防霉的养护效果。

(2)低氧低药量防治法:使用化学药剂防治害虫虽然灭虫效率高,但存在用药剂量大、费用高、残毒和污染重等弊病。一般情况下不主张采用化学药剂防治。自然降氧法降氧速度慢,要求药材有一定的干燥度,而且杀虫效果不十分理想。为减轻化学防治法的弊病,弥补自然降氧法的不足,可采用低氧低药量防治法。在密闭条件下,使用少量磷化铝。磷化铝药剂投放后吸收空间水汽,产生磷化氢气体,同时库房内的药材、仓虫、微生物的呼吸耗氧,在有限的空间内增大了磷化氢的有效浓度,从而恶化了害虫的生态条件,达到防治害虫之目的。

(3)气调养护防治法:指在密闭的条件下,人为地调整空气组成,造成低氧环境,抑制害虫和微生物的生长繁殖以及药物自身的氧化反应,以保持药物品质的一种养护方法。

操作程序如下:建立密封环境—抽空气充惰性气体—维护气调指标。

气调养护的关键是密封。目前由于各地、各单位养护条件不同,能够达到气调养护条件的密封库比较少,所以气调养护多使用塑料薄膜罩帐密封。

四、药品仓库温湿度调节

温度过高,能使许多药品变质失效,特别是生物制品、抗生素、疫苗血清制品等对温度的要求更严。即使是普通药品在过高温度下贮存,也能影响药品的质量。因此,必须保持药品贮存期间的适宜温度。对于普通药品,当库内温度高于库外时,可启开门窗通风降温。在夏季对于不易吸潮的药品可进行夜间通风。应注意通风要结合湿度一起考虑,因为药品往往怕热也怕潮,只要库外温度和相对湿度都低于库内,就可以通风降温。装配有排风扇等通风设备的仓库,可启用通风设备进行通风降温(危险药品库除外)。对库内温度较高,需尽快降温的或不适宜开窗通风降温者,如室内没有空调设施的,可采用加冰降温,一般是将冰块或冰盐混合物盛于容器中,置于库内1.5m左右高度,让冷气自然散发、下沉。也可采用电风扇对准冰块吹风,以加速对流,提高降温效果。但要注意及时排除冰融化后的水,因冰融化后的水可使库内湿度增高,故易潮解的药品不适宜此方法。此外,对一些不怕潮解且对湿度特别敏感的安瓿类注射剂,如生物制品、脏器制剂、疫苗、菌苗注射剂一般可置于地下室或冰箱、冷藏库内贮存。

1. 温度的控制和调节方法

(1)通风降温。对一些温度过高容易风化、挥发或变质,而湿度影响不大的药材,如玻璃瓶或铁桶装药品、化学试剂等,在温度较高的季节里,可以进行夜间通风,直到日出后,气温回升时再停止通风。通风必须和严格密封结合运用,才能取得较好的效果。

(2)遮光降温。隔热条件较差的库房,可在库房外搭棚,棚离屋顶30～40cm或更高,并在受光暴晒的外墙也搭上棚,减少日光辐射,使库内温度下降。

(3)加冰降温。可选择密闭、隔热条件较好的库房,加冰使室内温度降低。一般是将冰块或冰盐混合物盛于铁桶或木槽内。盛冰容器置于库内较高处(高度1.5m左右),便于冷空气下沉,加速对流。容器下部设排水管,将水引至库外。为了防止库内温度的升高,可加放吸湿剂。

(4)密封保温。在库房顶棚、门窗设保温装置(如吊顶棚、窗户加钉塑料膜或糊窗缝、门上悬挂棉门帘等),这些方法,在气候不太冷的地区,具有一定的保温效果,此外,还可以利用篷布、塑料膜等进行货垛密封保温。

2. 湿度的控制和调节方法

在我国气候潮湿的地区或阴雨季节,药品库房往往需要采取空气降湿的措施。为了更好地掌握库内湿度情况,可根据库内面积大小设置数量适当的湿度计,将仪器挂在空气流通的货架上。每天定时观测,并做好记录。记录应妥善保管,作为参考资料,以掌握湿度变化规律,并作为考察库存期间药品质量的依据之一。一般来说,库内相对湿度应控制在35%～75%为宜,控制方法可采用通风散湿、密封防潮及人工吸潮降湿相结合。

(1)喷雾增湿。在一般气候条件下,药材需增湿储存的条件很少。只有在特别干燥的情况下,对少数怕干燥的药材,需要进行喷雾洒水或用电加湿器产生蒸汽,以提高空气湿度。

(2)通风散潮。利用自然气候进行通风降潮,可使地面水分、库内潮气、包装用品及药材水分散发出去,是一种比较经济、简单而容易收效的方法。利用通风来降低库内相对湿度时，必须以绝对湿度为依据，正确掌握通风时机，即只有当库外绝对湿度低于库内时，才能进行通风。因此，在通风以前，先测定库内外温湿度，然后比较库内外绝对湿度，考虑能否通风。当库外温度、相对湿度都低于库内时，可以长时间开启门通风。反之，应密闭门窗，不可通风。当库外温度稍高于库内，但绝对湿度和相对湿度低于库内时也可以通风。库外温度和绝对湿度都低于库内时，而相对湿度稍高时，也可以通风，因为库外绝对湿度低，通风后也比库内低。库外温度低于库内，但绝对、相对湿度都比库内高时，不宜通风。库内外温差较大，特别是日温差较大或梅雨季节，要防止潮暖空气进入库内。另外，还可总结经验，一般天气晴朗或虽阴天但云块不黑并有东北风、北风或西北风时可以通风，但要对比一下库内外温湿度再进行。雨天、大雾、雨后初晴以及沿海地区刮南风、东南风时不宜通风。通风时除开启门窗进行自然通风外，有条件的还可以装置排风扇等通风设备。

（3）密闭防潮。密闭时隔绝外界空气中潮气的侵入，避免或减少空气中水分对药品的影响，以达到防潮的目的。密封就是将库房的门窗缝隙封闭，将通风洞、气孔用砖砌紧，只留一两个门进出。门做成两道门，并挂厚棉帘。此外，还可根据药品的性质和数量，采用密闭垛、密封箱等形式防潮。密封性较好的库房，如装有风幕自动门，即使库房打开，人员照常进出作业，由于风幕的作用，库房内外的空气也不会进行自然对流，而起到防潮的作用。应指出，我们能做到的只是相对密封，并不能完全隔绝气候对药品的影响，故密封保管时，最好结合吸潮降湿，以取得更好的效果。

（4）吸潮降湿。在梅雨季节或阴天不宜通风，而库内湿度又过高时，可以在密封库内用降湿机除湿。降湿机除湿的原理是采用机械冷冻的方法，凝结湿空气中的水蒸气借以降低空气中的温度，可在环境温度为 $17\sim35$℃、相对湿度为 $50\%\sim90\%$ 的条件下使用。一般库房还可使用吸湿剂降湿。常用的吸湿剂有生石灰、氯化钙、硅胶等。

3. 温湿度记录表的填写

根据 GSP 的规定应该做好库房温湿度的监测和管理。每日应上、下午各一次定时对库房温湿度进行记录。如库房温湿度超出规定范围，应及时采取调控措施，并填写温湿度记录（见表 5-1）。每日记录时间范围为 9：00—10：00，15：00—16：00。

表 5-1　库房温湿度记录

日期	上　午					下　午				
	温度/℃	相对湿度/%	如超标采取措施	采取措施后		温度/℃	相对湿度/%	如超标采取措施	采取措施后	
＿＿年				温度/℃	相对湿度/%				温度/℃	相对湿度/%
月　日										
月　日										
月　日										
月　日										
平均温度：			最高温度：			最低温度：				
平均相对湿度：			最高相对湿度：			最低相对湿度：				
记录人签名：										

五、近效期药品储存管理

近效期药品的有效管理直接关系到企业的经济效益,如果近效期药品不及时销售,就成了过期药品,这将会直接影响企业的资金周转,增加企业经营成本,给企业带来损失。凡过期的药品,未经检验,不得再用。因过期药品制剂多数外观性状不正常,如有的针剂久贮产生混浊或析出沉淀,不仅药效降低,而且注射后增加局部刺激。至于有的过期药品,特别是生物制品和抗生素,由于本身质量较好,若保管得当,虽然超过有效期,有时尚可能保持它原有的效能或仅稍降低,且其外观性状仍属正常,存量又较多,为了慎重起见,应经药检所检验合格,可在允许延长使用期内继续使用,但在继续使用过程中要注意药品外观的变化及临床使用情况。相关记录资料见表5-2、5-3。

表 5-2　近效期药品示意单

月份	品名											
	1月	2月	3月	4月	5月	6月	7月	8月	9月	10月	11月	12月
2009 年												
2010 年												
2011 年												
2012 年												
说明	1. 在有效期截止的月份栏内,把卡片放在相应的位置; 2. 有效期尚有一年时,每月开始填报催销报表。											

表 5-3　近效期药品卡片样式

品　　名	
厂　　名	
剂　　型	
批　　号	
有效期至	
生产日期	
储存要求	

近效期药品是指距离失效日期比较接近的药品,一般大中型企业将距离失效日期1年之内的药品定义为近效期药品,小型企业将距离失效日期6个月之内的药品定义为近效期药品。近效期药品的储存管理直接关系到企业的经济效益,如果近效期药品不及时销售,就成了过期药品,这将会直接影响企业的资金周转,增加企业经营成本,给企业带来损失。凡过期的药品,未经检验,不得再用。

对近效期的药品应按月填报近效期药品催销月报单(见表5-4),近效期药品需进行重点养护。

表 5-4　近效期药品催销月报单(　　　年　　　月)

序　号	品　名	规　格	生产企业	批　号	数　量	生产日期	有效期	有效期至	填写人签名

在保管有效期限药品的工作中尚应注意下列问题:

(1)有些药品(如麻醉乙醚、酒石酸锑钾注射液)规定了贮藏期或使用期,是指在规定时间内使用,才能确保临床使用安全有效,这一规定与有效期不同。如超过规定的使用期限应重新检查(复检),符合规定后才能继续使用。

(2)有效期并不等于保险期。因此,必须按药品性质于规定条件下予以贮存。例如贮存温度和有效期有密切关系,温度超过规定,或保管不善,即使在有效期限内,也可能已降效或变质。

(3)包装容器不同,虽同一药品,有效期会不同,如注射用青霉素钠(钾),用安瓿熔封的有效期是四年,以橡皮塞轧口小瓶(属"严封")的有效期仅两年。

(4)同一原料药的不同剂型,根据其稳定性的差异,有效期也会不同。如硫酸新霉素片、软膏为三年,其眼药水为一年。又如注射用盐酸金霉素为四年,其片剂、胶囊、眼膏、软膏均为三年。

(5)药品离开原包装时,例如将片剂倾至工架装置瓶内,针剂离开针盒另放的,应将有效期注明在变换后的容器上,以便查对。

六、药品在库检查

药品在库贮存期间,由于经常受到外界环境因素的影响,随时都有可能出现各种质量变化现象。因此,除需采取适当的保管、养护措施外,还必须经常地和定期地进行在库检查。药品的在库检查,指对库存药品的查看和检验。通过检查,及时了解药品的质量变化,以便采取相应的防护措施,并验证所采取的养护措施的成效,掌握药品质量变化的规律。

1.检查的时间和方法

药品在库检查的时间和方法,应根据药品的性质及其变化规律,结合季节气候,贮存环境和贮存时间长短等因素掌握,大致可分为以下三种:

(1)"三三四"检查。即每个季度的第一个月检查 30%;第二个月检查 30%;第三个月检查 40%,使库存药品每个季度能全面检查一次。

(2)定期检查。一般上、下半年对库存药品逐堆逐垛进行一次全面检查,特别对受热易变质、吸潮易引湿、遇冷易冻结的药品要加强检查。对有效期药品、麻醉药品、精神药品、医疗用毒性药品、放射性药品等特殊管理的药品,要重点进行检查。

(3)随机检查。一般是在汛期、雨季、霉季、高温严寒或者发现有药品质量变质苗头的时候,临时组织力量进行全面或局部的检查。

2.检查的内容与要求

药品检查的内容包括:库房内的温度,药品贮存条件及药品是否按库、区、排、号分类存放,货垛堆码、垛底衬垫、通道、墙距、货距等是否符合规定要求,药品有无倒置现象,外观形状是否正常,包装有无损坏等。在检查中,要加强对质量不够稳定、出厂较久的药品以及包装容易损坏和规定有效期的药品的查看和检验。

药品在库检查,要求做到经常检查与定期检查、员工检查与专职检查、重点检查与全面检查结合起来进行。检查时要做好详细记录,填写仓库药品养护记录(见表5-5),要求查一个品种规格记录一个,依次详细记录检查日期、药品存放条件、品名、规格、厂牌、批号、单位、数量、质量情况和处理意见,做到边检查、边整改,发现问题,及时处理。检查完后,还要对检查情况进行综合整理,写出质量小结,建立养护档案,作为分析质量变化的依据和资料。同时,还要结合检查工作,不断总结经验,提高在库药品的保管养护工作水平。

表5-5 仓库药品养护记录

序号	货品ID	货位	商品名称	规格	生产企业	批号	有效期至	单位	数量	质量状况	养护措施	处理结果
1												
2												
3												
养护日期:							养护人:					

七、药品仓储制度建设

为规范药品仓储管理,保证药品质量,促进业务经营,根据 GSP 的要求需建立相应的仓储管理制度,主要包括药品仓储管理制度、药品在库养护管理制度、出库复核制度、仓库卫生管理制度等。制度的编写和制定需按照 GSP 的要求,结合企业工作实际,要求字句简练、严谨,不模棱两可,具备可操作性。现举例如下:

1.药品仓储管理制度

(1)保持库房、货架的清洁卫生,定期进行扫除和消毒,做好防盗、防火、防潮、防腐、防污染、防鼠等工作。

(2)堆垛应严格遵守药品外包装图式标志的要求,操作规范。怕压药品应控制堆放高度。

(3)药品应按批号集中堆放。有效期的药品应分类相对集中存放,按批号及效期远近依次或分开堆码并有明显标志;不合格药品要单独存放,并有明显标志。

(4)根据药品的性能及要求,分别存放于常温库、阴凉库、冷库中。

(5)药品存放实行色标管理。待验品、退货药品——黄色;合格品、待发药品——绿色;不合格品——红色;色标牌要足够大且挂在醒目位置。

(6)药品堆放整齐、五距合理,无论是楼底和楼层仓库均应配备底垫。药品与仓间地面、墙、顶、散热器之间应有相应的间距或隔离措施。药品垛堆应留有一定距离。药品与墙、屋顶(房梁)的间距不小于 30cm,与库房散热器或供暖管道的间距不小于 30cm,与地面间距不小于 10cm。

(7)做好库房的安全及分类储存工作,药品实行分开摆放,即:①药品与非药品分开;②处方药与非处方药分开;③内服药与外用药分开;④性质相互影响、容易串味的药品分开存放;⑤品名和外包装容易混淆的品种分区存放;⑥特殊管理药品要双人、专柜、专账管理。

(8)特殊管理的药品要专库存放,实行双人双锁管理,专账记录,账物相符。

(9)危险药品贮存时,按其理化性质、危险程度以及消防方法,分区、分类、分堆保管。量少可专柜集中存放,对互相接触能引起燃烧、爆炸或产生毒害气体的危险品,不得同库贮存。如少量短期贮存,应单独存放在与其他库房有一定距离的小库房内,隔绝火源,分类存放,并采取必要的安全措施。

(10)对报废、待处理及有问题的药品,必须与正常药品分开,并建立《不合格药品台账》(见表5-6),填写《有质量问题药品登记单》(见表5-7),防止错发或重复报损,造成账货混乱和严重后果。

(11)对在库药品要及时清点,做到在库药品账物相符。

(12)保管人员要听从养护人员对养护工作的指导,要积极配合养护人员做好养护工作。

(13)仓库必须建立药品保管卡,记载药品进、存、出状况。因保管员未尽职责,工作不实造成药品损失的,将在季度质量考核中处罚。

表5-6 不合格药品台账

日期	药品名称	生产企业	规格	单位	单价	数量	金额	批号	供货单位	不合格原因

说明:发生环节指入库验收、在库检查、售后查询等。

表5-7 有质量问题药品登记单

序号	品名	规格	生产厂家	批号	单位	数量	金额	质量问题	发生时间	发生环节	处理结果

说明:发生环节指入库验收、在库检查、售后查询等。

2.药品在库养护管理制度

(1)建立和健全药品保管养护组织,全面负责在库药品保管养护工作,防止药品变质失效,确保财产免受损失。

(2)配备的专职养护人员,坚持按"三三四"进行药品循检(即每季度第一个月检查30%,第二个月检查30%,第三个月检查40%)。

(3)做好温湿度管理工作,每日上、下午各记录一次库内温湿度。根据温湿度的变化,采取相应的通风、降温、除湿等措施。常温库在0~30℃,阴凉库温度<20℃,冷库温度在2~10℃,正常相对湿度在35%~75%。

(4)重点做好夏防、冬防养护工作。每年制订一次夏防、冬防工作计划,并落实专人负责,适时检查、养护,确保药品安全度夏、冬。

(5)针对不同药品的特性采取相应的养护方法。应对中药材和中药饮片按其特性,采取干燥、降氧、熏蒸等方法养护。

(6)建立和健全重点药品养护档案工作,并定期分析,不断总结经验,为药品储存养护提供科学依据。

(7)药品养护人员应对库存药品根据流转情况定期进行养护和检查,并做好记录。按要求做好养护记录。

(8)药品养护人员应每月汇总、分析和上报养护检查、近期或长时间储存的药品等质量信息。

(9)指导保管人员对在库药品的合理保管工作。

(10)药品养护人员应负责养护在用仪器设备、温湿度监测和监控仪器、仓库在用计量仪器及器具等的管理工作。

(11)库存养护中如发现质量问题,应悬挂明显标志和暂停发货,并尽快通知质量管理机构予以处理。

(12)如因养护组织不健全,职责不清,工作不实造成药品损失的,依损失大小将给予责任人相应的行政或经济处罚。

3. 仓库卫生管理制度

为创造一个良好的生活工作环境,保证药品质量,促进业务经营,需要制定企业的仓库卫生管理制度。基本内容如下:

(1)领导要重视。仓库的领导,要重视抓好卫生工作,领导要亲自抓,充分发动群众,齐抓共管,领导要经常检查,要把环境卫生的好坏列入执行GSP的考核,评比文明科室(先进集体)的一个内容,凡达不到卫生标准的单位不能评选。

(2)仓库都要制定一个具体的卫生管理制度和执行措施,各级领导必须带头做好,对所属部门要保证制度的落实,并经常检查执行情况,对不符合要求的要立即整改。各位员工必须严格遵守规定的卫生守则,在单位内部做到不乱丢果皮、烟头和杂物,不随地吐痰,养成良好的卫生习惯。公共卫生每天一小扫,每周一大扫,各个工作岗位范围每天要清扫,保持经营场所和工作场所的环境清洁,符合卫生要求。

(3)根据不同的季节开展灭蚊、灭鼠、灭白蚂蚁工作。室外要求无杂草、无垃圾,排水沟渠无堵塞,办公室墙壁无蜘蛛网,办公台、门、窗清洁明亮,地面无痰迹,储存药品库内无老鼠、无蟑螂、无虫蛀、无蜘蛛、无垃圾,药品保持清洁,防止污染,确保药品质量。

(4)搞好库区周围的环境绿化、美化、净化空气,凡破坏绿化、违反卫生制度的个人,要给予罚款或纪律处分。

(5)各级人员必须保持个人清洁,做到文明服务。

八、不同类型药品的保管与养护

1. 易受光线影响而变质的药品的保管养护

(1)凡遇光易引起变化的药品,如银盐、过氧化氢等,为避免光线对药品的影响,可采用棕色瓶或用黑色纸包裹的玻璃器包装,以防止紫外线的透入。

(2)需要避光保存的药品,应放在阴凉干燥不易直射到的地方。门、窗可悬挂遮光用的黑布帘、黑纸,以防阳光照入。

(3)不常用的怕光药品,可贮存于严密的药箱内。存放怕光的常用药品的药橱或药架应以不透光的布帘遮蔽。

(4)见光容易氧化、分解的药物,如肾上腺素、乙醚、氯仿等,必须保存于密闭的避光容器中,并尽量采用小包装。

2.易受湿度影响而变质的药品的保管养护

(1)对易吸湿的药品,可用玻璃软木塞塞紧、蜡封、外加螺旋盖盖紧。对易挥发的药品,应密封,置于阴凉干燥处。

(2)控制药库内的湿度,以保持相对湿度在 70% 左右为宜,可辅用吸湿剂如石灰、木炭,有条件者,可设置排风扇或通风器,尤其在梅雨季节,更要采取有效的防霉措施。除上述防潮设备外,药库应根据天气条件,分别采取下列措施,即在晴朗干燥的天气,可打开门窗,加强自然通风;当下雾、下雨或室外湿度高于室内时,应紧闭门窗,以防室外潮气浸入。

(3)对少量易受潮药品,可采用石灰干燥器贮存。即用木箱、瓦缸等容器装入 1/4 容量左右的块状石灰层,上面存放药品,待石灰吸湿成粉状后,应及时换掉。

3.易受温度影响而变质的药品的保管养护

一般药品贮存于室温(1~30℃)即可。如指明"阴凉处"或"凉限处"是指不超过 20℃,"冷处"是指 2~10℃。在一般情况下,对多数药品贮藏温度在 2℃ 以上时,温度愈低,对保管愈有利。

(1)对怕热药品,可根据其不同性质要求,分别存放于"阴凉处"或"冷处"。常用的电冰箱可调节至 2~10℃,如无冰箱,可根据具体条件,因地制宜,存放于水井、地窖(对防潮药品还须注意密封,或用一口大缸埋于地下温度较低处)。有条件者,也可采用加冰的土冰箱,盛冰容器应置放于顶部,药品放于底部,以便冷热空气对流,提高降温效果。对少量怕热药品短期贮存,则可采用冰瓶。

(2)对挥发性大的药品如浓氨溶液、乙醚等,在温度高时容器内压力大,不应剧烈震动。开启前应充分降温,以免药液冲出(尤其是氨溶液)造成伤害事故。

(3)对易冻和怕冻的药品,必须保温贮藏。保温措施主要有:①保温箱:可就地取材,用严密木箱,内放瓦楞木箱,两层之间填充木屑或木箱内贴油毛毡,内放三合板箱。两层之间填充稻壳,盖双层盖。另外也可用棉花作为保温材料。②可利用地窖、坑道、天然山洞等贮藏药品,其特点为冬暖夏凉。③有条件的地方,可建立保暖库。

4.易燃、易爆危险品的保管养护

易燃、易爆危险品系指易受光、热、空气等外来因素影响而引起自燃、助燃、爆炸或具有强腐蚀性、刺激性、剧烈毒性的药品。如果处置不当,保管不当,都能引起爆炸、燃烧等严重事故,给人民生命财产带来极大损失。

(1)主要特征及性状。①易爆炸品:受到高热、摩擦、冲击后能产生剧烈反应而发生大量气体和热量,引起爆炸的化学药品,如苦味酸、硝化纤维、硝酸铵、高锰酸钾等。②自燃及遇火燃烧的药品:如黄磷在空气中即能自燃,金属钾、钠遇火后能燃烧等,其他如碳粉、锌粉及浸油的纤维药品亦极易燃烧。③易燃液体:引燃点低,易于挥发和燃烧的液体,如汽油、乙醚、石油醚、乙醇、甲醇、松节油等。④极毒品及杀害性药品:氰化物(钾、钠)、亚砷酸及其盐类、汞制剂、钡制剂等。⑤腐蚀性药品:具有强烈腐蚀性,甚至引起燃烧、爆炸和杀伤性药品,如硫酸、硝酸、盐酸、甲酸、冰醋酸、苯酚、氢氧化钾、氢氧化钠等。

(2)保管原则和方法。①此类药品应贮存于危险品库内,一般不得与其他药品同库贮存,并远离电源。同时应有专人负责保管。②危险品应分类堆放,特别是性质相抵触的物品(如浓酸与强碱)。灭火方法不同的物品,应该隔离贮存。③危险品库应严禁烟火,不准进行明火操作,并应有消防安全设备(如灭火机、沙箱等)。④危险品的包装和封口必须坚实,牢固、密封,并应经常检查是否完整无损、渗漏,如有毁损、渗漏,必须立即进行安全处理。⑤如少量危险品必须与其他药品同库短期贮存时,亦应保持一定的安全距离,隔离存放。⑥氧化剂保管应防高热、日晒,与酸类、还原剂隔离,防止冲击摩擦。钾、钠、钙金属应存放于水中;易燃品、自燃品应与热隔绝,并远离火源,存放于避光阴凉处。

5.中药材的保管与养护

贮存少量药材一般用大干燥器、大塑料袋(外包纸盒或木箱)、缸等,用石灰或硅胶为干燥剂;或用干砂子埋藏法,适用于党参、怀牛膝、板蓝根、山药等;或用花椒防虫法,适于有腥味肉性动物药材,如乌鞘蛇、祁蛇、海龙、海马等;或用大蒜防虫法,适于土鳖虫、斑蝥、全蝎、红娘子等贮存;或用酒精防虫法,于大缸底放一开口瓶盛酒精,上码药材如瓜蒌、枸杞子等,50kg 药材可用95％酒精0.5～1kg,然后将缸用2～3层塑料布扎紧,靠酒精蒸汽而杀死虫卵与成虫。

中药材及其制剂大都含有淀粉、脂肪、糖、蛋白质、氨基酸、有机酸、纤维素、鞣质等成分,另外还有维生素类、无机元素。其中营养成分俱全,若温度和水分适宜则极易滋生昆虫或细菌,发生虫蛀或霉变,加速药材的变质。

(1)中药材变质的主要现象。中草药材种类繁多,性质各异,有的易吸热,有的具有挥发性等,应根据其特性加以妥善保管。如保管不当将会发生霉变、虫蛀、失性、变色等现象而影响质量,甚至使其完全失效。中草药变质的原因,除空气、湿度、日光和温度等因素的影响外,还受到昆虫和微生物的侵蚀。为使中草药的外部形态和有效成分在贮存期间尽量不起变化,必须掌握各种中草药材的性能,摸清各种变化规律,采取各种合理的保管措施,其中以防止霉变及防治虫蛀两项更为重要。

中药材含水量大时,易生虫并受虫蛀。昆虫生长繁殖的适宜温度为18～35℃(22～32℃最适)。故在我国北方每年5—8月间昆虫生长繁殖最旺,而仓库中害虫一般能耐38～45℃,在10℃以下能停止发育,高于48℃为致死温度,-4℃以下也不能成活。当然这也与昆虫的种类和不同生长发育阶段有关。

俗话说"霉药不治病",发霉的中药在颜色和气味上必发生改变。发霉的原因也是因含水量过高(＞15％)、温度较高(20～25℃)或阴暗不通风。

中药材的虫蛀和霉变是同时进行的。药材遭虫蛀,必增加药材组织细胞与空气、光线和湿气(水)的接触面积,从而加速药材中鞣质、酚类、黄酮类等易自动氧化作用,使药材颜色变深。寄生虫在生活中的排泄物及昆虫所携带细菌和微生物,污染了药材组织,又使药材遭到微生物发酵的影响。而微生物和昆虫寄生在药材组织中的主要营养物为蛋白质或氨基酸、糖类(包括淀粉、低聚糖、双糖或单糖)、脂肪等。这些营养物被昆虫和微生物利用后,其排泄物必发出腐败气味,如脂肪的酸败、氨基酸的脱羧或脱氨等。腐败的分解产物,变为有毒物质甚至对中药有效成分进行破坏。故霉败的中药应弃去,不能用于治疗。

(2)中药材的防霉与防虫措施。中药材防霉,主要应严格控制本身的水分和储存场所的温度、湿度,避免日光和空气的影响,使霉菌不易生长繁殖。易发霉的中草药,应选择阴凉干燥通风的库房,垛堆应离地用木条垫高,垛底垫入芦席或油毛毡等隔潮。地面上铺放生石灰、炉灰或木炭、干锯末等防潮剂,使药材经常保持干燥,以防止霉变。为防虫蛀,药材进库前,应把库内彻底清理,以杜绝虫源,必要时在药材进库前,可用适量可降解杀虫剂对四壁、地板、垫木以及一切缝隙进行喷洒。

贮存过程中,为防止霉菌、害虫的生长繁殖,可将中草药材干燥后,打成压缩包以减少与空气的接触面积。贮存期间,尤其是热天或雨季,由于大气湿度较高,天气暖和,最适合霉菌、害虫的繁殖,更要选择晴朗的天气及时翻晒,并将仓库进行通风。但在湿度大的天气,应闭门窗,以防潮氯浸入。

如发现虫害,可采用高温杀虫法,如暴晒、烘烤、热蒸等措施杀灭害虫,也可用化学药剂如硫黄、氯化苦(三氯硝基甲烷,CCl_3NO_2)等熏蒸法消灭虫害,以及采用红外线照射,防止发霉生虫。但氯化苦能腐蚀金属,并影响种子发芽率;硫黄燃烧后产生的二氧化硫气体有漂白作用,易使某些药品变色、变酸味,且对种子发芽也有不良影响,使用时应加注意。

已虫蛀的药材,可按虫害轻重分开处理,凡生虫严重且有结块现象的不宜再供药用,严重霉烂变质的中草药材也不能再供药用。

(3)中药材养护的常用方法。

①干燥法。分日晒、烘干、阴干、石灰干燥四种。该法适用于不怕融化和破碎的药材及其饮片。

日晒法:将药材或中药饮片摊在晒场上暴晒,并实施翻动,使受热均匀。充分利用太阳的热能及紫外线将害虫和霉菌杀死。

烘干法:适用于太阳热力晒不透或易泛油的药材及其饮片。具体做法是将药材及其饮片摊在干燥室内、火炕上或烘干机内,温度控制在50℃左右,烘5~6小时即可。

阴干法:凡含挥发性成分或日晒烘烤熔化的药材,应将药材置阴凉通风处阴干。

石灰干燥法:适用于光照或加热易变质的贵重药材,用石灰箱或缸等干燥,石灰占空间的1/6~1/5即可,石灰失效应及时更换。

②吸潮法。主要采用吸潮剂或去湿机,使空气中的水分或药材及其饮片中的水分减少,达到去虫去霉的目的。

③密封法。分传统密封和气调密封两种,使药材及其饮片与外界影响其变质的因素隔离,保持其本身质量。

传统密封法:又分整库密封和小件密封两种。前者将库房全部密封起来,让库内吸潮剂吸潮,以控制药材及其饮片的水分在安全范围内。后者用箱、桶、缸或在库内墙壁边做水泥槽,将数量不多的药材或饮片放入密封,达到不透湿气的目的。

气调密封:分机械降氧和自然降氧两种,主要降低空气中氧气的浓度,以保证药材不受虫害。机械降氧在有罩帐密封的药材中充氮(或CO_2)降氧,使密封垛内保持低氧状态。其操作方法是:将药材装箱码垛,用草袋或麻袋包好,外套塑料并以高频热合机手钳封闭,将药材密闭。选一适当处自塑料罩面开一小孔,作为抽进气。开动真空泵抽出垛内空气,当垛内压力为200~300mmHg时停止抽气,检查有无漏气现象,然后将氮(或CO_2,或用干冰即固体CO_2)充入罩内,并使垛内压力与外界几近平衡。

自然降氧在密封堆垛内,利用药材、仓虫、需氧微生物的呼吸作用,将氧逐步消耗而达到杀虫和杀灭微生物的目的。用该法是将仓库密闭,降低室内含氧量,提高CO_2含量使害虫窒息,虫卵孵化延缓,霉菌和其他杂菌生长受到抑制。该法对药材的色、味没有影响。

④低温冷藏法。将适宜用低温冷藏的药材及其饮片用不透气的包装物包裹置于冷库内储藏,以保持药材本质。

⑤对抗储藏法。将两种可以互相制约的药材放在一起储存而保持其本质。如泽泻与丹

皮共存,泽泻不生虫;花椒与动物类药材共存,则动物类药材不生虫。

⑥化学药物防治法。即将仓库整体密封或部分密封,用磷化铝熏蒸或硫黄熏蒸,从而使害虫窒息而死。

⑦低药低氧法。即在药垛密封的条件下,投入少量化学药物使其在密封的空间内挥发而达到杀虫的目的。

⑧化学熏蒸法。用硫黄、氯化镁、磷化铝等药物熏蒸。硫黄燃烧产生二氧化硫能杀灭虫卵、幼虫、蛹或成虫。例如,川芎、羌活、泽泻、半夏、延胡索、独活、天麻、玄参、白术、当归、党参、白芷、桔梗、防风、葛根、狼毒、南沙参、甘遂、山药、枣仁等均可用此法。但因二氧化硫有漂白作用,对大黄、紫草、瓜蒌、红花、冬花、甘草等会使之褪色或变性,不能用该法。

熏蒸法:于一间约 12m² 砖瓦平房,密闭。沿墙放 4 个竹制搁架,离地面 4m 排成方形,搁架是堆放药材,药材间留有空隙。室内中间放一熏盆,距药架约 1m,每 25kg 药材用硫黄 300g 熏蒸 24h。有时虫卵不能 1 次杀尽,1 周后再熏 1 次。

应当注意防火,室内不能有电源、电线及其他火源;熏后应彻底通风后人员方可入室,并对金属器涂刷一次油漆,因 SO_2 可腐蚀金属。

磷化铝熏蒸法:磷化铝吸湿分解产生磷化氢,为强杀虫剂,能杀灭成虫、蛹及虫卵,但杀螨效果较差,对霉菌也有一定抑制作用。用于空库为 1~3 片/m²,贮药材库用量为 3~6 片/m²,条件:在 12~15℃时需密闭熏 5 天;16~20℃熏 4 天;20℃以上熏 3 天。熏后要通风散毒 5 天。配方比例为磷化铝:醋酸:木屑:碳酸氢铵＝3.5g:1.5g:1.25g:25g。

⑨辐射防霉法。用放射性元素 ^{60}Co[钴 60]产生 γ 射线或加速器产生的 β 射线进行照射。真菌、杂菌、害虫吸收射线和电荷后,产生自由基,其正常新陈代谢被破坏而被杀灭。例如,可用于枣仁、附子、川贝、党参、当归、黄芪、川芎等的杀虫灭菌,也可用于各类中成药制剂或仪器的灭菌。

6.中成药的保管与养护

中成药要根据原料和剂型决定保管方法。药酒能防腐、杀菌和防虫,但应避光贮存,露剂如金银花露,为防止挥发性成分损失,应用小口瓶严封。中药糖浆因含糖少(约 35％),为防止霉变可加 15％~20％甘油或乙醇,或防腐剂,如加苯甲酸、尼泊金等并密封避光贮存。蜡壳丸可贮存 3~4 年,但应置阴凉处。蜜丸,含水较多,易吸湿霉变,应密闭置阴凉处,还要经常检查。水丸的含水量为 15％~30％,颗粒疏松易吸湿变质,应密闭于阴干处存放。糊丸易霉变,不易贮存;但因其制造时易烘干,故购入后严格防潮、避光阴凉贮存,仍可久放。散剂须用蜡纸包装,如七里散、参苓白术散等,可用带塞(木塞、胶塞等)密封,必要时蜡封瓶口,于阴干处存放。膏药如狗皮膏、拔毒膏,多含挥发性成分,贮存过久或过热,不仅成分挥发,还会减低黏度或造成药层脱落,置于塑料袋于阴凉处贮存。茶剂的贮存与散剂相似。冲剂一般用塑料包皮袋包装,应严防潮湿。依中成药的性状,可将养护方法分述如下:

(1)易生虫中成药的养护。水丸、蜜丸、糊丸、散剂、片剂、冲剂如贮存不当容易生虫,应贮存于阴凉干燥处。温度不超过 28℃,相对湿度不超过 70％。如温、湿度过高过大,应及时做好降温吸潮措施,做好清洁卫生工作。

(2)易发霉中成药的养护。温度 28℃以下,相对湿度不超过 68％为宜,要勤加检查,一般以 5~7 天检查一次为宜。

（3）易挥发散失气味中成药的养护。贮存在既凉爽干燥又不通风处。温度 28℃以下，相对湿度不超过 70％，同时采用按件密封，以防气味散失。

（4）易融化泛油中成药的养护。要贮存在低温、干燥、通风和阳光不能直射处。温度不超过 25℃，相对湿度以 70％～75％为宜。

（5）易发酵变味中成药的养护。贮存在低温通风处。温度 28℃以下，相对湿度以 75％左右为宜，阳光不能直射。

总之，中成药大多为干浸膏，有强吸水性，易被空气氧化，易霉变，贮存时以环境干燥、密闭和阴凉为原则，因中成药多含糖、淀粉和脂肪等有机物，极易遭鼠害，应有防鼠设备。

（6）防鼠。中药含糖、淀粉、脂肪等有机物质，极易遭受鼠害，因此，中药库必须加有防鼠设备。

7.特殊管理药品的储存和养护

麻醉药品、精神药品等特殊管理药品应专库或专柜加双锁集中存放，绝不允许与其他药品混放，应设置专职人员保管、专用账卡登记管理制度；实行双人验收、双人发货制度；严格出库手续，随时和定期核对账货，做到数字准确、账货相符；按药品的性质决定贮藏条件，如麻醉药品的大部分品种遇光易变质，故都应注意避光保存；由于破损、变质、过期失效而不可供药用的药品，应清点登记，列表上报，监督销毁，并由监销人员签收备查，不得随便处理。

 拓展提高

ABC 库存管理法

企业的库存药品种类繁多，对企业的全部库存药品进行管理是一项复杂而繁重的工作。如果管理者对所有库存药品均匀地花费精力，必然会使其有限的精力过于分散，只能进行粗放式的库存管理，使管理的效率低下。因此，在库存控制中，应加强重点管理的原则，把管理的中心放在重点药品上，以提高管理的效率。ABC 分析法便是库存控制中常用的一种重点控制法。

一、ABC 库存管理法的基本原理

ABC 库存管理法又称为 ABC 分析法、重点管理法，它是"关键的少数和次要的多数"的帕累托原理在仓储管理中的应用。ABC 库存管理法就是强调对药品进行分类管理，根据库存药品的不同价值而采取不同的管理方法。

ABC 库存分类法的基本原理是：由于各种库存品的需求量和单价各不相同，其年耗用金额也各不相同。那些年耗用金额大的库存品，由于占用企业的资金较大，对企业经营的影响也较大，因此需要进行特别的重视和管理。ABC 库存分类法就是根据库存品的年耗用金额的大小，把库存品划分为 A、B、C 三类。A 类库存品：其年耗用金额占总库存金额的 75％～80％，其品种数却只占总库存数的 15％～20％；B 类库存品：其年耗用金额占总库存金额的 10％～15％，其品种数占库存品种数的 20％～25％；C 类库存品：其年耗用金额占总库存金额的 5％～10％，其品种数却占总库存品种数的 60％～65％。

二、ABC 分析的一般步骤

ABC 分析的一般步骤如下：

1. 搜集数据

按分析对象和分析内容,搜集有关数据。例如,计划分析产品成本,则应搜集产品成本因素、产品成本构成等方面的数据。

2. 处理数据

利用搜集到的年需求量、单价,计算出各种库存品的年耗用金额。

3. 编制 ABC 分析表

根据已计算出的各种库存品的年耗用金额,把库存品按照年耗用金额从大到小进行排列,并计算累计百分比(见表 5-8)。

表 5-8　ABC 分析

产品序号	数　量	单价/元	占用资金/元	占用资金百分比/%	累计百分比/%	分　类
1	10	680	6800	68.0	68.0	A
2	12	100	1200	12.0	80.0	A
3	25	20	500	5.0	85.0	B
4	20	20	400	4.0	89.0	B
5	20	10	200	2.0	91.0	C
6	20	10	200	2.0	93.0	C
7	10	20	200	2.0	95.0	C
8	20	10	200	2.0	97.0	C
9	15	10	150	1.5	98.5	C
10	30	5	150	1.5	100	C
合计	182		10000	100		

4. 根据 ABC 分析表确定分类

根据已计算的年耗用资金的累计百分比,按照 ABC 分类的基本原理,对库存品进行分类。

5. 绘制 ABC 分析图

以库存品种数百分比为横坐标,以累计耗用资金百分比为纵坐标,在坐标图上取点,并联结各点,则绘成如图 5-2 所示的 ABC 曲线。

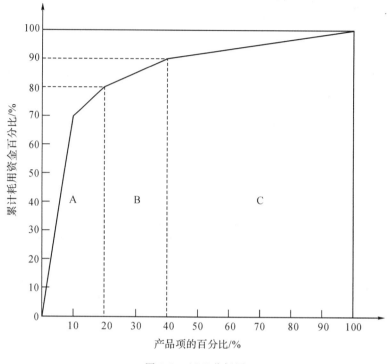

图 5-2　ABC 分析图

三、ABC 分析在库存控制中的应用

ABC 分析的结果,只是理顺了复杂事物,搞清了各局部的地位,明确了重点。但是,ABC 分析主要目的在于解决困难,它是一种解决困难的技巧,因此,在分析的基础上必须提出解决的办法,才真正达到 ABC 分析的目的。目前,许多企业为了应付验收检查,形式上搞了 ABC 分析,虽对了解家底有一些作用,但并未真正掌握这种方法的用意,未能将分析转化为效益。按 ABC 分析结果,再权衡管理力量与经济效益,对三类库存药品进行有区别的管理,具体方法见表 5-9。

表 5-9　不同库存的管理策略

库存类型	特点(按货币量占用)	管理方法
A	品种数占 15%～20%,年耗用金额占总库存金额的 75%～80%	进行重点管理。应严格控制其库存储备量、订货数量、订货时间。在保证需求的前提下,尽可能减少库存,节约流动资金。现场管理要更加严格,应放在更安全的地方;为了保持库存记录的准确,要经常进行检查和盘点;预测时要更加精细
B	品种数占库存品种数的 20%～25%,年耗用金额占总库存金额的 10%～15%	进行次重点管理。现场管理不必投入比 A 类更多的精力;库存检查和盘点的周期可以比 A 类长一些
C	品种数占总库存品种数的 60%～65%,年耗用金额占总库存金额的 5%～10%	只进行一般管理。现场管理可以更粗放一些;但是由于品种多,差错出现的可能性比较大,因此也必须定期进行库存检查和盘点,周期可以比 B 类长一些

重点知识

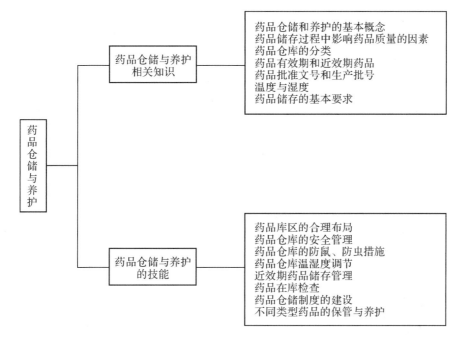

实用技术训练

一、知识训练

1.重要概念解释

药品养护　　药品储存　　近效期药品

2.问题理解

(1)药品库区的合理布局

(2)近效期药品的储存管理

测试5

3.知识应用

(1)单项选择题(每小题只有一个正确答案)

①中型药品零售连锁企业的仓库面积不应低于　　　　　　　　　　　　　　(　　)

  A.500m² 　　　　B.1000m² 　　　　C.1500m² 　　　　D.800m²

②按GSP管理要求库区的色标为红色库区的是　　　　　　　　　　　　　　(　　)

  A.合格品区 　　　B.待验区 　　　　C.退货区 　　　　D.不合格品区

③药品零售企业药品验收记录应　　　　　　　　　　　　　　　　　　　　(　　)

  A.保存1年 　　　　　　　　　　　　B.保存5年

  C.保存至超过药品有效期1年,但不得少于3年

  D.保存至超过药品有效期1年,但不得少于2年

④应实行双人验收入库制度的药品是　　　　　　　　　　　　　　　　　　(　　)

  A.注射剂 　　　　B.外用药品 　　　　C.内服药品 　　　　D.麻醉药品

⑤药品堆垛要求药品与地面间距不少于 （　　）

    A. 10cm   B. 20cm   C. 30cm   D. 50cm

⑥药品出库复核时,不包括 （　　）

    A. 品名、剂型   B. 规格、批号

    C. 合格证、说明书   D. 外观质量、数量

⑦按 GSP 的要求,各种类型的药品仓库相对湿度应保持 （　　）

    A. 35%～75%   B. 15%～35%

    C. 55%～85%   D. 25%～55%

⑧药品贮存条件中有关温度的要求,在《中国药典》(2015 年版)中的"阴凉处"规定

（　　）

    A. 不超过 25℃   B. 不超过 30℃

    C. 不超过 15℃   D. 不超过 20℃

⑨药品贮存条件有关温度的要求,《中国药典》(2015 年版)中的"冷处"规定 （　　）

    A. 0℃以下   B. 2～10℃   C. 10～18℃   D. 不超过 20℃

⑩在降湿过程中,错误的方法是 （　　）

    A. 通风   B. 密封   C. 吸湿   D. 洒水

(2)多项选择题(每小题至少有一个正确答案)

①色标标志为绿色的库区为 （　　）

    A. 待验区(库)   B. 不合格品区(库)

    C. 合格品区(库)   D. 退货区(库)   E. 发货区(库)

②根据仓库业务活动和工作任务不同,GSP 要求仓库库区布局分为 （　　）

    A. 仓储作业区   B. 合格品区

    C. 辅助作业区   D. 行政生活区

    E. 发货区

③影响药品稳定性的因素有 （　　）

    A. 日光   B. 空气

    C. 温度   D. 湿度

    E. 时间

④医药商品经营企业药品出库发货的原则是 （　　）

    A. 针剂先出   B. 先产先出

    C. 量多先出   D. 近期先出

    E. 按批号发货

⑤药品储存保管严格执行双人双锁管理制度的是 （　　）

    A. 放射性药品   B. 一类精神药品

    C. 麻醉药品   D. 不合格药品

    E. 毒性药品

⑥气调养护的一般操作程序是 （　　）

    A. 控制温度   B. 建立密闭环境

    C. 抽空气充惰性气体   D. 控制湿度

E. 维护气调指标

⑦正确储存养护药品的意义是　　　　　　　　　　　　　　　　　（　　）

　　A. 根据药品的性质、剂型和包装储存养护药品

　　B. 按不同的环境和条件因地制宜地储存养护药品

　　C. 保证药品质量良好、数量准确、储存安全

　　D. 同时兼顾节省财力、物力

　　E. 尽量提高工作效率和提高药品库房的有效利用率

⑧甲硝唑片批准文号为国药准字 H50020024,字母和数字表示为　　　（　　）

　　A. "H"为化学药品　　　　　　　　B. "H"为生物制剂

　　C. "50"代表重庆市　　　　　　　　D. "02"代表 2002

　　E. "0024"代表顺序号

二、技能训练

（一）案例分析

高温梅雨季节的药品质量监管

　　为确保高温、梅雨季节涉药单位的药品质量安全,某市相关监管局多措并举,有针对性地从三个方面加强夏季梅雨季节药店的药品监管,确保药品质量安全。

　　一是开展重点品种的监督检查。加大对中暑、感冒、消化道系统疾病类、夏季常用药和生物制品及中药制剂、栓剂等天热易出现质量问题的药品的检查力度。

　　二是规范药品经营日常管理。对储存、养护、温湿度控制等进行检查,规范药品经营企业日常管理。

　　三是开展针对性抽样。根据近期天气温度高低善变、多雨、潮湿的特点,对易湿、易氧化等有贮存条件要求的药品进行重点抽样,利用技术手段鉴别伪劣药品。

　　在加强监管的同时,该局还对药品经营企业提出了具体的防范措施和整改意见:

　　一是要求企业牢固树立夏季药品质量管理意识,企业质量管理机构应强化对药品储存养护人员的管理,并加强检查指导,严格按照药品贮存条件和要求进行药品养护。

　　二是要求企业严格执行《药品经营质量管理规范》的规定,陈列与储存的药品必须符合药品分类保管和药品储存要求,加强温湿度调控设备的维护与保养,发现不符合温湿度要求的及时采取有效调控措施。

　　三是要求药品经营企业对库房的实际面积与空调制冷量进行测量与检查,对实际温、湿度进行测量,对温湿度自动检测、自动记录的运行情况与效果进行检查与分析,做到及时调整,确保储存条件达到要求。

　　问题:

　　（1）为什么药监部门要采取以上监管措施? 如果你是该药监部门辖区内的一家药品零售企业的质量负责人,你应该如何协助药监部门的质量监管?

　　（2）什么是重点养护品种? 重点养护品种应该如何养护?

（二）操作实训

【实训项目】　药品温湿度管理

【实训目的】　掌握温湿度计的设置、使用方法、观测方法、记录方法以及温湿度超标所

采取的措施。

【实训内容】

1.温湿度计的设置位置、读数方法、校正；

2.正确观测库房的温湿度,并填写温湿度计记录表格；

3.如果温湿度超标采取有效措施进行调节。

【实训组织】

1.以小组为单位,进入药品仓库,学习常用温湿度计的类型和使用方法,要求同学们对不同的温湿度计能够简单校正和正确读数；

2.根据库房的总体布局,进行温湿度计的位置摆放,要求避开电灯、吸湿剂等；

3.正确观测温湿度计,并按规范填写温湿度记录表；

4.温湿度超标的措施演练。

【实训考核】

1.以小组为单位,由组长为组员考评；

2.由课代表组成的领导小组为各个小组考评；

3.由带教老师将各组情况汇总,根据操作和记录情况,进行最后考评。

（施能进　吴　锦）

陈列药品

项目六 陈列药品

 项目描述

药品是一种特殊的商品。药品陈列是一种 POP 广告。药品陈列除具有 POP 广告共有的优点外，还可以方便顾客，更是保管药品的重要手段。因此，药品陈列工作的好坏是衡量服务质量高低的重要标志。药品配置后，通过陈列药品实现销售的目的。

知识目标：了解药品陈列的含义、作用，熟悉药品品类的配置及货位布局，熟悉陈列药品的标价、补上货管理以及维护，掌握药品陈列的原则和要求，掌握药品陈列的方式与技巧，掌握陈列药品的盘点。

能力目标：能熟练并有技巧地陈列药品，以及会对陈列的药品进行盘点。

素质目标：培养严格执行药品陈列方法的工作习惯。

 项目分析

药品陈列，必须熟知相关的政策法规，如 GSP 对药品陈列的要求，除此以外，要遵守一些陈列的原则以及熟练掌握陈列方式，如陈列点、陈列线、陈列面等，并在陈列方式的基础上熟练运用技巧来陈列药品，以便起到促进药品销售的作用。

知识点：
- 药品陈列的含义、作用；
- 药品品类的配置及货位布局；
- 药品陈列的原则和要求。

技能点：
- 药品陈列的方式与技巧；
- 陈列药品的标价、补上货管理以及维护；
- 陈列药品的盘点。

 相关知识

一、药品陈列的含义

药品陈列是以药品为主题，来进行展示，突出重点，反映特色，以引起顾客注意，提高顾客对商品了解、记忆和信赖的程度，目的是最大限度地引起顾客的购买欲望。

二、药品陈列的作用

1. 药品陈列是达到药品销售目标的一种重要手段

好的陈列可以统筹安排空间、协调产品分类和提升顾客感受,提高药品综合销售率。由于医药市场的特殊性,药品陈列与一般商品专卖店陈列有很大不同,一般商品专卖店陈列是以展示为主,销售为辅;而药品陈列的目的则是最大限度地促进销售,提高产品的市场竞争力。陈列是否合理将直接影响销售。合理的陈列可以方便顾客购物,刺激销售,节约人力,充分利用空间,美化环境,降低成本。因而药品陈列是达到药品销售目标的一种手段。

2. 药品陈列是药品广告的有效补充

一方面药品广告只是向顾客告知一种药品或品牌,而药品陈列则是使顾客身临其境(他们可以通过视觉、触觉和嗅觉等方式来了解药品);另一方面药品广告的影响产生在人们在家休息或从事别的活动时,而药品陈列的影响则产生在顾客的购买地点。可见,通过药品广告,药品陈列能更有力地把信息传递给顾客。此外,药品陈列还可以勾起顾客对药品广告的回忆,进而影响消费。所以说,药品陈列是药品广告的有效补充。

三、药品品类配置与货位布局

1. 药品品类的配置

要对药品进行陈列,首先必须对药品的品类进行配置。药品品类配置目标有三个,一个是给顾客生活带来便利,一个是能满足顾客生活必需,再有就是让顾客买起来方便和愉悦。

对于药店来说,要实现"丰富有弹性的商品"配置,有三大重点。

其一,就是将多种类的商品按照其理想配置(在符合 GSP 的基础上)做分类,其商品的组合目标是要让顾客觉得这些商品对他们生活有很大的便利性。

其二,将已经分类的商品备齐品目,以便让顾客能充分地选择他们生活上所必需的商品。

其三,将已经分类的商品中比较有关联性(附属性)的安排在一起,让顾客买起来方便和愉快。

如何将药店多种类的商品按照其理想配置(在符合 GSP 的基础上)做分类呢? 不同行业有不同的分类方法。由于药店属于零售业,具有普通零售商店的特点;所以在药店经营过程中,除应符合 GSP 的分类要求外,更应结合零售业的归类原则来管理药店的商品。一般来说,在零售业,一般按照消费者的消费习惯归类,把消费者可能购买的关联性产品放在一起。

一般而言,药店的商品通常可划分为大分类、中分类、小分类、细目四个层次。整个药店的商品由几个大分类构成,而大分类则是由数个中分类组成,中分类则是由数个小分类组成,小分类则是由几十个甚至几百个单品品项组成。细目则是小分类下的更小细分。分类的层次关系如图 6-1 所示。

分类过程一般需遵循以下几大原则:

(1)大分类的分类原则。在零售业,大分类的划分最好不要超过 10 个,这样比较容易管理。不过,这仍需视经营者的经营理念而定,若想把事业范围扩大到很广的领域,可能就要

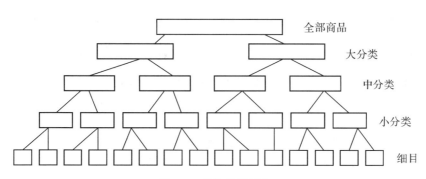

图 6-1 商品分类层次

使用比较多的大分类。大分类的分类原则通常依商品的特性来划分,如生产来源、生产方式、处理方式、保存方式等。类似的一大群商品集合起来作为一个大分类。

(2)中分类的分类原则。①依商品的功能、用途划分。依商品在消费者使用时的功能或用途来分类。②依商品的制造方法划分。有时某些商品的用途并非完全相同,若以用途、功能来划分比较困难时,可以就商品制造的方法近似来加以划分。③依商品的产地或制造商划分。在经营策略中,有时候会希望将某些商品的特性加以突出,又必须特别加以管理,因而发展出以商品的产地来源作为分类的依据。

(3)小分类的分类原则。①依功能用途划分。此种分类与中分类原理相同,也是以功能用途来做更细分的分类。②依规格包装形态划分。分类时,规格、包装形态可作为分类的原则。③依商品的成分划分。有些商品也可以商品的成分来分类。④依商品的口味划分。以口味来作为商品的分类。

(4)细目的分类原则。商品细目是对商品品种的详尽区分,它更能具体地反映出商品的特征。它的分类可依商品的功能、用途或要求划分,依商品的制造方法划分,依商品的产地划分,依规格包装形态划分,依商品的成分划分,依商品的口味划分,依销售的排名划分(A、B、C 三类)等。

活用分类原则,编订出一套适合自己的好的分类系统,正是分类的重点所在。

2.药品的货位布局

走进一家药店,总会看到不同种类的商品陈列在药店的不同位置,各自占药店营业面积的比例也各不相同。确定不同种类商品在药店中的位置和营业面积,这就涉及药店内部的商品货位布局问题。

商品货位布局是关系到药店经营成败的关键环节。假如布局不当,顾客不能方便快速地找到想要的商品,就会大大降低购物意愿,对药店经营业绩产生影响。药品货位布局主要包括不同种类药品面积分配和药品的位置配置两方面内容。

(1)不同种类药品面积分配。要较正确地确定不同种类商品的营业面积分配,必须对来药店购物的消费者的购买情况做出正确的判断与分析。一般而言,商品面积分配比例,是建立在多次调研基础上的,能基本满足消费者的要求。但需要说明的是,我国幅员辽阔,地区消费水平差异较大,消费习惯也不尽相同,每个经营者必须根据自己所处商圈的特点和门店本身定位及周边竞争者的状况做出商品面积分配的选择。具体可以有以下几种方法:①第一种:参照法。即参照当地同等规模、业绩较好的店铺的商品营业面积分配。②第二种:需求导向法。通过调研店铺所在商圈内消费者数量、构成、购买力、购买习惯、潜在需求等,来确定自己药店的商品面积分配。③第三种:实践法。先开业一段时间,之后再根据实际进行营业面积分配。最简单的方法就是,给销路好的商品分配更多的陈列面积。

(2)药品的位置配置。针对药店药品种类繁多的特性,药品品类的关联性配置按消费者的购买习惯来确定较好,并且相对地固定下来,方便消费者寻找。一般来说,长期的行为习惯使消费者到药店时不自觉地沿着逆时针方向行走,因此在一个有许多支道的药店里,一般购买处方药的顾客比较少。处方药一般不需花时间比较,因此通常摆放在各个逆时针方向的入口处或营业场所的四周。而一些节育用品、治疗传播性疾病的药品应配置在不显眼的地方。也可以把一些季节性的热门药品放在一般的货架上,放在顾客最容易看到的地方。实验证明,销路较差的药品移到同顾客眼睛平行的货架上,销量可增加20%。如果为了加速资金周转和获得更多利润,则需要把那些价格贵、利润高的药品放在最显眼的地方。

除此以外,还应考虑到磁石理论与商品位置配置方面的内容。所谓磁石,即是指药店中最能吸引顾客注意力的地方,磁石点就是顾客的注意点,要创造这种吸引,必须依靠商品的配置技巧来完成。在不同的磁石点放置适合的商品,促进销售,并引导顾客逛完整个药店(见图 6-2 和表 6-1)。

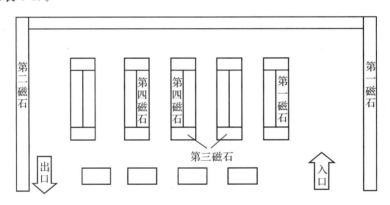

图 6-2　磁石点分布图

表 6-1　磁石点和商品配置表

磁　石	位　置	作　用	特　点	商品配置
第一磁石	主通道两侧	强有力的刺激消费	商品销售最主要的地方	1.主力商品 2.购买频率高的商品 3.销售量大的商品 4.采购力强的商品
第二磁石	穿插在第一磁石之间,延续到药店末端	引导顾客进入最里端	引导消费,延长顾客逗留时间	1.最新的商品 2.明亮华丽的商品 3.季节性强的商品
第三磁石	药店货架两头的端架,尤其朝向出口的端架	刺激顾客、留住顾客	利润来源	1.特价商品 2.厂商促销商品 3.季节商品 4.高利润商品

续表

磁石	位置	作用	特点	商品配置
第四磁石	副通道的两侧	对消费者表达强烈诉求	陈列线中引人注意的位置	1.特意大量陈列的商品 2.广告宣传商品 3.热门商品

四、药品陈列的要求

根据《药品经营质量管理规范》第一百六十一条规定,药品的陈列应当符合以下要求:

①按剂型、用途以及储存要求分类陈列,并设置醒目标志,类别标签字迹清晰、放置准确。②药品放置于货架(柜),摆放整齐有序,避免阳光直射。③处方药、非处方药分区陈列,并有处方药、非处方药专用标识。④处方药不得采用开架自选的方式陈列和销售。⑤外用药与其他药品分开摆放。⑥拆零销售的药品集中存放于拆零专柜或者专区。⑦第二类精神药品、毒性中药品种和罂粟壳不得陈列。⑧冷藏药品放置在冷藏设备中,按规定对温度进行监测和记录,并保证存放温度符合要求。⑨中药饮片柜斗谱的书写应当正名正字;装斗前应当复核,防止错斗、串斗;应当定期清斗,防止饮片生虫、发霉、变质;不同批号的饮片装斗前应当清斗并记录。⑩经营非药品应当设置专区,与药品区域明显隔离,并有醒目标志。

五、药品陈列的原则

1.易见易取原则

顾客看不到的药品,以及不方便顾客拿取的药品,都不会被顾客考虑购买,除非顾客非使用这种药品不可。由此可见,陈列时不仅要考虑如何让顾客看得清楚,而且还要让顾客手拿得到,这非常重要。具体的做法是:药品正面面向顾客,不被其他药品挡住视线;货架最底层不易看到的药品要倾斜陈列或前进陈列;整箱药品不要上货架,中包装药品上架前必须全部打码上架。对卖场主推的新品或DM上宣传的药品突出陈列,可以陈列在端架、堆头或黄金位置,容易让顾客看到药品,从而起到良好的陈列效果。

2.满陈列原则

药品陈列种类与数量要充足,以刺激顾客的购买欲望。药品品种丰富是吸引顾客、提高销售额的重要手段之一。品种单调、货架空荡的药店,顾客是不愿进来的。因此,要及时补货,避免出现"开天窗"的现象。

3.先进先出、先产先出的原则

药品按照效期或购进记录进行销售。药品效期或购进记录在前,优先陈列,易变质药品也应放在货架前端优先推荐。

4.关联性原则

将功能相同的药品放在一起陈列。尤其是自选区非常强调药品之间的关联性。这样陈列可使顾客消费时产生连带性,方便了顾客购药。

5.同一品牌纵向(垂直)陈列原则

纵向陈列与横向陈列相对而言,是指将同一品牌的药品,沿上下垂直纵向方向陈列在货架的不同高度的层位上,优点为:①因为人在挑选药品时视线上下移动较横向移动方便,所以垂直纵向陈列可满足顾客的方便性,又能满足药品的促销效果。②货架的不同层次对药品的销售影响很大,垂直纵向陈列可使各药品平等享受到货架不同的层次,不至于某药品占据好的层次而销量很好,而其他药品在比较差的层次销量很差。

6. 季节性陈列原则

在不同的季节将应季商品(药品)陈列在醒目的位置(端架或堆头陈列),其商品陈列面、量较大,并悬挂POP,吸引顾客,促进销售。

7. 主辅结合陈列原则

药品仓储式超市商品种类很多,根据周转率和毛利率的高低可以划分为四种商品:第一种为高周转率、高毛利率的商品,这是主力商品,需要在卖场中很显眼的位置进行量感陈列;第二种是高周转率、低毛利率的商品;第三种是低周转率、高毛利率的商品;第四种是低周转率、低毛利率的商品,这类商品将被淘汰。主辅结合陈列主要是用高周转率的商品带动低周转率的商品销售。

 项目实施

一、药品陈列的方式

1. 陈列点

又称为陈列位,即陈列的位置。只有将药品以适当的形式(考虑数量、价格、空间、组合方式)陈列在适当位置,才能最大限度地提高销量,提升品牌,因为现在患者购买行为随机性很大。

2. 陈列线

陈列线就是药品实物陈列和POP药盒陈列要形成一种线性关系,即有连续性,可以引导患者的购买行为。一些厂家的药盒在卖场的位置很引人注目,如果正是患者关心的,会引起患者一丝注意,但转了一下,没有发现药品后,会马上取消进一步查看的念头,转去购买别的药品或者向店员咨询符合自己适应证药品。所以,如果条件许可的话,POP形式的药盒陈列应尽量和实物药品陈列接近些,另外,配合其他POP广告、指示牌等或者导购员引导消费者。

3. 陈列面

陈列面是指面向消费者的药品的单侧外包装面。

二、药品陈列的技巧

药品陈列技巧是在陈列点、陈列线、陈列面的基础上,尽可能利用各种陈列技巧多方位、多角度陈列药品,以便增强视觉效果。在药店里可选择的陈列地点有柜台、背架、自选货架、橱窗、灯箱、收银台、陈列架、陈列台、陈列柜、堆头等。同时,药品陈列技巧要能激起顾客的购买欲望和动机,满足顾客的购买心理。顾客购买心理有以下8个阶段的诉求,即注意、兴趣、联想、欲望、比较、信心、购买、满足。通过药品陈列技巧调节顾客心理,最终使顾客满意,有利于药品的销售。

1.集中陈列技巧

按药品规格大小、价格高低、等级优劣、花色繁简、使用对象、使用价值的关联性、品牌产地等顺序进行陈列，便于指导顾客选购。陈列应遵循规格由大到小、价格由贱到贵，等级由低到高，花色由简到繁、颜色由素到艳的顺序，也可按使用对象(如老人用药、小儿用药、妇科用药)等进行陈列。可采用纵向分段陈列，即将货架纵向分成若干段，每段陈列不同的药品，以表现出药品的色彩调节作用，给顾客以品种多的感觉。此外，还可进行横向分段陈列，即每层陈列不同药品，以突出中间段的药品。当然，也可将多种方式结合起来。

2.特殊陈列技巧

(1)橱窗陈列。利用药品或空包装盒，采用不同的组合排列方法展示季节性、广告支持、新药品及重点销售的药品。

(2)专柜陈列。按品牌设立，将同一厂商的各类药品陈列在同一专柜，如史克专柜、立达专柜；按功能设立，将功能相同或相关联的药品陈列在同一专柜，如男性专柜、减肥专柜、糖尿病专柜。融合了归类陈列与关联陈列思想在内。

(3)利用柱子的"主题式"陈列。一般而言，柱子太多的店铺会导致陈列的不便，但若将每根柱子作"主题式"陈列，不但形式特别，而且还能营造气氛。

(4)端架陈列。端架即货架两端，这是销售极强的位置。端架陈列可以是单一、大量的药品陈列，也可几种药品组合陈列，以后者效果为最佳。端架陈列做得好可以极大刺激顾客的购买冲动。端架陈列可以引导顾客购物，缓解顾客对特价药品的怀疑和抵触感，同时起着控制药店内顾客流动路线的作用。端架陈列一般展示季节性、广告支持、特价药品以及利润高的药品、新药品、重点促销的药品。在进行端架陈列过程中要注意以下几项：①品项不宜太多，一般以5个为限；②品项之间要有关联性，不可将互无关联的药品陈列在同一端架内；③端架周围有充分宽敞的通道；④尽可能地向消费者明确优惠点。

(5)分段陈列。上段陈列希望顾客注意的药品、推荐的药品、有意培养的药品；中段陈列价格较便宜、利润较少、销售量稳定的药品；下段陈列周转率高、体积大、重的药品或需求弹性低的药品。

(6)黄金位置的陈列。黄金段为顾客最易看到、最易拿取的位置。最易注视的范围为80～120cm，称为黄金地带。这个空间可用于陈列重点推荐的药品，如高毛利率、需重点培养、重点推销的药品以及自有品牌药品、独家代理或经销药品、广告药品。

(7)量感陈列。包括岛型陈列、堆头陈列、多排面陈列等。量感陈列可使消费者产生视觉美感和"便宜"、"丰富"等感觉，从而刺激购买欲望。它分为规则陈列和不规则陈列两种。规则陈列是将药品整整齐齐地码放成一定的立体造型，药品排列井然有序，通过表现药品的"稳重"，使顾客对药品的质量放心，扩大销售。不规则陈列，则是将药品随意堆放于篮子、盘子等容器里，不刻意追求秩序性。这种陈列给顾客一种便宜、随和的印象，易使顾客在亲切感的鼓舞下触摸、挑选药品。适于量感陈列的药品包括：特价药品或具有价格优势的药品、新上市的药品、新闻媒介大量宣传的药品。对于采用量感陈列的药品，在卖场药品数量不足时，可在适当位置用空的包装盒做文章，设法使陈列量显得丰富。

岛型陈列：在主通道附近设置平台或推车堆放药品，可以起到吸引顾客注意、刺激购买的作用。如果平台的四面都能被顾客看到，可以大量陈列3～4种药品以吸引来自不同方向顾客的注意。但面向顾客主要方向的正面位置，应陈列最重要的药品，同时陈列的数量也应最多。进行岛型陈列一定要注意主通道要够宽。

堆头陈列：在主通道附近堆叠多层药品的方法。要求顾客在取货时不会造成药品垮塌，并且取货也比较方便。

（8）质感陈列。着重强调药品的优良品质特色，以显示药品的高级性，适合于高档、珍贵的药品。质感陈列的陈列量极少，甚至一个品种只陈列一件。主要通过陈列用具，灯光、色彩的结合，配合各种装饰或背景来突出药品特色。

（9）集中焦点的陈列。利用照明、色彩、形状、装饰使顾客视线的集中。顾客是药品陈列效果的最终评判者，陈列应以视线移动为中心，从各种不同的角度，设计出吸引顾客、富于魅力的陈列法则，并且将陈列的"重点面"面向顾客流量最多的通道。

（10）突出陈列法。将价格相差较大、不同厂家的同类药品放在一起。陈列时着重突出某一种或几种药品，其他药品起辅助性作用。着重陈列的药品有：药店的主力药品，流行性、季节性药品，反映药店经营特色的药品，名贵药品等。这些药品或者应占用较大比例的陈列空间，或者要用艺术手法着重渲染烘托气氛，或者陈列于比较显眼的位置上。

（11）悬挂式陈列。将无立体感的药品悬挂起来陈列，可产生立体效果，达到其他特殊陈列方法所没有的效果。

（12）除去外包装的陈列。瓶装药品（如口服液等）除去外包装后陈列，可使顾客对药品的内在质地产生直观的感受，激发购买欲望。科学的、独具匠心的药品陈列形式，可以使药品具有生命力和自我推销的能力。因此，需掌握药品各种陈列类型，广拓思路，进行灵活、综合运用。

（13）关联陈列。当看到某种事物时，我们会根据自己的经验、知识进行联想。如果将这部分用途相关的产品或品类进行相邻陈列，就很容易刺激顾客的冲动性购买和连带销售，使顾客在买 A 品时也会顺便购买 B 品。关联陈列可以促进药店门店活力，也可以使顾客的平均购买点数增加，是一个好的陈列技巧。关联陈列实现了附加销售，使几种相关产品的销售量比单独陈列时更高。

三、陈列药品的标价

药品价格标签是药店门店提供给顾客最直接的药品信息。一种药品如果没有明确的价格标识，就很可能失去一些随机性的交易机会，药店在药品销售过程中务必做好标价的管理。

1. 标价流程管理

（1）标签打贴位置。一般来说，药店内所有药品的价格标签位置应是一致的，这是为了方便顾客在选购时对售价进行定向扫描，也是为了方便收银员计价。但有时我们会发现在收银处，收银员不断翻弄药品寻找药品价格标签，这是标签打贴位置的不一致造成的时间浪费，大大降低了收银速度。标签的位置一般最好打贴在药品正面的右上角（因为一般药品包装其右上角无文字信息），如果右上角有药品说明文字，则可贴在右下角。

（2）特殊商品标签管理。特殊商品标签打贴位置如下：①罐装药品，标签打贴在罐盖上方；②瓶装药品标签打贴在瓶肚与瓶颈的连接方；③礼品则尽量使用特殊标价卡，最好不要直接打贴在包装盒上。

课堂随想 6-1 为什么礼品价格不要直接打贴在包装盒上？

（3）打折商品标签管理。打价前要核对商品的代号和售价,核对进货单盒陈列架上的价格卡,调整好打价机上的数码。

（4）价格标签纸管理。价格标签纸要妥善保管,为防止个别顾客偷换标签,即将低价格标签贴在高价格商品上,通常可选用仅能一次使用的折线标签纸。

（5）调价品标签管理。商品价格调整时,如果价格调高,则要将原价格标签纸去掉,重新打价,以免顾客产生抗衡心理;而价格调低,可将新标价打在原标价之上。若商品有不同的两个价格标签,会招来不必要的麻烦和争议,也往往会导致收银作业的错误。商品的标价作业随着 POS 系统的运用,其工作性质逐渐改变,强度降低。标价作业的重点会向正确摆放标价牌的方向发展。

2.价格标签管理

目前在商品价签管理中出现问题最多的就是丢失、价货不符等。其中的原因有很多,如有的是因为商品新上架、移换位置等,药店商家没能及时把价签贴上或移换,造成有货无价或有价无货等现象;有的是因价签破损没能及时发现并更换等。另外,还有相当一部分是人为造成的。在各家药店竞争的过程中,采价是极普通的现象,而直接把价签偷走是采价者既方便又快捷的方法。在药店里偷商品犯法,但拿几张小纸条并不会引起人们的注意,于是药店大批价签被盗的情况时有发生。科学合理地管理价格标签是药店应该重视的问题。

（1）新商品进入药店时必须由相关部门或相关人员将商品报告单录入,同时把价签打印出来。然后将打印好的价签交到专门负责人手中,告知这批新货的进店日期,并让其签收,明确责任。由专人负责妥善保存,并及时张贴。

（2）每位售货员在下班前 1 小时把自己负责区域内的所有价签检查一遍,如有丢失和破损的,将条码统计好交到专门负责人手中,由专门负责人统一交到相关部门打印,然后取回补齐,以保证每天营业时价签的完整和准确。

（3）如果商品价格有变动,需要更换新的标签,相关部门应把做好的一份变价单连同新的价签交到专门负责人的手中,并确切告知生效时间,让其及时更换。

（4）促销商品的特价价签。由相关部门把做好的促销单交由相关人员制作特价牌,然后把促销单和特价单一起交到专门负责人手中,以及时张贴。

（5）加强防损职能。药店应把价签视为商品完整的一部分而加强管理。如果发现有采价者破坏或偷窃价签,应严肃处理。

四、陈列药品的补上货管理

药品陈列在货架上后,随着时间的推移,不断地被销售出去,这时,就需要进行药品的补上货。药品补上货要遵循先进先出的原则。首先,要将原先陈列的药品取下来,用干净的抹布擦干净货架;然后,将新补充的药品放在货架的后排,原先的药品放在前排。因为药品的销售是从前排开始的,考虑到药品生产的有效期,补充药品必须从后排开始。其次,当某一药品即将销售完毕时,如果暂未补充新药品,就必须将后面的药品移至前排面陈列（销售）,

绝不允许出现前排面空缺的现象,这就是要做到先进先出的原则。如果不按照先进先出的原则,那么后排面的药品将会永远卖不出去。药店的药品是有安全使用期限的,因此,采用先进先出的方法来进行药品补上货管理,可以在一定程度上保证顾客购买药品的新鲜度,这也是保护消费者利益的一个重要方面。

五、陈列药品的维护

1.陈列药品维护的要求

(1)清洁又整齐。货架、柜台及其上面摆放的药品应清洁、干净,要随时除去包装上的灰尘、污点、污垢等。陈列的药品外包装齐整完好,有破损的不准上架,包装变色或染上污点者不准上架,标识模糊不清者不准上架。此外还要及时补充新产品,撤换淘汰旧样品。

(2)生动化。按季节变化举行不同的促销活动使药店更生动化,不断创造出新颖的药店布置,富有季节感的装饰,设置与药品相关的说明看板,相关药品集中陈列,通过照明、音乐渲染购物氛围,演示实际使用方法促进销售。

(3)考核陈列成本。为了提高收益率,要考虑将高品质、高价格、收益性较高的药品与畅销品搭配销售,在提高效率的同时,防止了药品的损耗。

2.药品陈列维护的要点

药品陈列维护要注意的方面主要有:

(1)药品是否有灰尘;

(2)棚板、隔物板贴有胶带的地方是否弄脏;

(3)标签是否贴在规定位置;

(4)标签及价格卡的售价是否一致;

(5)POP是否适用;

(6)药品最上层高度是否太高;

(7)药品是否容易拿,容易放回原位;

(8)棚架是否间隔适中;

(9)药品分类别标示板是否正确;

(10)是否遵守先进先出的原则;

(11)药品是否快过期或有毁损、异味等不适销售的状态;

(12)样品是否和实际药品有差异;

(13)陈列位置是否位于热卖点;

(14)陈列位置的大小、规模是否合适;

(15)是否有清楚、简单的销售信息;

(16)价格折扣是否突出、醒目并便于阅读;

(17)是否妥善运用了陈列辅助器材。

药品盘点管理

六、陈列药品的盘点

药品盘点是药店门店管理的重要作业之一。收发药品的人为作业疏忽、计算机输入资料错误等因素,均会造成药品存量不正确及账物不一致的现象。这就要求把陈列的药品与账上的数量进行对照,以确定药品的实际数量。通过盘点,可以查明陈列药品内有无过期药品,查清药品在数量上已有的或潜在的差错事故,达到账、卡、物三者相符,以便更新存量记录、确认损益、采取补救措施、减少损失、评估管理绩效。

(一)盘点的概念和目的

1. 盘点的概念

陈列药品的盘点就是针对门店陈列的药品,定期或不定期地对店内的药品进行全部或部分的清点,以了解门店药品损坏、滞销、积压或缺货等真实情况,确实掌握该期间内的经营业绩,并据此加以改善,加强管理。

2. 盘点的目的

就药店而言,每次盘点的基本目的有两个:一是控制存货,以指导门店日常经营业务;二是掌握损益,以便店长真实地把握经营绩效,并及时采取防漏措施。具体地说,盘点作业可达成以下目的:①确认门店在一段经营时间内的销售损益情况。②掌握门店的存货水平、积压药品的状况。③了解目前药品的存放位置和缺货状况。④发现并清除门店已到近效期药品、过期药品、残次药品或滞销药品等。⑤对经常出现异常的柜台或小组,采用抽查的方式,发现其弊端,杜绝不轨行为。⑥环境整理并清除死角。

(二)盘点作业流程

药店盘点作业流程可用图 6-3 表示。

1. 建立盘点制度

盘点制度是由药店统一制定的,其内容一般包括:

盘点的周期:盘点周期包括定期盘点和不定期盘点。定期盘点,即每次盘点间隔期间一致,如一周、一个月盘点一次。采用定期盘点可以事先做好准备工作,因而一般药店都采用这种方式,但是该方式未能考虑节庆假期等特殊情况。不定期盘点,即每次盘点间隔期间不一致,机动弹性较大,主要考虑到节庆假期、经营异常或意外事件的发生等特殊情况。它是在调整价格、改变销售方式、人员调动、意外事件、清理残货等情况下进行的盘点。

盘点的具体时间:以盘点的时间与营业时间的关系来看,盘点的具体时间可以安排在营业前、营业中或者停业后。营业前盘点,即在门店开门营业之前或关门之后盘点。这种方法可以不影响门店的正常营业,但是有时员工会消极抵触,而且药店有时需要额外支付给员工相应的加班费。营业中盘点,也称即时盘点原则,即在营业中随时进行盘点,营业和盘点同时进行。药店还可以在营业中盘点,这样可以节省时间,节省加班费等,但在一定程度上可能影响顾客的购物。停业盘点,即药店门店在正常的营业

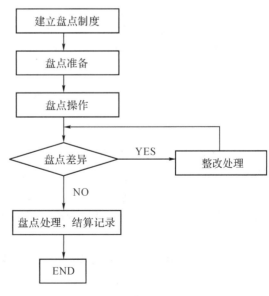

图 6-3 盘点作业流程图

时间内停止营业进行盘点。这种方法员工较易接受,但对于药店门店来说,会减少一定的销售业绩,同时也会在一定程度上造成顾客的不便。

盘点的制度:盘点的制度包括实地盘存制和账面盘存制。实地盘存制是指通过现场实物的盘点来确定存货数量,并据以计算出销货成本和期末存货成本的一种盘点方法。账面盘存制,也称永续盘存制、账账盘存制,指对存货设置明细账,逐笔或逐日地登记收入、发出数,并随时记录其结存数的一种盘点方法。

 课堂随想6-2 实地盘存制有何优缺点?

2.盘点准备工作

药店门店盘点工作必须有充分的准备。盘点前药店门店要告知供应商,以免供应商在盘点时送货,造成不便。如果采用的是停业盘点,门店还必须贴出告示告知顾客,以免顾客在盘点时前来购物而徒劳往返。除了这两项门店盘点作业的准备外,盘点前的准备工作主要还有环境整理和商品整理。

(1)环境整理。药店门店一般应在盘点前一日做好环境整理工作,主要包括:检查各个柜组的商品陈列和编号是否正确,并给出明显标识;划分非盘点区域,清除药店作业场的死角,将非盘点物品转移至非盘点区域。将各项设备、工具存放整齐。

(2)商品整理。在实际盘点开始前1~2天,对药品进行整理,这样会使盘点工作更有序、更有效。商品整理主要包括以下方面:

中央陈列架端头的药品整理:中央陈列架前面(靠出门处)端头往往陈列的是一些促销商品,商品整理时要注意该处的商品是组合式的,要分清每一种商品的类别和品名,进行分类整理,不能混同于一种商品。中央陈列架尾部(靠卖场里面)端头往往是以整齐陈列的方式陈列一种商品。整理时要注意其间陈列的商品是否每一箱都是满的。要把空的箱子拿掉,不足的箱子里要放满商品,以免把空箱子和没放满商品的箱子都按满箱计算而出现盘点差错。

中央陈列架的药品整理:中央陈列架上的商品陈列得多,每一种商品陈列的个数也是规定的,但要特别注意每一种商品中是否混杂了其他的商品,以及后面的商品是否被前面的商品遮挡住了而没有被计数。

附壁陈列架药品的整理:附壁陈列架一般都处在主通道上的位置,计数必须按照商品陈列的规则进行。

盘点商品的最后整理:一般在盘点前两个小时对商品进行最后的整理,这时特别要注意,陈列在货架上的商品,其顺序是绝对不能改变的,即盘点清单上的商品顺序与货架上的顺序是一致的。如果顺序不一致,盘点记录就会对不上号。

(3)盘点工具准备。将有关的盘点工具与用品加以准备,若使用盘点机盘点,需先检验盘点机是否可正常操作,如采用人员填写的方式,要准备盘点表及红、蓝圆珠笔。

(4)单据整理。为了尽快获得盘点结果(盘亏或盘盈),盘点前应整理好如下单据:进货单据,变价单据,报废品单据,赠品汇总单据,其他单据。

【小资料 6-1】

门店盘点历史、现状与展望

盘点是超市收集数据的重要手段,也是超市必不可少的工作。过去的盘点,必须暂停营业来进行手工清点,其间对生意的影响及对公司形象的影响是无法估量的。

直到现在,还有的超市是利用非营业时间,要求员工加班加点进行盘点,这只是中小型超市的管理模式,不适合长期使用,而且盘点周期长、效率低。

沃尔玛作为世界性大型超市的代表,其盘点方式正在逐步地完善,其主要分抽盘和整盘两部分。抽盘是指每天的抽样盘点。每天分几次,电脑主机将随意指令售货员到几号货架,清点什么货品;售货员则只需手拿无线手提终端,按照通过无线网传输过来的主机指令,到几号货架,扫描指定商品的条码,确认商品后对其进行清点;然后把资料通过无线手提终端传输到主机,主机再进行数据分析。整盘顾名思义就是整店盘点,是一种定期的盘点。超市分成若干区域,分别由不同的售货员负责,其也是通过无线手提终端得到主机上的指令,按指定的路线、指定的顺序清点货品;然后,不断把清点资料传输回主机,这样盘点期间就不会影响超市的正常运作。因为平时做的抽盘和定期的整盘加上所有的工作都是实时性地和主机进行数据交换,所以,主机上资料的准确性十分高,整个超市的运作也一目了然。

3. 盘点操作流程

(1)药店门店盘点流程。根据药店盘点的过程可将盘点按以下流程实施:下发盘点执行通知—人员就位领取盘点表格—陈列区域盘点—监点人复盘—盘点结果的确认—盘点结束—恢复营业。

下发盘点执行通知:一般由主盘人负责发号施令,负责盘点表的发出,盘点工具的准备,核实盘点表是否符合规定等。

人员报到领发盘点表(见表 6-2):所有参加盘点的各个分控制组长,在盘点小组办公室领取资料,各个盘点成员则分别到各个盘点区域进行报到,明确本次盘点的任务和完成时间。各个分区的组长将盘点资料分发到盘点人和会点人手中。

表 6-2　盘点表

部门：　　　　　　　　　　　　　　　　　盘点时间：

品 名	编 号	单 位	账上存量	总实际存量	受损数量	完好数量	说 明	复盘数量	复盘结果

初点人：　　　　　　复核人：　　　　　　抽点人：　　　　　　工作说明：

陈列区域进行盘点:盘点按盘点方法和程序进行。

监点人复盘:监点人对盘点的品项进行检查,检查有问题的必须重新盘点。

回收盘点表:所有完成的盘点表,经过分组长的审核,完成所有手续后,汇总到店长处,并恢复营业。

（2）药店门店盘点流程分段。按照门店盘点的阶段可将盘点实施流程分为初点作业、复点作业和抽点作业。

初点作业：盘点人员在实施盘点时，应按照负责的区位，由左而右、由上而下展开盘点。利用盘点表盘点时，最好两人一组进行盘点，一人点数并用蓝色圆珠笔记录，另一人核对。盘点表上的数据应填写清楚，以免混淆。不同特性商品的盘点应注意计量单位的不同。盘点时应顺便观察商品的有效期，过期药品应随即取下，并做记录。若在营业中进行盘点，应注意不要高声谈论，或妨碍顾客通行。店长要注意掌握好盘点的进度，做好收银机处理工作。

复点作业：复点可在初点作业进行一段时间后再进行。复点人员应手持初点得到的盘点表，依序检查，把差异填入差异栏；复点人员须用红色圆珠笔填表。复点时应再次核对盘点单是否与现场实际情况一致。

抽点作业：对各柜组和责任人员的盘点结果，门店店长以及监控人要认真加以抽查。要求每一类商品都已盘点出数量和金额，并有签名。抽点的对象可选择药店作业场内的死角，或不易清点的商品，或单价高、数量大的商品，做到确实无差错。对初点作业与复点作业差异较大的商品要实地确认。同时，做好复核过期商品和包装破损药品的处理工作。

4.药店盘点后工作

（1）盘点后产品的整理。在确认盘点记录无异常情况后，就要进行第二天正常营业的准备和清扫工作。这项善后工作的内容包括补充商品，将陈列的商品恢复到原来的状态，清扫通道上的纸屑、垃圾等。善后工作的目的是要达到整个门店第二天能正常营业的效果。

（2）盘点后资料的整理。盘点后即根据盘点表（见表6-3）统计存货数量，故盘点表上确实记录盘点状况，是确保盘点正确性的唯一方法。为了增加盘点的正确性，可运用计算机统计。首先用计算机打印出盘点表，再手工或用盘点机进行盘点，接着将手工或盘点机盘点后得到的盘点表输入计算机，由计算机来统计盘点表，最后根据统计结果填写相应表单，即盘点损益结果情况说明单（见表6-3）。

表6-3　盘点损益结果情况说明单

品　名	品　号	原盘点金额	实际数量	差　额	复点数量	与实际数量差额
原因						
对策						

【小资料6-2】

　　根据盘点机的使用用途不同，大体上可分为两类：在线式盘点机和便携式盘点机。在线式盘点机在盘点机与计算机之间由电缆连接传输数据，不能脱机使用。在线式盘点机必须安装在固定的位置，并且需把条码符号拿到扫描器前阅读。由于在线式盘点机在使用范围和用途上有一些限制,不能应用在需要脱机使用的场合,如库存盘点、大件物品的扫描等。为了弥补在线式盘点机的不足之处,便携式盘点机应运而生。

便携式盘点机是为适应一些现场数据采集和扫描笨重物体的条码符号而设计的,适合于脱机使用的场合。识读时,与在线式盘点机相反,它是将扫描器带到条码符号前扫描,因此,又称为手持终端机、盘点机。它由电池供电,与计算机之间的通信并不和扫描同时进行,它有自己的内部储存器,可以存一定量的数据,并可在适当的时候将这些数据传输给计算机。几乎所有的便携式盘点机都有一定的编程能力,再配上应用程序便可成为功能很强的专用设备,从而可以满足不同场合的应用需要。

③盘点结果处理。根据盘点结果找出问题点,并提出改善对策。一般情况下,各个药店都有盘损率的基本限额,如超过此限额,就说明盘点作业结果存在异常情况,要么是盘点不实,要么是药店经营管理状况不佳。采取的对策是,重新盘点或查找经营管理中的缺陷。因而各个药店门店店长必须对缺损超过指标的商品查找原因,并说明情况。

 拓展提高

商品结构确定的依据

商品结构主要是指在店面里,各种商品所分配的货架数以及陈列面。确定住所主要有以下几个方面。

(1)商品销售额排行榜。现在大部分门店的销售系统与库存系统是连接的,后台计算机系统都能够整理出门店的每日、每周、每月的商品销售额排行榜。这样,从中就可以了解每一种商品的销售情况。调查商品滞销的原因,如果无法改变其滞销情况,就应予以撤柜处理。在处理这种情况时应注意:第一,对于新上柜的商品,往往因其有一定的熟悉期和成长期,所以不要急于撤柜;第二,对于某些日常生活的必需品,虽然其销售额很低,但是由于此类商品的作用不是盈利而是通过此类商品的销售来拉动门店的主力商品的销售,也不应撤柜。

(2)商品销售利润率(也即商品贡献率)。单从商品销售额排行榜来挑选商品是不够的,还应看商品销售的利润率。销售额高、周转率快的商品,不一定毛利高;而周转率低的商品未必就是利润低。没有毛利的商品的销售额再高,这样的销售也无任何价值。毕竟门店是要生存的,没有利润的商品短期内可以存在,但是不应长期占据货架。看商品销售利润率的目的在于找出门店的利润率高的商品,并使之销售得更好。

(3)损耗排行榜。这一指标是不容忽视的,它将直接影响商品的共享毛利。对于损耗大的商品一般是少订货,同时应由供应商承担一定的合理损耗。

(4)周转率。商品的周转率也是优化商品结构的指标之一,若商品积压流动资金,后果将很严重,所以周转率低的商品不能滞压太多。

(5)新近商品的更新率。门店周期性地增加商品的品种,补充门店的新鲜血液,以稳定自己的固定顾客群体。商品的更新率一般应控制在10%以下,最好在5%左右。需要引入的新商品应符合门店的商品定位,不应超出其固有的价格带。价格高而无销量的商品和价格低而无利润的商品应适当地予以淘汰。

（6）商品的陈列。在优化商品结构的同时,也应该优化门店的商品陈列。例如,对于门店的主力商品和高毛利商品,应适当地调整商品陈列面。对于同一类的商品价格带的陈列和摆放也是调整的对象之一。

（7）其他。随着一些特殊节日的到来,也应对门店的商品进行补充和调整。

总之,优化门店的商品结构,有助于提高门店的总体销售额。它是一项长期的管理工作,应当随着时间的变化而及时地变动。

 重点知识

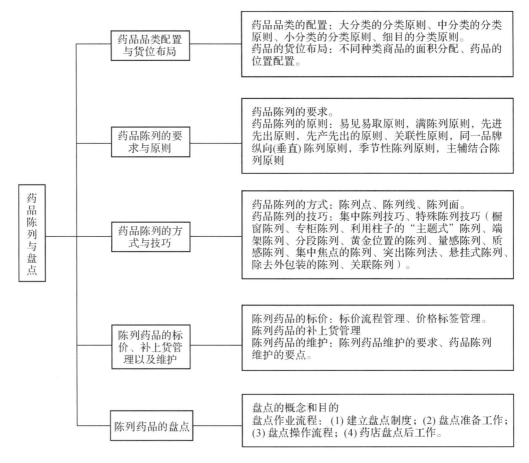

 实用技术训练

一、知识训练

1.重要概念解释

药品陈列　　陈列点　　陈列线　　陈列面　　盘点

测试6　　2.问题理解

（1）药品陈列的要求

（2）端架陈列的商品类型以及注意事项

(3)药店门店盘点流程

3.知识应用

(1)判断题

(　　)①药店内的药品陈列属于一种广义的POP广告。

(　　)②账面盘点制又称为永续盘点制、账账盘点制、实地盘点制。

(　　)③上货、理货和盘点时,不再需要核查药品的有效期即失效期。

(2)选择题(每小题至少有一个正确答案)

①除去外包装的陈列适合于哪类商品?　　　　　　　　　　　　　　　　　　　　(　　)

　　A.包装破损商品　　B.体积大的商品　　C.怕热商品　　　　D.瓶装商品

②在店中间的货架,按货架上、中、下分段陈列时,上段应陈列哪类药品?　　(　　)

　　A.销售量稳定的　　　B.希望顾客注意的　　C.周转率高的　　D.体积大的

③拆零药品集中存放于拆零专柜,并保留原包装的　　　　　　　　　　　　　　(　　)

　　A.合格证　　　　　　B.标签　　　　　　　C.生产批准文号　　D.外包装

④货架和斗橱补货时,按有效期先后排列,新货摆放在后面或底层,这样做是为了保证

　　　　　　　　　　　　　　　　　　　　　　　　　　　　　　　　　　　　　(　　)

　　A.盘点准确　　　　　B.先进先出　　　　　C.方便顾客　　　D.提高营业额

二、技能训练

(一)案例分析

××药店的药品陈列

药品陈列要按照GSP即《药品经营质量管理规范》要求进行分类陈列。为了了解药店的药品陈列情况,某记者暗地观察了一家药店。这家药店位于十字路口附近,一进药店门,就能闻到一股肥皂的刺鼻气味。在靠近门口右侧的柜台最下边一层,摆了一排"海飞丝"、"飘柔"等洗发水,上边的几层就摆着一些保健品。在另外一个柜台里,某记者看到其最下一层摆满一排肥皂、香皂、洗衣粉、牙膏等洗漱用品。在这些洗漱用品的上边几层上,就是零售的药品。在店门口,某记者还注意到有部分按照处方药管理的减肥药、治疗腰腿痛药被摆在店门口直接面向消费者促销。拆零药品与易串味药品同柜摆放。在证件摆放处,某记者观察了该店营业执照的经营范围中包括卫生用品这一项,另据药店负责人讲,该店已经通过了国家药品零售企业的GSP认证。

问题:该药店的药品陈列存在哪些不对的地方?

(二)操作实训

【实训项目】　药品陈列

【实训目的】　了解药品陈列和药店生动化布置对促进药品销售的重要作用,掌握药品陈列的要求和原则以及技巧。

【实训内容】

1.进行实训练习的学员,对需进行陈列的药品品种、类型进行抽签,决定实训对象。

2.根据其所抽出的药品品种类型的用途和剂型特点进行分类,并按零售现场的条件、药品用途和剂型特点、预测的销售规律和消费者可能的购买习惯,在遵守相关法规的前提下,提出该药品应陈列在本店的哪个区域? 以什么方式陈列来促进销售? 说明理由。

3.确定了陈列位置与陈列方式后,应进行哪些准备工作?

4. 对药品进行陈列操作。

5. 对所完成的陈列工作进行检查,看是否符合原有要求。

【实训组织】 以小组为单位进行陈列。

【实训考核】

1. 以小组为单位,由组长为组员考评;

2. 由带教老师根据实训内容的完成程度酌情给分。

(柯小梅　吴　锦)

项目七　销售药品

项目描述

药品作为一种特殊的商品,与普通消费品相比其销售终端不同,主要是在医院和药店。目前随着中国药品零售市场的不断发展,药店无疑成为药品销售的重要阵地之一,被业内誉为药品销售的第二终端。

知识目标:了解药店销售的定义,熟悉药店促销的策略,掌握药品消费者的购买行为,掌握药店促销的模式。

能力目标:能熟练运用药店促销的各种模式,并且掌握药店内药品促销的各种技巧。

素质目标:学会在药店内做好药品的销售和促销工作。

项目分析

在药店内进行药品的销售,必须了解药店销售药品的意义与管理,必须把握药品消费者购买行为以及决策,并在此基础上实施针对药店实际的促销方式,以此达到药品在药店内的有效销售与完成药店的经营业绩。

知识点:

- 药店销售的定义及意义;
- 药店药品销售管理的内容;
- 药品消费者行为及其特征;
- 药店促销的概念及作用;
- 药品消费者购买决策的内容分析。

技能点:

- 药品消费者购买行为过程;
- 药店促销策略选择;
- 药店促销组合;
- 药店促销模式。

认知处方

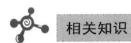

相关知识

一、药店销售的定义及意义

1. 药店销售的定义

药店销售是指药店为了获得利润及自身的发展而进行的一系列活动,包括寻找、发现并预测药品消费者的需求,提供以药品为中心的健康产品、以药学服务为中心的健康服务、以用药信息为主的健康信息,并采取一系列的营销策略使所提供的产品或服务能更好地满足药品消费者的需求。

从药店销售的定义来看,药店在终端销售领域所做的工作主要是把握消费者的购买行为和重点做好终端的药品销售工作。

2.药店销售的意义

在目前药品处于买方市场的环境下,任何药店只有满足消费者需求才能够生存和发展。药店向市场提供能够满足消费者需求和欲望的优质产品的社会活动过程中,药店销售的核心在于满足消费者的需求,并在满足消费者需求的同时,实现药店的经营目标。

中国药品零售市场同样处于买方市场环境下,特别在经历了"圈地运动"和"价格战"之后,药品零售市场的竞争越来越激烈。这就进一步促使药店管理者必须运用市场营销的相关理论,研究药品消费者的需求,探索新的有效的竞争手段和销售策略。

由于医药产品关系到人们的健康乃至生命,对于药店的经营与管理行为,国家有着系统、严格的政策和法规。因此,和普通的百货商店、超市等零售终端相比,药店销售具有其与众不同的一面。对药店销售的有效管理以及应用,能很好地提高医药产品的销售,提高广大消费者的医药消费水平与质量。

二、药店药品销售管理的内容

药店的销售管理是计划和执行关于产品、服务和创意、定价、促销分销事宜,以创造能符合个人和组织目标交换的过程。药店的药品销售管理包括分析与计划、组织与执行和评估与控制这三个环节。它的覆盖范围包括产品、服务和创意;它建立在交换的基础上,目的是使消费者对医药产品的需求在药店中得到满足。

1.分析与计划

即通过一定的方法,对药品消费者市场进行科学分析,进而制订销售计划。计划职能贯穿于药店销售管理的全过程,计划职能不仅包括对医药产品及服务项目的策划,还包括预测未来市场的变化,确定经营方向和销售策略,选择实现计划的最优方案。在如今竞争激烈的医药零售市场环境下,药店若想生存并谋求发展,必须要有合理的计划,并且把自己的计划建立在市场导向的基础上,根据市场的变化随时调整经营对策。

2.组织与执行

即药店整体为了销售目标及执行销售的策略和方案,对所需人力、物力、财力等资源进行调配。这一职能意味着药店要通过什么组织形式进行管理,先把要完成的"事"确定清楚,构成一定的职务或者职位,形成一个严密的结构体系,然后再考虑寻找恰当的人来填充这个职位,以执行其职务。

3.评估与控制

销售计划的制订和执行效果,只有通过评估才能获得较为准确的结论。评估是为了避免简单地通过数字下结论。只有通过科学的评估,才能达到去粗取精、提高效率的目标。

药店对其药品销售的控制,就是对整个销售管理过程实行目标控制,控制目标把握的情况和计划完成情况。没有控制,计划就难免由于种种原因不能圆满实现。

三、药品消费者行为及其特征

不同人群医药
消费需求分析

在营销中,消费者的定义有狭义和广义两种。狭义的消费者是指购买、使用各种消费品或服务的普通个人与住户。广义的消费者是指购买、使用各种产品与服务的个人或组织。一般在药店中进行日常消费购买的消费者通常为狭义的消费者,即普通个人和住户,这些个人和住户也构成了药品消费的最终消费市场。

药品消费者行为是指药品消费者在一定的购买动机驱使下,为了满足某种需求而购买药品或服务的活动过程。它包括消费者从形成购买决策,到选择药品、支付费用、获得药品以及进行使用和使用后的感受的一系列购买行为,这样的行为直接影响消费者下一次购药的行为。

药店的消费者在购买行为上具有以下一些特征:

1.市场消费量大,但人均单次消费水平相对较低

我国人口基数庞大,药品消费者市场购买者数量众多,购买范围相当广泛。随着社会经济的不断发展,人民生活水平和医疗保健意识的不断提高,药品市场规模不断壮大。并且随着药品零售行业的发展和终端零售布点的丰富,药品在药店中的销售量还是非常大的,所以各个药店在终端市场上的竞争非常激烈。

但由于药品的时效性以及疾病的服药周期等因素对其购买量又具有限制作用,不同于其他商品的消费者可以储存或增加所喜欢商品的购买量和使用量。药品消费者一次的购买量一般是预计实现疾病治愈所需的药品的量。慢性病患者则可能是按一个周期、一个疗程或一个固定的量作为购买参考。这就决定了人均单次消费水平还是相对比较低的。

2.消费者进店购药的目的单一性与多样性并存

药品和其他商品不同,潜在消费者变为现实消费者的条件具有唯一性,那就是只有当一个人得病后,出于治疗的目的才会购买药品,其诱导的因素相对于其他商品来说比较简单。药品消费的直接动机只有一个,那就是身体的健康问题。目前消费者生了病,才会光顾药店,购买药品的目的非常明确。另外,药品的专用性决定了消费者对所要购买的药品的种类也有很强的针对性。如肝病患者到药店后不会购买心血管类药品,甚至除了购买治疗肝病的药外,不会在其他柜台驻足。但就众多消费者来说,进店购买药品的目的却各不相同,呈现多样化特色。

3.消费者进行药品消费的非专家性

药品的专业性、消费者的非专家性,使得消费者很难自主判断药品的优劣,这大大限制了普通消费者的广泛选择,因此药品消费者的选择范围不大。药品与其他产品不太一样,它在使用过程中需要相对较多的专业知识,而绝大部分的消费者都没有接受过医药方面的专业知识的学习,所以消费者在药店购买药品时,大多数情况下都会听从药店药师和店员的指导与建议。

4.药品购买具有周期和时间特点

对于药品而言,消费者对它的需求量也与年、季、月、日、时等有关。疾病的发生有较强的季节性,其需求量与时间变化有密切关系。某些常见病的发病率会随季节变化而有所不同,如三月份为过敏性季节,过敏性药品需求就会增加。

消费者光顾药店的时间呈现一定的特点。一般而言,由于消费者需求的急迫性,药品消费者的购药时间是什么时候生病什么时候购买,某一个消费者购买药品的时间是不确定的。但从医药市场总体上看,有时在药品销售过程中会因为某些疾病的发生具有时间上或季节上的规律性而产生固定的淡旺季之分。比如冬春多感冒疾病,是感冒药销售的旺季;夏季炎热,解暑降温药品的销售较为旺盛。消费者光顾药店的时间不仅有季节规律,而且一天中也是有规律的。一般来说,老年人会选择上午购买药品,而中青年大多选择在下班时间光顾药店。

药店营销策划

四、药店促销的概念及作用

1. 药店促销的概念

药店促销主要是指在药店中通过人员推销和非人员推销的方式促进药品销售,向广大消费者传递药品信息,引导、启发、刺激消费者产生购买动机,发生购买兴趣,做出购买决策,采取购买行动的一系列活动。

促销的实质是销售人员和潜在购买者之间建立起信息沟通。

课堂随想7-1　促销就是营销吗?

2. 药店促销的作用

药店与消费者在达成交易之前,药店必须要了解消费者身处何处,需要什么药品。消费者必须要知道药店能提供哪些药品,在哪里能购买到。这就需要通过各种促销活动,沟通信息。一般说来,药店促销具有以下几方面的作用:

第一,传递商品信息,缩短产品入市的进程。药店通过促销手段及时向消费者提供情报,引起公众广泛的注意,吸引他们注意药店的存在以及销售的药品种类、价位和服务,刺激需方购买,以此对消费者或经销商提供短程激励。在一段时间内调动人们的购买热情,培养顾客的兴趣和使用爱好,使顾客尽快地了解产品。

第二,刺激消费者消费的需求与欲望。通过传递信息,介绍药品,不仅可以诱导需求,而且可以增加需求甚至创造新的需求,收到扩大销售的效果。因此,药店信息传递的内容和形式,应与消费者的心理发展过程相吻合,唤起消费者产生购买药品的心理,并逐步诱导到更高的阶段即产生购买行为。

第三,体现药店特色。药店通过促销活动,宣传自己的药店与竞争者的区别,尤其是不为消费者所觉察的细微差别,这样可使潜在消费者和社会公众较好地了解本药店为其带来的特殊利益,促进销售实现。

第四,扩大药品的现场销售,提高销售业绩。由于市场竞争的存在,有些药店的销售量可能起伏较大,通过促销活动不仅能改变潜在消费者的某些顾虑或观望的态度,而且还能使消费者形成对药店的"偏爱",建立对本药店的良好印象,从而达到稳定销售的目的。

第五,侵略与反侵略竞争。无论是企业发动市场侵略,还是市场的先入者发动反侵略,促销都是有效的应用手段。市场的侵略者可以运用促销强化市场渗透,加速市场占有。市场的反侵略者也可以运用促销针锋相对,来达到阻击竞争者的目的。

第六,节庆酬谢。药店促销可以使产品在节庆或店庆日期间锦上添花。每当例行节日到来的时候,或是企业有重大喜庆的时候(以及开业上市的时候),开展促销可以表达市场主体对广大消费者的一种酬谢和各门店的联合庆祝,这样可以将营业推广和公共关系联合使用,提升药店在消费者心目中的影响力。

 项目实施

一、药品消费者购买决策的内容

顾客接待与
成交技巧

消费者进行消费决策,就是为了满足自身的某种需求而寻求最适合药品或服务的解决方案。由于消费者到药店购买的动机、需求等影响消费者购买行为的因素不同,所以消费者最终所做出的消费者购买决策的结果也有所不同。消费者主要在买什么、买多少、何处买、谁来买、何时买和如何买这六个方面做出购买决策。

1. 买什么

决定买什么是消费者最基本的任务之一,它是决策的核心和首要问题。没有明确购买什么,当然就谈不上有任何购买活动。消费者购买药品因为治疗疾病的类别、生产商、品牌、价位、剂型、包装、不良反应、店员建议等的不同而存在区别,有时候也因为药品是否进入医保目录而产生差别。此外决定购买目标不只停留在一般的类别上,而且要明确具体的对象。比如感冒了,不能仅仅从买中成药还是买化学药中做出抉择,如果决定前者,还必须明确中成药是买哪种剂型、哪种品牌等。

2. 买多少

买多少是指购买的数量。购买数量取决于消费者的实际需要、支付能力及市场的供求情况等因素。如果某种产品在市场上供不应求,消费者即使目前并不急需或支付能力不强,也可能借钱购买;反之,如果市场供给充裕或供过于求,消费者既不会急于购买,也不会购买太多。特别是药品,由于具有较强的时效性和特殊性,购买的数量往往由疗程、药品时效等因素决定。

3. 何处买

何处买即确定购买地点。购买地点的决定受多种因素的影响,诸如路途的远近、可挑选的商品品种、数量、价格以及商店的服务态度等。一般说来,各个药店都可能会有不同的吸引力。比如说,有的药店可供选择的药品不多,但离家却很近;而有的药店价格略高,可是服务周到。消费者决定在哪里购买与其买什么关系十分密切。

4. 谁来买

一般来说,在家庭购买药品的消费角色主要有五种类型。发起者:首先想到或提议购买某种药品的人;影响者:其看法或意见对最终决策具有直接或间接影响的人,家人、朋友、医生、药店销售人员、广告代言人等都是;决定者:能够对买不买、买什么、买多少、何时买、何处买等问题做出全部或部分的最后决定的人;购买者:实际采购的人;使用者:直接消费药品的患病,包括儿童、老人、男性、女性在内。

5. 何时买

何时买即确定购买时间。何时购买受下述因素影响:消费者对某商品需要的急迫性、市场的供应情况、营业时间、交通情况和消费者自己的空闲时间等。此外,商品本身的季节性、时令性以及消费者疾病发生的时间等也影响购买时间。

6.如何买

如何买主要是针对购买的方式提出的。比如,是直接亲自到药店选购,还是托人代购,还是选择电话订购,药店将药品送货上门。由于药品的特殊性,药品在购买的时候很少有讨价还价等环节,购买交易过程较为方便简洁。

在实际药品的购买中,主要有以下几种购买类型:

(1)习惯型购买。消费者由于对某种药品或某家药店的信赖而产生的经常、反复的购买。由于经常购买和使用,他们对这些商品十分熟悉,体验较深,不轻易改变为其他类型的药品,再次购买时往往不再花费时间进行比较选择,注意力集中。当产品被重复购买或者产品相对不重要时,消费者就不会被激发在大脑里从事大量的决策活动。

(2)经济型购买。消费者购买时特别重视价格,对于价格的反应特别灵敏。无论是选择高档药品,还是普通中低档次的药品,首选的是有价格优势的药品,他们对低价促销、节日促销等最感兴趣。一般来说,这与消费者自身的经济状况有关。

(3)理智型购买。消费者在每次购买前对所购的药品,要进行较为仔细研究比较,并且向医生、药师等专家求证。购买感情色彩较少,头脑冷静,行为慎重,主观性较强,不轻易相信广告、宣传、承诺、促销方式以及药店店员的介绍,主要靠药品质量、款式。

(4)躲闪型购买。消费者在购买药时因为一些原因,难以启齿,支支吾吾,不明朗。

(5)疑虑型购买。消费者具有内倾性的心理特征,购买时小心谨慎且疑虑重重。购买一般缓慢、费时多。常常是"三思而后行",常常会犹豫不决而中断购买,购买后还会疑心是否上当受骗。

(6)盲目型购买。消费者容易受商品的外观、包装、商标或其他促销努力的刺激而产生的购买行为。购买一般都是以直观感觉为主,从个人的兴趣或情绪出发,喜欢新奇、新颖、时尚的产品,购买时不愿做反复的选择比较,也没有明确清晰的目标,容易受到广告、家人、店员等的诱导。

联合用药和
关联销售

二、药品消费者购买行为过程

每一消费者在购买某一商品时,均会有一个决策过程,这个购买决策过程由一系列相互关联的活动构成,它们早在实际购买发生之前就已经开始了,而且一直延续到实际购买之后。研究消费者的购买决策过程的阶段,目的在于使营销者针对决策过程不同阶段的主要矛盾,采取不同的营销措施。购买决策过程可以划分为五个前后相继的阶段,实际上,主要是复杂型购买才经过这样的完整的五个阶段,在其他购买类型中,消费者往往省去其中的某些阶段,有时它们的顺序也有所调整,一般来说,典型的购买决策过程分为五个方面:发现需求,收集信息,比较评价,实际购买和购买后评价。

1.发现需求

发现需求是消费者购买决策过程的起点。消费者的需求是在内外因素的刺激下产生的。当消费者在现实生活中感觉到或意识到实际与其需求之间有一定差距,并产生了要解决这一问题的要求时,购买的决策便开始了。

对于消费者来说,除了传统的诱发因素会使其产生购买的动机,药店销售现场带给消费者的视觉和听觉、文字的表述、图片的设计、声音的配置等也是诱发消费者购买的直接动因。

因此可以了解这些需求是由哪些刺激因素诱发的,进而巧妙地设计促销手段去吸引更多的顾客,诱导他们的需求欲望。

2.收集信息

收集信息、理解行情,成为顾客购买过程的第二个环节。这个环节的作用就是汇集商品的有关资料,为下一步的比较选择奠定基础。

消费者信息的来源主要有四个方面。

(1)个人来源。它是指通过家庭、朋友、邻居、熟人获得的信息。这种信息在某种情况下对购买者的购买决策起着决定性的作用。对于药店经营者来说绝不可忽视这一渠道的作用。一件好的商品、一次成功的销售可能带来若干新的顾客;一件劣质产品、一次失败的销售可能使销售商几个月甚至几年不得翻身。

(2)商业来源。它是指通过广告、推销员、经销商、展销会等获得的信息。营销的信息传递主要依靠广告和检索系统中的产品介绍,包括在信息服务商网页上所做的广告、中介商检索系统上的条目以及自己主页上的广告和产品说明书。这一信息来源药店是可以控制的。

(3)公共来源。它是指通过大众传播媒体获得的信息。消费者实际上就是最好的传播媒体,药店可以通过顾客论坛、邮件列表、E-mail等顾客传播工具提升自己产品和服务的社会声誉,最大限度地获得顾客的认同。

(4)经验来源。它是指个人所储存、保留的信息,包括购买商品的实际经验、观察以及个人购买活动的记忆等。消费者在日常医药产品的消费过程中,多多少少积累了一些药品消费的个人体会和经验,用来指导消费。

3.比较评价

消费者需求的满足是有条件的,这个条件就是实际支付能力。为了使消费需求与自己的购买能力相匹配,比较评价是购买过程中必不可少的环节。在这个阶段,消费者根据所掌握的信息,对几种被选的药品进行比较和评价,从中确定他所偏爱的品牌和满意的购买方案。消费者对收集到的信息的各种药品的评价主要从以下几个方面进行:第一,药品方面,这是消费者对产品本身的属性的关心,药品的价格(经济性)、毒副作用(安全性)、功效(有效性)、适应证等;第二,服务方面,消费者购买药品的便利性,购药的环境,消费者在用药过程中是否能得到及时的指导,销售人员的服务态度,用药免费咨询电话等;第三,政策制度方面,主要是指药品是否进入医保,某一个药品单位或医疗保险负担的比例高低等。

4.实际购买

经过选择和评价,消费者形成了对某种产品的偏好和购买的欲望。但是实际中我们发现,并不是所有的消费者都会进行购买,而进行购买的消费者中也不是都购买自己原来的那个产品。所以只让消费者对某一品牌产生好感和购买意向是不够的,真正将购买意向转为购买行动,其间还会受到他人态度和购买中的风险这两个因素的影响。

5.购买后评价

消费者购买药品后,就进入了购买后使用和评价阶段,此时,销售人员的工作并没有结束。消费者购买商品后,通过自己的使用和评价,对自己的购买选择进行检验和反省,重新考虑这种购买是否正确、效用是否理想,以及服务是否周到等问题,会对自己购买的商品产生某种程度的满意或不满意。这种购后评价往往决定了顾客今后的购买动向。

三、药店促销策略选择

药店的促销策略主要有推式策略、拉式策略和混合策略三种。

1. 推式策略

推式策略，亦称高压策略，是指药店通过促销手段把药品推销给消费者的策略，主要是指人员推销。药店利用店员、派出推销人员或者委托推销人员走近消费者，介绍、推广、宣传产品的各种特性与利益，促成潜在客户的购买决策，并且提供服务，引导消费，促进购买。这些人员除了完成现有的药品销售外，通过与消费者沟通进而了解需求，收集市场情报，为药店确定长远的、稳定的市场地位提供决策参考。

2. 拉式策略

拉式策略，也称吸引策略，是指药店通过使用密集型的广告宣传、销售促进等活动和价格、服务、信誉等手段，引起消费者的购买欲望，激发购买动机，从而扩大销售的一种策略。实质上是通过最快的信息传递速度把消费者拉过来。拉式策略主要有以下四种。

(1) 价格促销。药店根据销售情况和消费者心理，运用价格杠杆，采取灵活的定价策略来吸引消费者。

(2) 广告策略。根据市场销售和竞争的情况，采取不同的宣传策略，使信息传递有利于开辟市场，引导消费，增加销售。

(3) 有形展示。这是药店以实物形式吸引消费者购买力的一种促销策略，包括药品陈列、咨询服务等，它可以使消费者看到真实的药品，以便看样选购、看样定购。

(4) 信誉促销。药店的信誉是吸引消费者并扩大销售的重要条件。药店通过创品牌，树信誉，增强消费者对药店的信任，树立药店良好的形象和信誉，为扩大销售创造良好的条件。

3. 混合策略

许多药店在销售商品时，都采用"推拉"策略，亦称混合策略，包括"推动"策略和"拉引"策略。这两个策略都包含了药店与消费者双方的能动作用，但"推动"策略的重心在于推动，着重强调了药店的能动性，表明消费需求是可以通过药店的积极促销而被激发和创造的。"拉引"策略的重心在于拉引，着重强调了消费者的能动性，表明消费需求是决定生产的基本因素，药店的促销活动必须符合消费需求，符合购买意向，才能取得事半功倍的效果。

四、药店促销组合

市场营销中所指的促销组合，是一种组织促销活动的策略思路，主张企业运用广告、人员推销、公关宣传、营业推广这四种基本促销方式组合成一个策略系统，使企业的全部促销活动互相配合、协调一致，最大限度地发挥整体效果，从而顺利实现企业目标。四种基本促销方式组合成一个策略系统，使企业的全部促销活动互相配合、协调一致，最大限度地发挥整体效果，从而顺利实现企业目标。将这种促销组合运用到药店，结合药品零售业的特点，形成具有特点的药店促销组合。

药店促销组合是指药店根据需要，对各种促销方式进行的适当选择和综合编配。促销的方式有很多种，有人员促销、社区促销、POP 广告等，每种促销方式和手段都有不同的长处和不足。因此，在实际制定促销策略过程中，就需要根据药店现实的需求，对各种方法进行适当的选择和采取不同的侧重，形成不同的促销组合策略。

确定促销策略,主要应考虑以下因素:

1.市场特点

除了考虑促销目标和药品性质外,市场特点也是影响促销组合决策的重要因素。市场特点受每一地区的文化、风俗习惯、政治经济环境等的影响,促销工具在不同类型的市场上所起作用是不同的,所以药店进行促销的时候应该综合考虑市场和促销工具的特点,选择合适的促销工具,使它们相匹配,以达到最佳促销效果。

2.药店竞争情况

根据药店本身在竞争中所具有的实力、条件、优势与劣势以及药店外部环境中竞争者的数量、实力、竞争策略等的影响,选择最适合于自己的、最有效的销售促进手段,做到知己知彼,促销有方。

3.药品性质

由于药品性质的不同,消费者会有不同的购买行为和购买习惯,所以药店所要采取的促销组合也会有所差异。药店经营的药品,除了经营药品之外,很多药店开始进行多元化的经营,如化妆品、保健食品、装饰品等。因此药店需要针对不同药品的性质,采取适合药品性质的促销策略。

4.促销目标

促销目标是指药店为实现销售目标而进行促销活动所要达到的目的,这是影响药店促销组合决策的首要因素。每种促销工具——人员促销、社区促销、POP广告等,都有各自独有的特性和成本。药店销售人员必须根据具体的促销目标选择合适的促销工具组合。

5.促销费用预算

药店开展促销活动,必然要支出一定的费用。费用开支必须要有预算,力争用较少或一定数量的费用开支取得尽可能大的销售效果。由于竞争格局不同,不同的药店在促销方面的开支也不同。一般地说,药店可以根据营业额确定一个百分比作为促销预算,也可以根据竞争者标准决定自己的预算标准,还可以根据药店面临的促销目标和市场的条件确定促销费用。

6.其他因素

影响促销组合的因素是复杂的,除上述五种因素外,药店的经营风格、销售人员素质、整体发展战略、社会和竞争环境等不同程度地影响着促销组合的决策。药店的销售人员应该审时度势,全面考虑,才能制定出有效的促销组合决策。

五、药店促销模式

在实际经营中,药店促销的模式多种多样,常用的促销模式主要有店员现场促销、体验促销、社区促销、服务促销、展览与展示促销、多元化经营的集客促销、POP广告促销等。

1.店员现场促销

店员现场促销,其核心是营业员在药店销售的现场帮助和鼓励消费者做出购买决定,并协助其完成购买手续的行为及过程。常用的方法有以下八种。

(1)行动法。行动法是指马上行动,让犹豫不决的消费者下决心。"兵贵神速,一刻千金。"在销售过程中,准消费者不会使用"我想买"、"我愿意买"等直接表达自己的购买欲望。因此,只要确认已到了促成的时候,店员就可以借助一些动作来协助消费者促成,如开票或包扎药品等。

(2)激将法。激将法是指适时地利用激励话语,促使准消费者下决心购买。使用本方法时应注意所引用的推销用语是否足以促使消费者下决心购买。

(3)深度促销法。在讲解药品知识时,注意与消费者进行交流,发现消费者健康方面的其他问题。比如一位脂肪肝的消费者本来是冲着某保肝护肝药来药店的,但最后不仅买了所需要的保肝护肝药还买了某品牌的"螺旋藻"回去。原来,药店的销售人员通过交流发现,这个消费者因为身体过度肥胖,不仅患有脂肪肝,同时也有血脂升高、心脑血管方面的问题。通过营业员的解释和介绍,这个消费者同时购买了保肝护肝药和"螺旋藻",还对销售人员感激不尽。在销售药品的过程中,以近乎聊天的方式进行深度沟通,借此发现新的购买动机,并形成再次购买是完全可能的。因此,当拉近了与消费者的距离时,就会发现更多的商机。

(4)机会不再来法。机会不再来法可以演绎为语言:"这一次优惠的机会很难得哦! 下一次就没有了,再考虑一下吧!"对于犹豫不决的消费者,这种方式相当有效。

(5)以退为进法。有些消费者任凭销售人员使出十八般武艺依然不为所动,但是销售人员还是使出最后一招"置之死地而后生",或许还可能有"一线生机"。犹豫不决或对销售人员强烈不信任的消费者,即使不断加以诱导,也很难使其做出购买决定,但消费者对药品又确实很动心,此时最好还是以退为进,即"买卖不成,仁义在"。

(6)强化大周期概念法。这一策略对显效较慢的药品来说尤为重要。通过长期服用不仅可增强效果,同时加强了口碑宣传。目前市场上有几个增高药品就是如此。此类药品主要针对青少年儿童,以"什么都能等,孩子的身高不能等"、"妈妈,我只想再长高5公分"等广告攻心。因为此类药品短期内很难见效或者基本无太大效果,所以必须诉求大周期的概念,强调用药的过程。

(7)免费试用法。免费试用策略多集中于见效较快的药品,比如清嗓药品。在消费者仍然犹豫不决时,让其免费试用一下药品,通过强烈的亲身体验,可能会很快得到消费者的认可,从而迅速达成交易。

(8)恐吓营销法。"症状是主要危险疾病的体现,耽误一天,危险一天"、"血脂高了引起心脑血管病"、"肝炎不及时治疗可诱发肝癌"、"风湿不迅速采取行动就会有残疾的危险"等诉求,在医学上有据可查,而且对那些医学常识少、对疾病重视度不高的消费者或他们的家属,都会取得很好的刺激和恐吓作用。但要注意恐吓和刺激有度,不宜夸张。

2. 体验促销

体验促销主要是药店以满足消费者的体验需求为目标。体验促销通过看、听、用、参与的手段,充分刺激和调动消费者的感官、情感、思考、行动、关联等感性因素和理性因素,重新定义、设计的一种思考方式的促销方法。

体验促销在药业领域内应用比较成熟的是医疗保健器械方面,是其市场迅速扩大的有力武器。因为试用时目标消费者感受到药品的确有效,其掏钱购买时是心甘情愿的,打消了其怕上当的顾虑。当然,这首先要在对产品的功效有把握的基础上实施。如果免费试用的效果不好,不仅不能迅速打开市场,相反还会影响声誉。

体验促销根据消费者体验方式的不同,可以分为以下几种类型。

(1)视觉体验。从感官促销的角度来看,药店主要的视觉元素包括店面的设计、店堂的布局、药品的陈列与包装等。

（2）听觉体验。声音和音乐能给人带来放松或焦虑、快乐或悲伤等不同的体验。到药店的消费者可以分为急用、备用或者送人等类型。对于备用和送人的消费者,和谐的音乐创造良好的购买环境,使人们的心情快乐、舒畅;对于急用的消费者,也同样使其放松,降低焦虑。背景音乐的选择很重要,要有助于融洽店员的介绍和消费者的咨询,适当的背景音乐不仅可以带给消费者良好的过程体验,也是精神治疗的一种方法。

（3）嗅觉和味觉体验。味觉和嗅觉都能带给人最强烈的记忆。气味芳香怡人,可以达到愉悦身心的效果。气味是可以产生诱惑力的元素,当气味注入各种药品中,消费者既能从理智上接受,也能从感观上接受。

（4）触觉体验。如上所述,触觉体验是医疗仪器、保健器械营销所采取的最直接的方式,因为不亲自用一用,只靠其他人的语言描述是很难体会出所有的感觉的。

3.社区促销

社区促销就是药店通过走进社区,以药店服务人员为主体,针对社区居民开展的一系列服务活动,给社区居民传递健康知识、带去关怀,向社区消费者或用户传递商品或服务信息的宣传、服务活动,以达到提高居民满意度和提高药店品牌价值内涵等目的。社区促销的实质是以非直接降价方式融入社区,渗透社区,向顾客传递信息,激发购买欲望,促成购买行为的经营策略。

社区促销的根本目的是将药店的商品及服务的信息传递给社区目标消费者。为此,需要将药店的商品、服务信息进行分类、整理、编辑,通过社区促销活动方式,把这些经过加工整理的信息准确地传递到社区顾客那里,刺激他们的购买欲望,调动他们的购买积极性,从而达到宣传药店及商品、树立品牌形象和药店形象的目的。社区顾客的口碑宣传在一定意义上也会对药店及商品的推广起到广而告之的作用。

【小资料7-1】

社区促销的基本操作流程

第一,选时机。时机选择对社区促销的效果影响巨大,最好选择在以下时机进行:利用社会重大事件的时机;利用相关节假日时机,包括法定节日、传统节日、西方节日、周末假日;利用门店庆典时机:周年庆典、答谢庆典。根据社区居民特点,活动具体时间一般安排在上午开始,而且上午开始时间不能太早,以免影响居民休息。

第二,定主题。直接以重大事件为主题的如赈灾捐赠主题;以扩大门店社区知名度,提升形象为主题的社区免费服务主题、免费知识培训主题等;以社会责任、公益活动为主题的希望工程主题、社区责任主题等。

第三,看场地。场地的选择应以能够聚集社区人群,场地开阔为准。选择社区广场,社区附近等人流量集中的地方,场地必须相对开阔并留有足够的活动空间,避免与人流量过大的中心过道太近,需与社区物业管理单位协商。

第四,细准备。要突出"活动主题",宣传品牌形象,以利于造势;应当在促销前对人员进行统一培训,学习促销政策,解说产品,统一说辞;做好人员分工,分配发放传单、做讲解、控制现场的各项任务;促销物料准备齐全,海报、宣传单、条幅等提前准备好;充分考虑活动范围及场地面积,避免出现无法容纳大量顾客的情况;充分利用事先确定的活动场地,最大限度地发布活动信息;对活动有可能出现的突发情况有相应的应对措施。

第五,布现场。活动人员应当要着装统一,穿戴整齐,大方得体;展台拼搭牢固;现场物料摆放整齐有序;商品、物品准备要充分,陈列干净、整齐、有序、统一,突出现场奖品、礼品。

第六,严执行。活动开始,根据人员分工进行宣传单派发、礼品派发、活动讲解、活动咨询服务等内容;注意烘托气氛,不断重复解说活动卖点,及时发放礼品,聚集人气;积极邀请社区人员参与,让社区人员体验产品和服务;促销活动负责人统一指挥现场,与社区居民沟通,促进人际关系;活动结束,安排人员撤回活动物品。

第七,评效果。社区促销活动结束应对活动效果进行评估和总结,评估和总结的过程也是一个信息反馈、经验积累、细节完善的过程。活动的总结评估主要包括活动效果的评估、活动的经验之处、存在的不足之处、活动的改进措施等方面的内容。

4.服务促销

如今的零售药店在所售商品上基本趋同,产品的同质化很高,并且价格也趋近,通过服务促销可以体现药店的差异化。服务促销是指避开产品同质化和价格战等因素,在服务环节上下功夫,靠服务吸引客源,建立竞争优势。

服务促销的促销目标是:建立对该服务产品及服务药店认知和兴趣,使服务内容和服务药店本身与竞争者产生差异,沟通并描述所提供服务的种种利益,建立并维持服务药店的整体形象和信誉,说服顾客购买或使用该药品。

服务促销不仅可以体现在售前、售中、售后等服务的环节上,还可以体现在服务的类型上。

第一,按服务环节分类。售前:提供仪器检测、专家咨询诊断服务、免费热线等,了解消费者的身体状况,针对性地选购最适合的药品。售中:专业指导服用方法、指导操作、注意事项、免费送药、药师咨询等服务措施。售后:建立消费者档案,以电话回访、联谊活动等方式及时跟踪,争取消费者的再消费。

第二,按服务类型分类。基础服务包括导购服务、存包服务、便民伞服务、免费饮水服务、连带售票服务、24小时售药服务、电话购药与邮购药品服务、医疗器械免费体验服务、会员制服务。药学服务包括药学咨询服务、中药加工服务、电子药师服务、药学书刊服务。医学服务包括一般性医疗检查服务、医学保健知识传递服务。信息服务包括健康大课堂、电话医生、社区服务、药店印刷品。

5.展览与展示促销

(1)药品展览。药品展览促销是通过药品实物展示和现场示范表演达到宣传药店及药品的活动。这种复合性的传播方式综合了多种媒体的优点,具有鲜明、易懂、引人入胜的感染力,容易造成良好的销售效果,沟通效果也比较好。

药品展览促销活动可以成为药店竞争的重要手段,要精心策划,以求得最佳效益。一是要明确主题思想,围绕主题搜集参展实物、图表、照片及文字等,并形成有机的组合与排列;二是依据主题构思整个展览结构;三是要做好活动期间的新闻宣传工作,扩大展览的影响范围;四是要认真周到地做好工作,使活动井然有序,取得预期效果。

(2)产品展示。产品展示指把消费者带引到所售产品前,透过实物的观看、操作,让消费者充分地了解其外观、操作的方法、具有的功能以及能给消费者带来的利益,借以达成销售的目的。产品展示用于医疗器械或保健器械的促销更为适合。展示的主要内容有:让消费者了解能获得哪些改善;让消费者产生想要的欲望;让消费者认同药品或医疗器械,能解决消费者的问题及满足其需求;药品或医疗器械的特征;能毫无遗漏地解答消费者提出的问题及其药品或医疗器械的优点;能让消费者相信所做到和所介绍的;让消费者感受到诚意,并愿意站在消费者的立场,帮助消费者解决问题;针对消费者的需求,以特性及利益的方式陈述,并通过实际操作证明给消费者看。

6.多元化经营的集客促销

在国内不少药店(尤其是连锁药店),药品、医疗器械之外的各种非药品的经营项目已层出不穷,覆盖面越来越广。据不完全统计,有近大半的连锁药店腾出部分面积来经营非药品,并将其他服务,如洗衣、休闲、冲印等加入到药店服务内容中。多元化经营具有集客功能。药店多元化经营的形式一般有以下四种。

(1)专柜开发。比如设置某品牌专柜,与医药企业共同维护、共同经营、共同承担费用,结成利益联合体,既有利于规避经营风险又降低经营成本。

(2)环境开发。区别于药品销售区域的肃穆和庄重,多元化产品销售区域的布置应该是欢快的、热闹的,让消费者感受一种融合,体验一份温暖。

(3)便利开发。便利是让消费者更容易获取,更懂得如何获取,有更多的获取选择。药店不妨也开放装饰品柜、化妆品等,以开架自选的形式实现容易获取及更多获取选择的便利;配以专门的销售人员,为消费者进行咨询解答,让消费者更懂得获取。

(4)保健食品开发。由于一些大众化的保健食品价格比较透明,药店较难取得竞争优势。但市场上不乏另外一些专营性的保健食品,其特点是不进入传统的流通渠道,销售以指定的专卖店为主。这类保健食品利润高,销售大,竞争小,在药店的可操作性更强。

7. POP 广告促销

POP 广告是指在药店的橱窗里、走道旁、货架、柜台、墙面甚至天花板上,设置以消费者为对象的彩旗、海报、标贴、招牌、陈列品等广告物。

药店 POP 设计
与制作

POP 广告对促销的作用体现在以下几个方面:第一,POP 广告传达商品信息。吸引路人进入超级市场,告知顾客超级市场内在销售什么,告知商品的位置、配置,简洁告知商品的特性,告知顾客最新的商品供应信息,告知商品的价格,告知特价商品,刺激顾客的购买欲望,促进商品的销售。第二,POP 广告创造店内购物气氛。随着消费者收入水平的提高,不仅其购买行为的随意性增强,而且消费需求的层次也在不断提高。消费者不仅要求能购买到称心如意的商品,也要求购物环境舒适。POP 广告既能为购物现场的消费者提供信息、介绍商品,又能美化环境、营造购物气氛,在满足消费者精神需要、刺激其采取购买行动方面有独特的功效。第三,POP 广告促进超级市场与供应商之间的互惠互利。通过促销活动,可以扩大超级市场及其经营商品的供应商的知名度,增强其影响力,从而促进超级市场与供应商之间的互惠互利。

POP 广告使用的主要原因是强化药品终端对消费者的影响,它可以代替店员将药品的特性及说明传达给消费者,以促进销售。如柜台展示 POP、壁面 POP、吊挂 POP、柜台 POP 和地面立式 POP 等。

利用 POP 广告强烈的色彩、美丽的图案、突出的造型、幽默的动作、准确而生动的广告语言,可以创造强烈的销售气氛,吸引消费者的视线,促成其购买冲动。

 拓展提高

实施有效的药店促销

如今走进任何一家药店,如火如荼的促销活动已经让顾客司空见惯,但也有药店一直陷入"不做促销不走量,频繁促销无效果"的怪圈,而其中的原因就是药店未对促销活动做系统规划,而是局限在"为促销而促销"上。所以要实施有效的药店促销还需要做好整体规划、设计好促销活动并且在细节上落实好促销活动,才能确保进行有效的促销,以此提升药店销售业绩和经营水平。

一、从整体上规划好促销活动

1. 明确促销意义

促销前,药店应明白促销策略、促销目的与顾客购买需求之间的关系。促销策略是刺激顾客的购买行为,促销目的是吸引顾客购买。若促销活动无法满足顾客的购买需求,促销策略就不能有效执行,促销目的也就无法实现,"无人喝彩"的促销行为只能"自我陶醉"。若药店的促销活动只是暂时满足顾客的购买需求,促销策略只是短暂地刺激了顾客购买行为,"瞬间好感"的促销行为只能算"艺术表演"。

2. 确定促销目的

确定促销活动目的很重要。药店应根据药品的消费特点及属性明确促销目的,不能简单地为了卖药而促销,而应通过一种特殊的营销方式,加强与顾客之间的沟通和互动,提高药店的药品销售。

3. 摸准促销时机

促销的时机常因促销目的不同而有所差异。按促销目的分为以下几种:一是为打击竞争对手。促销时机多定为对方新店开业、周年庆等"非节日营销",但这样的即时促销,药店须准确知道对手促销活动的时间、促销方式等,方能做到"知己知彼,百战不殆"。二是为"消化库存"。促销时机多选择双休日或者夏季的晚间开展,这样客流量比较大,且消费时间集中,对于药店来说,有很强的资源优势。三是为烘托药店在节假日的营销气氛。促销时机可针对各大节假日或者双休日来进行,既满足顾客在节假日的消费特点及心理,又让顾客看到了喜庆热闹的效果。

4. 加强促销造势

药店的销售人员经常抱怨促销活动的效果不理想。促销活动的成功与否,除与活动内容是否丰富、客流量是否充足等因素有关系,还在于促销活动信息是否传达到目标顾客,是否将促销信息通过媒体宣传(海报、条幅、传单发放、短信平台等)广泛地向顾客传播,从而诱导目标顾客发生购买行为。

药店搞促销追求的不只是销售高峰,还追求人气的凝聚。对于连锁门店,可在促销前期,根据区域市场的特点,结合公司的投入力度加以宣传,比如手绘 POP、拉条幅、组织员工合理发放宣传彩页等,向顾客渗透本次促销活动的主题,利用有效的资源取得丰厚的效应。

5. 把握促销主题

随着药店促销的泛滥,促销的主题也在潜移默化地改变。药店搞促销并不仅仅为了竞

争和销售,每一次促销都应肩负着巩固药店品牌的任务。具有吸引力的促销主题不但可以贯穿促销活动的始末,还对活动内容起到升华的作用。药店是否能把握好每次活动的促销主题,市场调研举足轻重。了解顾客的购药需求,挖掘出最能煽动顾客购买的促销主题,并以此为整个活动的推广核心,辅以其他营销元素,与顾客形成良好的互动氛围,并在药品质量、店员服务等方面与顾客进一步沟通,最大限度地拉近药店、药品与顾客之间的距离,达到稳住老顾客、吸引新顾客的主要目的。

6.注意促销事项

促销活动并不是简单的药品买赠,若药店在促销前期、中期能重视促销细节,就会达到事半功倍的效果。

第一,促销前店长要领悟该次促销活动的主旨。

第二,促销活动前店长做好活动部署。

第三,促销活动的进行中要密切注意活动的实施。

第四,促销活动结束后要善于总结,以指导下一次促销活动。

二、从细节上落实好促销活动

促销活动要顺利开展,不仅要从整体上规划设计好,还包括对销售人员、消费者、产品、现场讲解、销售建议及成交在内的各个细节的落实。

1.销售人员

凡事以人为本,销售工作自然也是如此。销售人员作为企业的第一生产力,其重要性不言自明。

销售过程中销售人员第一要树立一种观念。就是把消费者当朋友,而不是我们传统上说的消费者是上帝,只有这样买卖双方才不会有距离感,才能真正建立起他们的信任度。

第二要成为消费者的采购顾问。这样的销售人员在消费者面前才是一个专业的人士,能够帮助消费者解决问题,消费者的信任程度也会更高。

第三是要成为消费者最愿意与之交谈的人。愿意和你沟通,有话愿意跟你讲,有问题愿意咨询你,这时的消费者俨然把自己的买卖完全交给你。消费者往往是因为喜欢你这个人而喜欢你介绍的产品;销售成功最首要的条件就是自信。

第四个方面就是销售人员一定要建立自信心。必须把握住几个关键问题:一是丰富的专业知识,对自己销售的产品了如指掌,熟记于心;二是反复的演练,对消费者的销售演示达到无懈可击,哪些话该说,哪些话不该说,有些话说到什么分寸,哪些要重点介绍,哪些要一般介绍,这都要事先准备好;三是销售技巧,只有经过持久的不懈努力,具有真诚的敬业精神,善于在实践中归纳和总结,比别人多一份思考,才能获得成功必备的技能。

第五个方面就是善于推销自己。做任何销售,消费者对销售人员的第一印象至关重要,销售人员能不能让消费者认同你这个人,很大程度上取决于给消费者的第一印象,所以销售人员随时应该注重个人的形象和言谈举止。

2.消费者

每天光顾门店的人员很多,但并非人人都会采购我们的药品,并非人人都是我们的消费者,所以需要销售人员具有正确的判断力和良好的观察能力,善于发现你的真正消费者。通常可以先对消费者做一个评估分析,听其言,观其行,分析身份,分析其需求,确保他们是有购买需求的人,是能够做出购买决策的人。不要放弃任何一位消费者,包括潜在消费者,但也不用浪费时间,去与自己认为可能是消费者的人啰唆半天。事实上在还没进入真正销售进程前,你不可能知道谁会买,谁不买,在这些人身上花费你大量的时间,有时候很可能是毫无收获的,只有用最快的办法洞悉发现你的消费者直到最后成交,这才能让销售效率大大提高。

3.产品

作为一名销售人员,你首先必须了解你要销售的产品——药品,必须深信,你要销售的产品能够满足消费者的基本要求,甚至还可能会带来的超值感受。那么要求我们首先要热爱自己的产品,对自己的产品销售要有足够的信心,要知道自己产品的特点、优点和带给消费者的利益点,及其与目标消费者之间产生的共鸣,当然还要随时关注竞争品牌的产品,对比自己的产品,总结优势和好处及产品的独特卖点。

4.现场讲解

聪明的销售人员会在消费者来到店里以后,先做些观察后再做一个简单的开场白,大略讲解一下,然后根据消费者的反应,再做正式的推介。当消费者觉得能了解到对自己有利而又新鲜有趣的信息时,就非常愿意花时间去听,给消费者详尽的产品信息,突出讲解产品的优点和独到之处,这些都需要我们像做一个演员一样,事先背好台词,设计好自己的一举一动,包括消费者刚一进店讲些什么、在查看产品时讲些什么、进行对比体验时讲些什么、消费者有异议时讲些什么等。一切努力都只为一个目标:向消费者推销你的产品。

5.销售建议

在销售过程中你无法成功地将产品推销给每个人,因为每个人都有自己的消费观念和审美角度,但你肯定能也应该能让每个消费者都明了你的销售建议。其实多数消费者在买药品之前并没有对药品了解多少,因此销售人员一定要抓住机会尽量与消费者多做些沟通和交流,让其真正明白自己到底应该买什么样的药品,什么药品才适合。即使他暂时没买我们的产品,也会按照我们所讲的销售建议标准去选择药品,消费者自然会回来购买。

6.敢于成交

成交对于每个销售人员来说都是最喜欢的,它是你精心运筹、周密安排、专业推销、辛勤努力的必然结果。当消费者的异议和疑问都已经被一一解决了之后,销售人员此时千万不要不好意思说出口,而是要敢于成交,敢于让消费者做出购买决策,同时多给他信心,鼓励其下定决心,尽量熟练地运用——制造紧迫感,让消费者现场就购买你的产品。消费者对你产品有购买意向,而且又有了紧迫感,你的销售离成功也就不远了。

重点知识

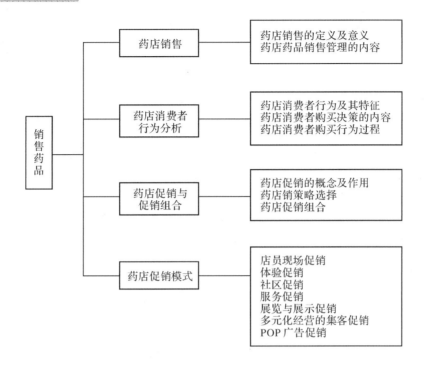

 实用技术训练

一、知识训练

1. 重要概念解释

药品消费者行为　　药店促销

2. 问题理解

(1) 药店的消费者在购买行为上具有哪些特征?

(2) 药店促销的模式有哪些?

测试7

3. 知识应用

(1) 判断题

(　　)① 客流量分为现实客流和潜在客流。

(　　)② 药店的经营业绩与药店的营销策略有关。

(　　)③ 药品都可以开架销售,满足顾客的自由选购需求。

(　　)④ 药品不允许拆零销售。

(2) 选择题(每小题至少有一个正确答案)

① 让消费者免费试用药品,属于促销中的哪一种?　　　　　　　　(　　)

　A. 服务促销　　　B. 体验促销　　　C. 展示　　　D. 人员促销

② POP 广告包括　　　　　　　　　　　　　　　　　　　　　(　　)

　A. 突出的标签　　B. 宣传画　　　C. 装饰物　　　D. 陈列品

③把药品包装盒放在橱窗处,属于促销中的哪一种?　　　　　　　　　(　　)

    A. 服务促销　　　　　B. 体验促销　　　　　C. 展示　　　　　　　D. 人员促销

④顾客比较侧重于店员的态度,不能有效地处理人情与交易的关系,属于什么类型顾客?　　　　　　　　　　　　　　　　　　　　　　　　　　　　　　　　(　　)

    A. 漠不关心型　　　B. 防卫型　　　　　C. 干练型　　　　　D. 软心肠型

⑤侧重于单纯关心药品销售任务本身,忽视药品交易过程中的沟通,属于销售人员心态方格中的哪一种?　　　　　　　　　　　　　　　　　　　　　　　(　　)

    A. 无为型　　　　　B. 推销型　　　　　C. 导购型　　　　　D. 顾客型

⑥让药店的店堂有淡淡的药品清香,属于促销中的哪一种?　　　　　　(　　)

    A. 服务促销　　　　　B. 体验促销　　　　　C. 展示　　　　　　　D. 人员促销

⑦只要顾客想买的药品就设法满足,属于销售人员心态方格中的哪一种?(　　)

    A. 无为型　　　　　B. 推销型　　　　　C. 导购型　　　　　D. 顾客型

⑧顾客对于所购买的药品很重视,比较挑剔,属于什么类型顾客?　　　(　　)

    A. 漠不关心型　　　B. 防卫型　　　　　C. 干练型　　　　　D. 软心肠型

二、技能训练

(一)案例分析

场景一

一位穿西装打领带的年轻人漫步走入店内,在店内柜台前边走边看,一会儿停下来看看柜台内的药品,一会儿又抬起头好像在考虑什么。店员走近他身边打招呼:"您好,请问您需要点什么?"那位顾客也不答话,快步离开了这个柜台。

走了没几步,他又停在保健品柜台前,开始翻看那些促销宣传品。店员见状,又走过来招呼"是要买保健品吗?"话没说完,顾客扔下一句"随便看看"就快步走了。店员被甩在那里,嘴里嘟囔着"又是一个只看不买的主儿"。

场景二

一位顾客正在挑选一种补钙产品,店员介绍说:"这种产品效果好,价格也比同类其他产品便宜,比较实惠。"

顾客回答说:"我以前吃过这种药,效果是不错。我听说你们最近在做活动,买两盒送一小盒赠品。"

店员扭头大声问柜台内的同事:"现在××产品还有没有赠品送? 这里有个想要赠品的顾客。"

店员这一叫,店内所有的顾客都把目光投向了这个顾客,她不好意思地低下了头,还没等店员的答复就逃似地离开了药店。

场景三

顾客 A 和 B 结伴来到店内,顾客 A 为选择一种减肥产品而拿不定主意,邀请 B 顾客当参谋。

A 顾客:"到底哪种好呢,我觉得甲产品好一些,价格也可以。"

B 顾客:"还是乙产品好一些,我们公司的同事都说效果不错。"

店员极力推荐丙产品:"我们店内丙产品卖得最好了,甲和乙虽然广告比较多,但效果却不如丙,买东西不能光看广告……"

顾客 B 打断店员的话:"那我们再看看其他地方的。"说完拉着顾客 A 出门了。

【案例讨论】

1.以上三个场景中,药店店员在把握消费者的购买心理中都出现了什么样的问题?

2.针对上述三个场景中的店员接待消费者的行为,你有什么意见和建议?

(二)操作实训

【实训项目】　药店促销策划与技能训练

【实训目的】　学习促销组合的策划;掌握人员推销的技术要领;学会对促销过程进行控制。

【实训内容】

1.了解药店的促销策划流程;

2.观察跟踪某一药店开展的促销活动;

3.观察药店销售人员在店内销售药品的过程;

4.观察消费者到药店前来购买药品的相关购买行为。

【实训组织】　以小组为单位,每组参观 3 家社会药店,将所见的情况以文字形式记录下来,并进行比较,重点在于发现不同药店的不同的促销活动,进行分析。

【实训考核】

1.以小组为单位,由组长为组员考评;

2.由课代表组成的领导小组为各个小组考评;

3.由带教老师将各组情况汇总,根据实际巡视结果,进行最后考评。

(沈　枫　章建飞　赵　静)

药店服务管理

项目八 药店服务管理

项目描述

随着社会的飞速发展,我国不断提高对经济的宏观调控力度,医药企业的竞争也随之加大。于是,在药品零售市场的发展过程中,争夺经济社会中有限的客户资源便成为现今药店经营关注的重点。

为了更好地服务于药品消费者,药店利用各自的特色,不断加强自身的服务管理水平,以期通过良好的服务方式、温和的服务态度和规范的服务管理来赢得更多的客户。而如何在已有资源基础上创造出更适合药品消费者的服务,则是众多药店一直以来的目标。

知识目标:了解药店服务的主要内容,熟悉创新的药店服务方式、药店会员制管理,掌握药店服务的基本理念、药店服务技巧。

能力目标:在深刻认识药店服务基本理念的基础上,应用药店服务技巧。

素质目标:培养店员的服务基本理念,熟练掌握服务技巧并能够较好地应用于实际。

项目分析

知识点:

● 药店服务概述;

● 药店服务的主要内容。

技能点:

● 药店服务技巧;

● 创新的药店服务方式;

● 药店会员制营销。

相关知识

一、药店服务概述

服务是指为他人做事,并使他人从中受益的一种有偿或无偿的活动,不以实物形式而以提供劳动的形式满足他人某种特殊需要。

药店服务是一种专业性很强的服务,药店要更好地生存和发展,就应最大限度地满足顾客的需求。药店的服务理念是药店的基本服务指导思想,药店服务质量的好坏直接反映出我国药品零售业的发展程度。

药店的宗旨就是确保顾客利益的最大化,确保药店核心竞争力的发展与壮大。良好的顾客关系管理不仅可以使药店保留原有顾客,还可以通过口碑宣传吸引新顾客,形成竞争者难以取代的竞争力,达到药店和顾客双赢的经营理念。

我国药店发展至今,或多或少都出现了影响药店服务方面的问题,大致可以总结成以下几个方面:

1.执业药师缺失

尽管我国于1994年就开始执行执业药师资格制度,但我国的大部分药店还是极缺乏执业药师。《中国的药品安全监管状况》一书的数据指出,早在2007年,我国便已有药品零售企业和门店经营企业34.1万家,截至2011年2月,全国累计有18万余人取得执业药师资格,但在第一线指导百姓买药、用药的只有4万余人,且"挂名药师"的现象比较严重。

2012年1月20日,国务院发布了《国家药品安全"十二五"规划》,其在发展目标中明确要求:新开办零售药店均配备执业药师。2015年,零售药店和医院药房全部实现营业时有执业药师指导合理用药。这也为我国未来的药店服务打下了良好的基础,可见,在执业药师的用药指导这一方面很需要增加相应的法规文件来加以规范。

2.药店从业人员的专业知识素质相对较低

医药行业的服务性极强,这就要求医药行业的从业人员本身必须具备足够的药品专业知识,才能在用药指导与咨询中多方位地满足消费者的需求。而我国现今大部分药店的从业人员都不是专业院校毕业,医学和药学方面的知识尤其匮乏,对于药店服务中所涉及的管理学、经济学、心理学等方面的知识了解得更是很少。尽管员工上岗前都进行过专业知识的培训,但目前我国多数药店的培训体系还处于初级阶段,较难真正地为药店一线员工提供专业药学服务支持。这就造成了在实际应用中许多店员无法为患者提供其所需的求医问药方面的专业咨询,在一定程度上阻碍了患者对疾病和用药的了解。久而久之,药店的服务意识便远落后于其他的零售行业了。

3.药店经营者服务意识淡泊

药店服务是一种以顾客为中心的药店营销。它更换了传统营销中的产品、价格、渠道、促销等基本要素,转变成为顾客提供服务,注重顾客消费所付出的成本、购买的方便性以及与顾客沟通的方式等要素,强调药品流通应以向客户提供全方位的服务。

二、药店服务的基本理念

药店店员的工作核心不仅包括销售药品,还包括满足顾客购药过程中的服务需求。一位优秀的店员应当能够引导顾客科学、合理地用药,通过为顾客提供满意的服务来将合适的药品销售给顾客。药店的基本服务理念包括:

1.良好的服务态度

良好的服务心态和健康的职业素养是药店店员职业生涯的关键素质,店员们虚心、诚恳、谦和的服务态度能够为药店争取到更多的忠诚顾客,更能够展示出药店积极向上的精神面貌。

2.诚信至上

诚信不仅关系到店员个人的道德素养,更是一个药店的立足之本。店员在服务中应以诚信至上为原则,顾客既是药店的消费者,又是药店的经商之魂,药店经营的药品关系到人们的生命安全,诚信在此更是重中之重。只有把顾客的健康安全放在第一位的企业,才能够获得良好的口碑,获得更多的忠诚客户。

3.具备社会责任感

店员在药店工作,担负着一种责任,要对顾客健康安全负责。责任其实比能力更宝贵,它是一种使命,也是一种承担,如果药店的每一个员工都能时刻对顾客负起责任,关注细节,将会是药店最大的财富。

4.专业才能自信

既然是销售药品,店员就必须首先具备专业的药学知识,并在工作中不断学习和积累常见疾病的治疗方法与用药方案,拥有足够的用药知识储备,才能正确指导顾客购药,为药店的发展打下基础。

三、药店服务的主要内容

由于药品本身的缺陷和个人体质的不同,药品在使用过程中不可避免地存在不良反应。药店需要相应的服务来将药物的治疗效用发挥到最大,促进用药安全与合理,减少由于用药方面失误给患者带来的损害。

药店应以依法批准的经营方式和经营范围为基础,成立以店长为负责人的服务管理组织,设置药店服务管理制度,抓好标准化建设并按照高标准、规范化的要求,结合药店的实际情况,明确药店各主体的服务内容。

药店的服务内容可大致包括用药咨询与指导、处方调配、监测药品不良反应、顾客投诉处理等。

1.用药咨询与指导

用药咨询与指导不仅是执业药师工作的一部分,也是药店销售员需要做到的。患者在药店购药,需要了解如何服药、避免不良反应的发生,因此,执业药师应首先具备扎实的专业知识,熟知店内药品功效、不良反应、配伍禁忌、临床医学等,并了解患者病情、病史、过敏史、用药情况等,协助患者正确购药,并及时为患者设计合适的治疗方案,指导患者用药,消除患者的用药误区。

2.处方调配

处方调配一直是执业药师的传统职能,也是保证患者安全用药的关键环节。执业药师审查患者的处方,可以减少由于医生疏忽或信息不全导致的用药差错,并对患者用药进行专业化指导,降低患者由于盲目用药造成的身体损害,也防止了药害事件的发生。

3.监测药品不良反应

药品本身的特性使得用药会产生相应的不良反应。药店出售药品后,执业药师应继续对患有多种疾病、器官功能不全、长期服药的患者进行用药效果的跟踪监测,对监测结果实施分析、评价,减少药源性疾病的出现,最大限度保证患者的服药安全。

4.顾客投诉处理

限于药店服务管理的不完善,顾客必然会有不满意的地方,因此药店应正确对待顾客的投诉,及时反馈,使顾客投诉转变为顾客忠诚。

【小资料 8-1】

如果一个顾客不再去某家商场购物,可能的原因如表 8-1 所示:

表 8-1　顾客不再光顾某家商场的原因

比例/%	1	3	5	9	14	68
原因	死亡	搬迁	兴趣转移	竞争者	对产品不满意	对服务不满意

可以得出,有 82% 的顾客不再去商场的原因在于顾客对产品和服务不满意。药店对投诉顾客进行及时的补救,可以让顾客感受到药店负责的态度,并将其转变为忠诚顾客。通常,顾客的投诉也反映了药店在经营过程中出现的问题,正是不足的存在才使得顾客产生不满。因此,顾客的投诉管理也就是一个随时诊断药店自身的管理,可避免发生严重的失误,树立药店良好的形象。

 项目实施

一、药店服务技巧

药店属于零售企业,赢利的关键在于顾客,但药店对顾客服务的发展却已经远落后于其他类别的零售企业。目前大多药店以促销、广告宣传等作为重点来销售药品,但如果药店管理者仔细分析,将发现多数顾客会由于药店良好的服务态度和专业的用药指导而时常光顾。在如今竞争激烈而又复杂的经济环境下,顾客更加倾向于注重药店的服务质量而非药店所售药品的品牌。

因此,药店内部应首先为顾客营造一个温馨舒适的大环境,设置醒目的基本用药指导服务及提示性语言,提高顾客的"回头率"。只有以服务为先的药店,才能立足在竞争激烈的社会中,取得更好的经营业绩。

1.服务人员的基本素质

良好的服务素质是对药店员工最基本的要求,更是做好营销的关键。

(1)心理素质。药店员工应始终把顾客的需求放在第一位,对顾客热情,面带微笑,尽量不要对顾客的不雅言行耿耿于怀或针锋相对,以免造成顾客不必要的流失。

(2)行为素质。店员的服饰、仪表和行为能够体现出一个药店的整体形象和健康的精神面貌,营造舒适的气氛。因此,店员的服饰首先应为统一的工作装,颜色以素净为主,且应注意保持服装的干净,做到服饰和谐统一;其次,店员需注意自身外貌的整洁,发型得体,站姿端庄,朝气蓬勃;再次,不做不雅姿势,不得有弯腰驼背、双腿大叉、浑身乱动、趴伏倚靠、双臂拥胸等不良站姿,既要站稳又要放松;最后,店员的形态风度要高雅、礼貌、得体,不扎堆聊天和嬉笑打骂,不能当着顾客的面评头品足,应情绪饱满、举止大方,随时保持热忱的工作态度。

(3)语言素质。在语言方面,药店的员工应注意说话诚恳,实事求是,不夸大其词,且应留有余地。

第一,与顾客打招呼时要灵活对待。顾客到药店购药,不是花钱买罪受,也不是来听从店员使唤和调遣的,因此,店员在与顾客打招呼时要尽量避免使用命令式语气,应多用疑问句的请求形式跟顾客说话。命令式的语句表示单方面的意思,没有征求别人的意见;请求式的语句则是以尊重他人的态度,请求别人去做。请求式的语句一般有两种说法:①肯定句。如:"请您稍微等一等。"②征询疑问句。如:"您能稍微等一等吗?"

第二,少用否定句,多用肯定句来回答顾客的问话。店员的肯定句表达可以减少顾客的疑虑,增加顾客的信心,令顾客感到身心愉悦,从而顾客也就喜欢到此药店来购药,这对保证药店的顾客数量有着关键的作用。

第三,说话时语气应委婉,语调应柔和。轻柔的语调可以使顾客感到舒服,此时若再加以礼貌的语言,便是一种微妙的表达技巧,能够获得顾客的充分信任和对药店的好感。

第四,善用肢体语言。哈佛大学曾经对人的第一印象做了行为研究报告,报告指出:在人的第一印象中,55%来自肢体语言,38%来自声音,7%来自说话内容。肢体语言包括姿势、手势、表情、身体装饰、行为举止等诸多方式,是一种常为人忽视但在现实生活中不可或缺的非语言信息和交流系统。在许多情况下,肢体语言带有无意识性,更原始、更难作假,因而比言语更真实地反映人类的某些内在感受和想法。

因此,药店员工在与顾客交流时,可加入肢体语言来丰富自己的语言表达,比如,打招呼时应辅之以点头示意、笑脸相迎,给顾客一个良好的最初印象。当顾客进店后在柜台询问药品时,店员应及时行至顾客处,避免顾客需要购药时找不到店员可以咨询,积极接待,不要左顾右盼。当顾客较长时间凝视某一个药品、在柜台寻找某种药品或在观察药品后把头抬起来时,店员应主动与顾客交谈,询问顾客需要的购药信息,安抚部分患者的急切心情,使其能够准确地提供病情,然后为顾客介绍相关的治疗药物。这样利用肢体语言可使顾客体会到店员的真诚,既起到了对口语的补充作用,又能够传递口语难以表现的微妙信息,不失为一种合适的表现形式。

一般的肢体语言代表的意义见表 8-2。

表 8-2 肢体语言的含义

肢体语言	典型含义
眯着眼	不同意,厌恶,发怒或不欣赏
扭绞双手	紧张,不安或害怕
懒散地坐在椅中	无聊或轻松一下
点头	同意或者表示明白了,听懂了
抬头挺胸	自信,果断
晃动拳头	愤怒或富攻击性
打哈欠	厌烦
轻拍肩背	鼓励,恭喜或安慰
笑	同意或满意
环抱双臂	愤怒,不同意,防御或攻击
坐不安稳	不安,厌烦,紧张或者是提高警觉

续表

肢体语言	典型含义
双手放在背后	愤怒,不欣赏,不同意,防御或攻击
正视对方	友善,诚恳,外向,有安全感,自信
避免目光接触	冷漠,逃避,不关心,没有安全感,消极,恐惧或紧张等
走动	发脾气或受挫
向前倾	注意或感兴趣
坐在椅子边上	不安,厌烦或提高警觉
摇头	不同意,震惊或不相信
眉毛上扬	不相信或惊讶
鼓掌	赞成或高兴
手指交叉	好运
搔头	迷惑或不相信
咬嘴唇	紧张,害怕或焦虑
抖脚	紧张

（4）专业知识。药店员工最基本的要求即应熟练掌握专业药学知识,包括药品的品类、适应证、用法用量、药物配伍禁忌与不良反应、价格、产地、同类药品的对比、临床常见病诊断用药等。只有掌握确切的用药知识,才能更好地为顾客提供需要的用药指导。

2.让顾客满意的服务方式

店员与顾客进行良好的沟通是服务的基本,为了帮助顾客顺利购药,药店员工应做到以下几方面:

（1）对顾客负责。当顾客在购药或用药方面有问题时,店员不应推卸责任,而是积极协助顾客解决问题,由于专业知识有限而实在无法解决问题时,应亲自将顾客交给相关负责人。

（2）懂得换位思考。当出现问题时,店员应首先站在顾客的角度,设身处地为顾客着想,理解和宽容顾客提出的要求,并尽量满足顾客的合理要求。每个人的观念和利益都存在着差异,店员只有将心比心,分析顾客的心理,用顾客的思维找到顾客的需求,才能真正地让顾客满意。

（3）赢得顾客的信任。在遇到较困难的问题时,要赢得顾客充分的信任,语调要有耐心。无论发生何种情况,店员都不应该告诉顾客"有人比你还惨呢"来使顾客感到气馁。要用积极、实在的回答方式来告知顾客,通过询问顾客意见得到及时反馈,例如"我做的是否符合您的要求?","我告诉您的有用吗?","这是您想要的吗?","我还可以为您提供什么帮助?"等。如果无法自行解决问题,应及时请示药店管理者进行处理,而不是直接放弃处理问题或用消极的态度来对待顾客。否则会使顾客愈加不信任药店,还会有损药店形象。

如果顾客提出的要求有悖于药店的政策,也应该是这样回答,"您的要求不符合药店的规定,您看不如我们再换一种办法"。即使最后问题没有解决,顾客也会对你的努力和关注表示感谢。

（4）给顾客改变主意的机会。顾客的消费通常都是非理性的,很可能会随时改变主意,购买别的药品。因此,一个素质良好的店员应不厌其烦地询问顾客的病症、偏好、意见和其他选择意向,只有良好的沟通交流才能促成更多的生意。

(5)认真对待顾客的投诉。药店服务的不到位易导致顾客在药店购药过程中产生不满情绪,有可能向其他顾客讲述自己的不满经历,甚至会不再选用该药店的药品,对药店口碑造成负面影响,这将让药店的正面宣传大打折扣。

顾客对药店的投诉包括药品质量不合格、药品价格过高、药品标识不清、药品缺货、店员的服务态度不佳、店员的专业知识不足、药店的服务项目不够、店内购物环境不佳等方面。

当出现顾客投诉事件时,店员要坚持处理投诉的服务原则,即礼貌接待投诉顾客、耐心倾听投诉者申诉、不与顾客发生争执、处理事件的速度要快、不扩大投诉事件、同类事件处理原则保持一致。

首先,店员要控制顾客的情绪,聆听顾客的陈述,切不可伤害顾客的自尊;然后,对顾客表示歉意并认真、诚挚、迅速、公平地为顾客处理问题,疏解顾客的情绪;并在最后快速开展投诉管理,加大对投诉的重视,从顾客的投诉中查找药店自身的不足,积极加以改正,减少类似的投诉事件,将不满意顾客变为满意顾客,提高药店的知名度。

(6)用"谢谢你!"结束。"谢谢你!"比"谢谢"更有感谢的意义,因此要对顾客真诚地说:"谢谢你!"因为顾客的存在才是拥有这份工作的唯一前提。

3.服务用语和禁忌

(1)礼貌用语。顾客进入店内,店员要礼貌接待,做到"来有迎声,问有答声,走有送声"。

①当顾客临近柜台时,营业员应主动招呼、询问。②营业员回答用户有关事项时,应耐心介绍,语气平和,简洁清楚。③当业务较忙而顾客着急催促时,营业员既要加快处理速度,又要注意语气温和地请顾客谅解。④当有老弱病残幼等特殊顾客时,一般优先受理,营业员应礼貌地向其他顾客说明。⑤当顾客准备离去时,营业员应主动招呼,礼貌地送走顾客。

顾客服务规范化流程如表8-3所示:

表8-3 顾客服务规范化流程

流 程	顾 客	营业员
招呼接触	进店	点头 "您好!" "很高兴为您服务!"
轻松气氛	选购时	"请您随便看!" "请您慢慢看!"
指示指导	购物异议时	"需要我帮忙吗?" "我可以为您服务吗?" "您有什么问题,可以告诉我吗?" "我可以做做参谋吗?" "需要我给您介绍一下吗?"
满意成交	成交、收银、包装	"多谢您的光临!"(如销售化妆品等品种) "谢谢您!"
礼貌送客	出店时	"再见!" "请慢走!" "请拿好东西!" "您还有什么需要请提出来!"

（2）用语禁忌。①顾客来到药店咨询用药时，营业员要耐心答复，即使有不了解或一时答复不了的问题，也禁止使用"我不知道"的答语，要诚恳地向顾客说明，向药学技术人员了解清楚后予以答复。②顾客有意见投诉时，营业员要认真听取，属自己过失的要马上改正，属他人过失的应记下来，转有关人员处理，禁止使用"你愿找谁找谁去"的答语。③当顾客有不懂的问题时，营业员要加以指导，不能不理睬，禁止使用"这还不会用"的语言，讽刺挖苦顾客。④如与顾客发生争执，营业员应予克制，主动避开，并耐心解释。若顾客口出秽语，营业员也应禁止用粗话、脏话。

二、创新的药店服务方式

创新是一个企业的灵魂，药店服务方式的创新能够有效地为顾客创造服务价值，提高顾客的满意度。药店创新的服务方式可以是增添免费服务项目，提供多元化的服务，满足消费者一站购齐的需求，还可以开发一些新的综合式服务，以服务求生存和发展。

1.增加常见的免费项目

例如，免费吸氧、免费代煎汤药、免费提供药学报刊阅览、免费测血压等，从各方面满足顾客的需求，从服务的细节提升药店的形象，提升药店的服务价值。

2.设置社区关怀服务

部分药店开设在居民小区中，如果能够利用药店的地理位置优势为顾客提供简单的社区关怀服务，与附近的医院或厂家合作，推广药店的特色服务，如简单的体检、健康讲座、健康咨询等服务，向顾客介绍一些常见疾病的自我诊断、日常生活注意事项、常见疾病的食物疗法、时令进补养生知识等，让顾客通过这些简单的服务了解自身的健康状况，掌握基本的健康信息，也不失为一种合理的方式。药店可以制作卫生宣传小册子或定期出黑板报等形式来吸引更多的潜在顾客，树立良好的药店形象，拓宽市场，扩大药店的知名度。

3.送药到家

送药到家这一服务方式类似快递送货上门业务，送药到家尤其适合老年人，一些老年人身体不够方便，不能自由活动，如果附近药店能够有专门的送药业务，那将会极大地方便老年人购药。送药到家既减少顾客的体力成本，又减少了购买成本，节约了时间，其他的顾客也同样会感到方便和舒心。

送药业务不仅可以包括送药到家，还可以同时做药品的缺货登记、市场调查等活动。比如，有的药店设置了一种"家庭爱心药箱"服务，不仅送药上门，还能提前"关照"。并且，这种药箱的服务对象主要是一些老病号或慢性病患者。药店免费送一个药箱，并装上一些常用药，患者快用完时，只要打个电话，药店就会配齐送来。因此，送药业务能够更多地关注顾客的健康信息，创造顾客满意的服务方式，协助药店取得更好的经济效益和社会效益。

4.建立合理的退货制度

通常情况下，药店出售的药品不接受退货，但有时会出现药品质量不合格、用药的不良反应大、用药后病情加重或用药无效果等情况。此时如果药店能够设置一个合理的退货制度，协同供应商一起为未拆封药品或者是能够明显判断出质量不合格等的药品建立畅通的退货渠道，最大限度地保证顾客的利益，将是对顾客生命安全和健康状况最负责的一种表现，也会增加顾客对药店的信任。

药店会员制营销

三、药店会员制营销

会员制营销是企业战略营销的一个重要组成部分,它以某项利益或服务为主题将人们组成一个俱乐部或团体,与其保持系统、持续、周期性的沟通,广泛开展宣传、销售、促销等全面综合的营销活动。连锁药店的会员制营销源于欧美国家,我国从 1999 年初见萌芽,最早由深圳的药店所用。随着我国药店的发展,会员制营销逐渐在药店中形成了自己的特色。

(一)药店实施会员制营销的优劣势

1. 优势

(1)树立药店品牌,降低开发新顾客成本。药品是以健康为需求的特殊商品,销售对象比较稳定。药店实施会员制营销,与顾客之间建立良好的关系,可使顾客产生归属感,从而培养顾客忠诚度,提高药店美誉度,树立药店品牌。顾客持有品牌药店的会员卡,不仅能享受药店的价格折扣和特殊服务,而且使顾客拥有一种自豪感,进而成为药店宣传员,降低开发新顾客成本。

(2)增加与供应商的谈判能力,提升价格优势。药店实施会员制营销,拥有较大数量的会员,可作为与供应商谈判的筹码,降低药店进货成本。药店成交客越多,规模效应就越大,药店会员可以享受到更优惠的价格折扣,从而吸引更多的消费者。

(3)提供药店与顾客的沟通渠道,改进药店的经营模式。顾客购药最为关注的就是用药安全,而会员制对药品售出后的不良反应等都有一个全面的记载。同时会员制强化了顾客需求分析,使药店和顾客有更深层次的沟通。药店实施会员制营销,促进顾客以会员的身份向药店提出要求,便于药店及时了解到顾客的需求变化,改进药店的经营模式。

2. 劣势

(1)准备工作多,成本费用高。药店实施会员制营销前必须做大量的准备工作,包括投入人力进行调研和论证、投入金钱购买数据系统和终端设备、投入相应的广告宣传费等。实施会员制期间,整理分析会员资料、研究判断消费趋势等工作同样需要大量的成本费用。

(2)营销效果难以预计,风险大。药店实施会员制营销的效果需要运行一段时间后才能知道,事先预测有一定的困难,因此常常具有一定的风险。如果会员没有发展到足够数量,或者会员持卡消费的频率很低、数额有限,对药店来说很有可能得不偿失。

(3)入会循序渐进,回报效果慢。说服顾客入会是一个循序渐进的过程,往往需要与顾客多次交流沟通,才能赢得顾客的认可与好感。国内会员制企业一般需要两年时间才能培育出稳定的会员顾客,靠这些会员顾客创造收益又需要更长的时间,可见其回报效果慢。

(二)药店实施会员制营销前的思考

1. 药店是否需要降低客户流失率

在竞争白热化的药店市场中,"客户流失率"已经成为各门店经营管理的重要话题。会员制可以为会员带来一个愿意归属的场所,即客户忠诚度。客户忠诚于某个药店,在一定意义上是客户不愿意失去药店提供的各种利益或好处。一般,只要不是客户难以容忍的错误,会员是不大愿意"移情别恋",加入另一个会员制药店的。因此,假如企业的"客户流失率"超出一定比例,则可以考虑采取会员制营销来扭转局势,从而大幅度地改进客户忠诚度。

2.药店是否需要一个稳定的、可以预测的现金流

一般情况下,药店在没有会员制的情况下,很难预测药品销售情况,也很可能会出现畅销品缺货和滞销品积压等问题。药店实施会员制营销,可以对会员的消费情况、态势以及购买行为进行分析,从而较准确地预测药品销售,为药店有效使用现金、减少库存积压打下坚实的财务基础。

3.药店是否期望从现有客户中获得更多的销售收入

药店进驻商圈一段时间后,已经拥有了一定数量的固定客户,肩负达到盈亏平衡点和完成盈利两大任务。药店实施会员制营销,可以根据会员购买数量和金额的不同而设立不同水平的奖励计划,从而刺激现有客户更多地消费。

 课堂随想 8-1 所有药店都适合实施会员制营销吗?

(三)药店实施会员制营销的策略

1.药店力所能及提供会员服务

药店实施会员制营销,需要较多的资源投入。考虑到消费者对药店服务需求的无限性,药店有必要衡量自身的能力,提供力所能及的会员服务。例如,"免费健身"服务项目,药店不仅要考虑项目成本,而且要考虑会员数量对项目的影响。

2.量身定做会员制

(1)事先制订计划,做到未雨绸缪。药店实施会员制营销,应事先经过充分的调研和分析,确定清晰的发展目标和所能提供的服务项目,制订出切实可行的计划。药店应对会员交纳会费的金额、会员的发展数量以及会员持卡消费所得到的价格折扣和增值服务做出客观充分的估计,以防会员的数量过多或过少、会员持卡购物的频率过低、服务质量达不到预期标准等问题的出现。

(2)设立适合的入会门槛,提升会员服务。药店应根据实际情况来设计目标客户和服务项目,从而确定适合的入会门槛。入会门槛确定很低,会员象征性地收费甚至不收费,非会员与会员享受的服务没有显著差异,会导致会员卡贬值,顾客漠视会员资格。北京西单普生药房的做法值得借鉴,该药店位于西单友谊商城六楼,会费每年 100 元,依然顾客盈门。药店成功之处在于平价的基础上推出超低的药品"会员价",并别出心裁地在店堂内开辟了100多平方米的健身房,供会员免费健身。

(3)会员分级、分类管理,提供差异化服务。会员分级,是指会员可分为初级、中级、高级三等。药店在会员刚开始加入时,先让其成为初级会员,随着消费额度的增大、参加活动数量的增多,可逐步晋升为高一级会员,不同等级的会员可享受不同层次的价格折扣和增值服务。

会员分类,是指药店通过对会员需求的分析将顾客分成几个类别,以提供相应的有针对性的服务。分类的依据可以是顾客所患疾病的种类,也可以是顾客的喜好、消费水平、职业等,分类是为了使药店服务向纵深延伸,比如为教师会员举办专业讲座,指导其预防和治疗肩周炎等职业病。

3.规范化科学管理,确保会员隐私安全

药店会员制营销要规范化科学管理,制订药店会员手册或指南,详尽说明药店和会员双方的责、权、利,以防事后发生异议或纠纷。

药店应派专人对会员的信息进行收集和管理,不得泄露会员的通信方式、病症等。同时加强相关工作人员的严格管理,确保会员隐私的安全。

4.提高药学服务水平,形成核心竞争力

对于越来越多的消费者,特别是中、高收入水平的消费者来说,选择药店购药的标准不只是药品价格,更看重药店的药学服务水平。药店的药学服务分为三个层次,包括核心服务层、感知服务层、扩展服务层。核心服务层的工作内容主要包括了解用药的主体、推荐合适的药品、介绍科学的用药方法、解释不良反应、说明药品标签等。感知服务层要求营业员具备娴熟的销售技巧和方法,能及时感知消费者的心理特征,迎合消费者的喜好,提供温馨满意的服务。扩展服务层通过为会员建立药历,定期以电话、邮件、讲座或坐堂咨询的方式对会员进行科学、合理的用药咨询指导,了解消费者发生的用药问题,监测药品不良反应并及时将不良反应上报给有关部门。

5.开展联合会员制,实现会员信息共享

多家企业联合开展会员制营销,比单独一家企业开展会员制效果要好得多。药店可以和美容院、健身中心、超市、百货商店、银行、旅行社等联合实施会员制营销,实现会员信息共享,达到互惠互利互动的效果。联合伙伴的选择需要慎重,可从企业的知名度和信誉度两方面进行评价。

 拓展提高

国际药房服务质量标准

1993年世界卫生组织和国际药品联合会(FIP,简称国际药联)颁布了《优良药房工作规范》(GPP)。1997年重新修订,明确指出,GPP就是完成"药学服务"的途径。考虑到发展中国家组织实施GPP的条件不够成熟,1998年国际药联又起草了《发展中国家优良药房工作规范分步完成建议书》。GPP建立在药学服务基础之上,而药学服务由药师来提供。制定这些准则建议和国家标准主要是为了指导药师工作,指导患者自我保健、改进处方和药品使用。

FIP敦促药学组织和政府共同努力,推出适宜的标准,或如果存在相应的国家标准,则要以GPP文档中的准则为依据,评议现有标准。

1.基本原则

药房工作的任务是提供药品、其他卫生保健品和服务,帮助大众和社会更好地使用药品。全面的药房服务包含参与各种活动以确保大众的健康,预防疾病发生。治疗疾病时必须保证个人使用药品的质量,以达到最大的治疗效果,避免发生副作用。这实际假定了与其他专业人士和病患者共享责任的药师同意接受治疗的效果。

近年来,"药学服务"这个词已经将其自身塑造成一门实践的哲学,而病患者和社区是药师实践的直接受益者。这个概念主要关联到特殊人群,例如老年人、母亲、儿童和慢性病患者,直至关联到根据成本控制观点来看形成的整个群体。尽管药学服务和GPP的基本观念是非常一致的,但可以说GPP主要是以药学服务为基础的。

2.GPP要求

(1)GPP要求药师在所有情况下首先要关心的是患者的健康。

（2）GPP要求药房活动的核心是提供合格的药品、保健产品,给予病患者适当的信息和指导,监督药品的使用效果。

（3）GPP要求,作为药师工作不可分割的一部分,药师应该推行合理和经济的处方,推行药品准确使用。

（4）GPP要求每一项药房服务的目标要关联到个体,要明确定义,并要能有效地传达到所有相关的人员。

为满足这些要求,应遵循以下几点:

（1）尽管经济要素普遍认为是重要的,但职业要素也应该是作为指导实践的主要理念。

（2）必须有药师参与决定药品的使用。应制定办法使药师能够报告药品不良反应事件,用药失误,质量缺陷,假药检定。这些报告不管是直接的还是通过药师产生的,都可以包含患者或卫生保健人员提供的有关药品的使用信息。

（3）同其他卫生专业人员、特别是与医生连续联络,应该将联络方看作治疗伙伴关系。这一关系涉及有关药物治疗学方面的相互信任和理解。

（4）与其他药师为同盟关系,应寻求改善药房服务水平,而不作为竞争对手。

（5）实际工作中,各类团体、医疗组和药房管理者应该承认对质量的定义、评价和改善共同负有责任。

（6）药师应知晓每个病患者的基本的医疗信息。如果病患者只选一个药店购药或患者有现成的药历,那么获得这些信息非常容易。

（7）药师需要独立、全面、客观的和最新的关于治疗及用药的信息。

（8）各岗位的药师应该对贯穿职业生涯的能力评价和维护承担个人责任。

（9）针对准入药师职业人员的教育项目应体现工作中当前的、近期的变化。

（10）GPP的国家标准应予以说明,并为从业者遵守执行。

 链接

小小抹布无伤大雅?

星期天,吴女士带着女儿外出散步。婆婆打来电话,叫她买枸杞子和核桃仁。

在吴女士看来,药店的药品质量比超市的要控制得严一些。于是,她便径直来到药店的中药柜台购买。由于这两种药品在常温下不易存储,多数药店都会将其放入冰箱冷藏保存。这家药店也不例外。店员打开冰箱门,一股腥臭味飘了出来。

"冰箱怎么会有这么难闻的味道啊？是不是有药品坏掉了?"吴女士凑过去准备看个究竟,只见一个装着鱼的袋子正放在冰箱里的药物上,还流下来一摊血水。原来这条鱼是店员前天晚上临时放进去的,下班忘记带走了,而碰巧当晚因附近线路维修,店里停了一夜的电。

店员见状,马上拿抹布清理,擦干净后,将抹布随意地扔在一边的药品上。见店员没回答,吴女士接着问:"专用的冰箱怎么能随便放私人物品呢？药是用来吃的,你怎么能把抹布放在上面呢?"

店员接过话说:"'不干不净,吃了没病',你以为这些中药在加工时都很干净吗?"说完,随手拿起抹布扔到了柜台里面。

吴女士一听就冒火了:"像你这样的态度还能做生意吗?药品卫生干净我们才吃得放心

啊。"接着,两人你一言我一语地吵了起来,引来不少顾客看热闹。

争执惊动了店长,店长问清情况后,狠狠地把店员训斥了一顿,并诚恳地向吴女士道歉,可是吴女士没有买任何东西,拉着女儿头也不回地走了。

旁观者清:

为顾客提供贴心服务是药店的责任。店长不仅自己要服务好每一位顾客,还承担着教育店员、善待顾客的责任。

该案例中,店员知道自己的错误后,并没有去检讨,反而当面顶撞顾客。在药店的冰箱内放私人物品已违反了规定,当顾客表示不满,并提出合情合理的意见时,店员应悉心听取并改正,而不应该顶撞顾客。

细节决定成败,店员应时刻注意自己的言行举止,店长在管理门店日常工作的同时,也要多加注意门店能否给顾客一种明亮、整洁的印象。

 重点知识

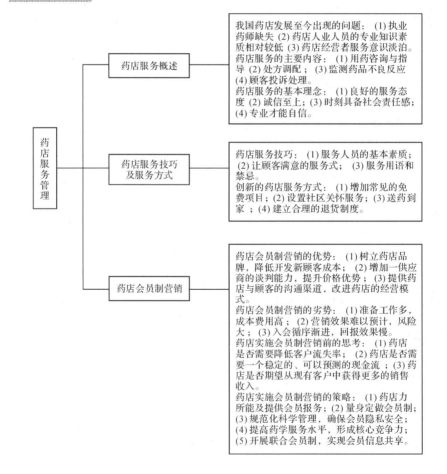

药店服务管理	药店服务概述	我国药店发展至今出现的问题: (1)执业药师缺失 (2)药店从业人员的专业知识素质相对较低 (3)药店经营者服务意识淡泊。 药店服务的主要内容: (1)用药咨询与指导 (2)处方调配; (3)监测药品不良反应 (4)顾客投诉处理。 药店服务的基本理念: (1)良好的服务态度 (2)诚信至上; (3)时刻具备社会责任感; (4)专业才能自信。
	药店服务技巧及服务方式	药店服务技巧: (1)服务人员的基本素质; (2)让顾客满意的服务式; (3)服务用语和禁忌。 创新的药店服务方式: (1)增加常见的免费项目; (2)设置社区关怀服务; (3)送药到家; (4)建立合理的退货制度。
	药店会员制营销	药店会员制营销的优势: (1)树立药店品牌,降低开发新顾客成本; (2)增加一供应商的谈判能力,提升价格优势; (3)提供药店与顾客的沟通渠道,改进药店的经营模式。 药店会员制营销的劣势: (1)准备工作多,成本费用高; (2)营销效果难以预计,风险大; (3)入会循序渐进,回报效果慢。 药店实施会员制营销前的思考: (1)药店是否需要降低客户流失率; (2)药店是否需要一个稳定的、可以预测的现金流; (3)药店是否期望从现有客户中获得更多的销售收入。 药店实施会员制营销的策略: (1)药店力所能及提供会员报务; (2)量身定做会员制; (3)规范化科学管理,确保会员隐私安全; (4)提高药学服务水平,形成核心竞争力; (5)开展联合会员制,实现会员信息共享。

实用技术训练

一、知识训练

1.重要概念解释

服务　　会员制营销

2.问题理解

(1)让顾客满意的服务方式

(2)药店实施会员制营销的优劣势分析

测试8

3.知识应用

(1)判断题

(　　)①肢体语言在药店服务用语中有着重要的作用。

(　　)②监测药品不良反应不属于药店的服务内容。

(　　)③药店的会员制是一种营销策略。

(　　)④药店店员的服务质量是药店市场竞争的一个重要途径。

(2)选择题(每小题至少有一个正确答案)

①药店的基本服务理念包括 (　　)

　A.诚信至上　　　　　　　　　　B.专业才能自信

　C.良好的服务态度　　　　　　　D.时刻具备社会责任感

②药店服务的主要内容 (　　)

　A.用药咨询与指导　　　　　　　B.处方调配

　C.监测药品不良反应　　　　　　D.顾客投诉处理

③药店员工的基本素质有 (　　)

　A.语言素质　　　B.专业知识　　　C.行为素质　　　D.心理素质

④创新的药店服务方式包括 (　　)

　A.增加常见的免费项目　　　　　B.设置社区关怀服务

　C.送药到家　　　　　　　　　　D.建立合理的退货制度

二、技能训练

(一)案例分析

李大爷的四种不同"药店服务礼遇"

　　李大爷在一天之内来到小区附近四家药店买药,得到的服务礼遇大不一样。李大爷回忆了他的遭遇,并希望每个药店都能将服务真正落实到行动上,而不是只挂在嘴上。

　　药店甲:李大爷首先来到一家中药店取代煎的中药。该店营业员小张热情地接过李大爷的取药条,为其核实姓名、方子、服数后,双手将煎熬好的中药液递给李大爷,并详细地告知服药时间和注意事项。李大爷这时想趁热服用一袋煎好的中药,小张主动走出柜台,取出一次性纸杯,请李大爷坐下,并给他倒上药。李大爷服完药后,小张又倒了热水,叮嘱其休息一会儿再走。

　　药店乙:李大爷接着走进一家国有连锁药店,在柜台边看了看。"老头,想买什么?"一位女营业员问道。李大爷心里虽不高兴,但还是礼貌地说:"我想买点咳嗽药。"一看来生意了,该营业员高声说:"这边都是咳嗽药,你想买哪种?""我想看看强力枇杷露?"李大爷说道。营业员将强力枇杷露递给李大爷。李大爷看了一会儿,营业员便催促:"你到底买不买?"李大爷放下强力枇杷露,离开了药店。

药店丙:李大爷又来到小区内一家民营药店,心想这家药店的服务态度应该会好一些吧。果然,当李大爷走进药店后,就有两个营业员迎上前来。当李大爷说要买咳嗽药时,其中一个营业员立即向李大爷介绍××止咳露效果如何好,副作用又小,价格也不贵,购买该产品的回头客也很多。李大爷听了之后摇摇头,离开了这家药店。

药店丁:李大爷最后来到小区附近唯一的一家大型平价药品超市,心想这家药店是自选购药,购物环境应该不错。但在这里,药品不太好找。李大爷于是向身边的营业员A求助,想知道咳嗽药摆放在什么地方。营业员A用手指了指。李大爷按照她指引的方向找,好不容易找到了要买的强力枇杷露。李大爷又向身边的营业员B询问强力枇杷露的使用方法、注意事项等,营业员B拿过药看了一会儿,看到营业员C在附近,就让李大爷去问营业员C。营业员C看了看药,结结巴巴、含含糊糊地解释。李大爷非常生气,将药品放回了货架,头也不回地离开了药店。

问题:

请阅读以上案例,在重点分析甲、乙、丙、丁对李大爷提供的药店服务基础上,分别给以点评并指出各药店服务中存在的问题,谈谈如何才能提供让药店和顾客"双赢"的服务?

(二)操作实训

【实训项目】 药店质量投诉管理

【实训目的】 掌握药店质量投诉、质量事故的处理。

【实训内容】

1.学习质量投诉管理制度和质量事故管理制度;

2.了解质量投诉、质量事故的处理程序;

3.在实训过程中,如果有遇到质量投诉,则做好相关记录。

【实训组织】 以小组为单位,进社会药店,按规范填写药店质量投诉记录单(见表 8-4)和药店售后服务暨顾客意见登记单(见表 8-5)。

表 8-4　某药店质量投诉记录单

记录编号:×××××××

顾客姓名		家庭地址			联系电话	
1.投诉药品信息:						
日期	货品 ID	品名	规格	生产企业		生产批号
2.投诉内容:						
3.质量问题原因分析:						
4.处理结果:						

门店:_____　　　　　　记录人:_____

表 8-5　某药店售后服务暨顾客意见登记单

记录编号:××××××

顾客姓名		家庭地址		联系电话		日期	

1.顾客意见和建议:

2.处理结果:

顾客姓名		家庭地址		联系电话		日期	

1.顾客意见和建议:

2.处理结果:

门店:＿＿＿＿＿＿　　　　记录人:＿＿＿＿＿＿

【实训考核】

1.以小组为单位,由组长为组员考评;

2.由课代表组成的领导小组为各个小组考评;

3.由带教老师将各组情况汇总,根据实际巡视结果,进行最后考评。

（林　琳　孙　倩　吴　锦）

药店员工管理

项目九　药店员工管理

项目描述

21世纪,信息经济、知识经济和技术的飞速发展,企业间的竞争已转向知识和技能的竞争。知识与技能的整合,体现在企业的人力资源特别是企业员工中。从根本上讲,企业的核心技术为企业员工所掌握,并由企业员工加以创新与发展。企业的竞争更将发展为知识与技能的"承载者"——企业员工的竞争。

作为经营特殊商品——药品的药店当然也不例外,那么如何吸引、留住员工并调动其积极性呢? 这就要求每个企业都必须努力在薪酬、福利等方面压倒对手的同时,加强对员工的管理、提高员工的忠诚度,这对企业提出了严峻的挑战。为此,药店必须严格制定相关的用人制度,明确各员工的岗位职责,让其做到心中有数,同时药店人力资源部也必须严格按照GSP的要求来进行选用、培训、教育和健康检查管理,以不断提高药店员工的综合素质和身体素质。

知识目标:了解药店员工管理的主要内容,熟悉药店员工的岗位培训教育和健康检查管理,掌握店员的岗位工作要求。

能力目标:能熟练操作药店员工的管理工作。

素质目标:培养爱岗敬业、团结互助的合作精神,培养严格履行职业规范要求的习惯,培养严谨务实的作风。

项目分析

要实施药店员工的有效管理,就必须明确药店的岗位工作要求及熟知员工选用、培训教育和健康检查管理等相关的法规规定,如 GSP 等。根据岗位工作要求,按规定程序严格进行选用、培训教育和健康检查工作,以更好地为消费者服务,为药店取得更好的效益。

知识点:

* 药店的工作岗位及其工作对象、工作要求;
* 药店员工的培训和教育;
* 药店员工的健康检查管理。

技能点:

* 药店培训方式的选择;
* 建立药店员工健康检查档案。

 **相关知识**

一、药品经营企业重要的从业人员资质与要求

药品批发企业和药品零售企业从业人员的资质与要求有所区别,具体如表 9-1 所示。

表 9-1 药品经营企业从业人员的资质与要求

药品经营企业从业人员		资质与要求
药品批发企业	企业负责人	应当具有大学专科以上学历或者中级以上专业技术职称,经过基本的药学专业知识培训
	质量负责人	应当具有大学本科以上学历、执业药师资格和 3 年以上药品经营质量管理工作经历
	质量管理部门负责人	应当具有执业药师资格和 3 年以上药品经营质量管理工作经历,能独立解决经营过程中的质量问题
	质量管理人员	具有药学中专或者医学、生物、化学等相关专业大学专科以上学历或者具有药学初级以上专业技术职称,应当在职在岗,不得兼职其他业务工作
	验收、养护人员	具有药学或者医学、生物、化学等相关专业中专以上学历或者具有药学初级以上专业技术职称,应当在职在岗,不得兼职其他业务工作
	中药材、中药饮片验收人员	具有中药学专业中专以上学历或者具有中药学中级以上专业技术职称
		直接收购地产中药材的,验收人员应当具有中药学中级以上专业技术职称,应当在职在岗,不得兼职其他业务工作
	从事中药材、中药饮片养护工作的人员	应当具有中药学专业中专以上学历或者具有中药学初级以上专业技术职称
	经营疫苗的企业验收人员	应当配备两名以上专业技术人员专门负责疫苗质量管理和验收工作,专业技术人员应当具有预防医学、药学、微生物学或者医学等专业本科以上学历及中级以上专业技术职称,并有 3 年以上从事疫苗管理或者技术工作经历,应当在职在岗,不得兼职其他业务工作
	采购人员	具有药学或者医学、生物、化学等相关专业中专以上学历
	销售、储存人员	具有高中以上文化程度
药品零售企业	企业法定代表人或者企业负责人	具备执业药师资格
	质量管理、验收、采购人员	具有药学或者医学、生物、化学等相关专业学历或者具有药学专业技术职称
	中药饮片质量管理、验收、采购人员	具有中药学中专以上学历或者具有中药学专业初级以上专业技术职称
	营业员	应当具有高中以上文化程度或者符合省级药品监督管理部门规定的条件
	中药饮片调剂人员	应当具有中药学中专以上学历或者具备中药调剂员资格
	执业药师	企业应当按照国家有关规定配备执业药师,负责处方审核,指导合理用药

课堂随想 9-1 谁都能做药店营业员吗？

二、员工的培训和教育

(一)对员工培训教育的重要性

员工是药店的资产，教育训练是不可或缺的。尤其是连锁药店员工分散各地，教育培训尤其重要。

1.对员工培训教育的重要性

通过培训可提高员工的素质。员工的能力并非天生拥有，需要由教育训练来提高。通过训练，可让员工：①拥有专业知识；②发挥自己的潜能；③改善人际关系；④增强改善提案的能力；⑤做事更积极，更协调，更富责任心。

2.对员工培训教育的必要性

由于目前的竞争环境所迫使，导致：①顾客越来越挑剔，要求药店提高服务质量；②经营要求效率化，随着连锁规模的扩大，执行和反馈链条在延伸，但信息传递速度不能延缓；③竞争激烈化。

有数据显示，企业投入的教育经费越高，那么每投入百元人工成本所产出的利润也基本呈上升趋势，也就是产出效益越高。投入教育经费人均水平在 600 元以上的企业，每投入百元人工成本所产出的利润为 248 元；而投入教育经费人均水平在 200 元以下的企业，每投入百元人工成本所产出的利润只有 65 元。可见，培训对药店效益的提高起着举足轻重的作用，已成为提升药店综合实力、增强竞争能力和保持竞争优势的重要手段。

(二)药店员工培训的种类

(1)按组织部门分成企业外部培训和企业内部培训。企业外部培训主要是指药品监督部门、主管部门、相关部门和业务单位组织的培训。如质量管理员、药品验收员和营业员每年要接受省、市药品监督管理部门组织的培训。企业内部培训包括全员培训、部门培训和小组培训。如药店的验收、养护和计量人员每年要接受药店组织的培训。

(2)按组织时间分成定期和不定期的培训。

(3)按内容可以分成基本知识培训和专业技能培训。

(4)按目的可以分成上岗培训和强化业务培训。

(三)培训的对象和内容

通常来说，药店培训对象应该包括药店所有的员工。培训的主要内容是药品管理的法律法规或规章、职业道德教育等。事实上，培训的对象不同，培训的内容也不相同，药店要针对不同部门或岗位组织以提高业务技能为目的的培训。

(1)针对各级部门负责人的培训。针对各级部门负责人要进行各类药品质量管理的法律法规知识的学习、实施 GSP 认证的有关规章制度的教育和培训。通过培训，达到以下一目的：①认识到药品的生产经营、使用等各个方面都已经进入法制化管理的阶段。药品是防病、治病的物质基础，是特殊的商品。保证人民群众的身体健康是所有药品法规的宗旨。②确定质量第一的原则，药品的质量是一个很严肃的问题，保证药品的质量，增加药店诚信经营的水平。③提高各级部门负责人的管理水平。④理解药店经营方针、政策的真正意义和内容。⑤掌握企业的规章制度并能够有效贯彻实施。

（2）针对质量管理人员的培训。培训的主要内容是质量管理的相关法规,如 GSP、质量管理的手段与方法、药店的质量管理制度、药店质量管理制度执行情况的检查与考核方法、质量改进与提高的技术、质量管理的组织等。针对营业员,培训的主要内容包括药品知识、药学知识、市场学知识、接待顾客的技巧与方法等。

（3）质量管理人员、技术人员应该进行管理和专业技术的培训,使其在各自的岗位上能够认真实施本岗位职责和活动内容。

（4）检验及操作人员应该全面学习本岗位的操作规程、工艺流程和岗位责任制度。

（5）对仓库负责人、保管员、药品养护员进行培训,使其掌握药品储存、保管、养护的专业知识和本岗位的操作规范。

（6）对营业员进行培训,使其掌握有关的药品销售的管理制度和本岗位的工作规范和质量责任,掌握与顾客打交道的技巧和手段,掌握药品知识、药学知识和疾病初步诊断的技能。

（四）员工培训内容举例

下面是某药店针对员工培训的一些内容实例,供参考。

1. 日常工作要求

（1）必须遵照药店、店经理指示执行。

（2）所有的销售收入与其他收入,均应存入药店指定银行账户,未遵守此规定者,药店将予以解雇。

（3）未经店经理同意,不得擅自给予任何顾客赊账。

（4）在工作时间于店内购买药品时,须由同事代为结账,保留电脑小票备查。

（5）顾客购买药品的电脑小票或发票应交予顾客。

（6）除收受现金时,收银机的抽屉随时关闭。

（7）不得在店内抽烟及进食。

（8）上班时间,不得随身携带手机,未经值班经理同意,不得擅自离店。

（9）非当班人员,未经许可禁止进入收银区和闭架处方区。

（10）上班期间不做与工作无关的事情。

（11）请假须按药店人事制度办理。

（12）随时注意药店在电脑公告栏内以及书面形式颁布的命令、公文、公告等,并切实遵守执行。

（13）服从上级工作安排,做到"先服从后投诉":①对药店现有制度、管理方式、经营决策等方面如有意见和建议,应打药店服务热线或逐级向上反映。②相关管理人员接到员工的投诉或意见应在 4 小时以内给予答复。③在规定的时间内得不到答复者,可越级向上级领导或有关部门反映。

（14）对药店配发给药店的交通费用、办公费用或设备等,不准违规使用。药店报销通信费用的人员,必须保持通信设备在规定时间处于开机状态并及时回应。

（15）药店员工到总部办事（开会、培训）纪律要求:①上班员工着装必须符合药店规范,非上班员工应尽量穿着职业装,不能穿着休闲装。②所有员工应佩戴工牌,否则前台有权拒绝入内。③不能大声喧哗、嬉笑打闹。不能在上班时间进食,不能在办公区内进食,不能吃含刺激性气味的食品(例如榴梿、臭豆腐等)。④办公区范围禁止吸烟。⑤员工应自觉爱护办公设备、设施。会议室、洽谈室桌椅不能随便搬动,如需使用复印机,须向前台文员提出申请。

2.药店服务 3S＋2C 原则

(1)3S。

微笑(smile):热情主动,始终保持自然微笑面对顾客。

快捷(speed):动作利索、勤快、业务熟练,并能以最快速度找到顾客最需要的东西。

诚信(sincerity):为顾客着想,真诚对待顾客,信守承诺。

(2)2C。

整理(control):药品、卖场、文档井井有条,保持良好的秩序,方便寻找、使用。

整洁(clean):环境卫生清洁,空气清新,为顾客创造最好的购物环境。

3.药店礼仪

(1)仪容仪表。每位员工都是药店形象的代表,员工在工作期间的个人形象及言谈举止反映了整个药店的精神面貌。每位员工都应该穿戴整洁,举止大方。具体要求如下。①面部:清洁、无油腻,男士不留胡须,女士须化淡妆,忌浓妆艳抹。②头发:修剪、梳理整齐,保持干净,男士头发不超过耳际,不过领,禁止剃光头,不染、不留奇异发型,女员工留长发应以发带或发夹固定,不得留披肩发。③手指:干净,指甲勤修剪,指甲不得超过 2mm,不得涂指甲油。④口腔卫生:上班前不吃含刺激性气味的食物,口中无异味。⑤服装:上班时应按照规范穿着药店统一定做的制服,夏、冬装须全店统一。制服要求:干净、平整,扣齐所有纽扣,衣领无汗迹,衣袖及裤脚不得翻卷、挽起。男员工必须系领带,女员工必须系领结、穿肉色的丝袜。上班应穿深色皮鞋,鞋跟不超过 5cm,不得穿松糕鞋,不穿露脚趾的凉鞋和波鞋等休闲鞋。⑥工作牌:上班时间必须佩戴工牌,工牌佩戴于胸部左侧口袋部位。⑦饰物:上班不戴戒指、手链。项链戴在衣服里,不戴耳环或其他夸张饰物。

(2)表情、言谈。①接待顾客、来访人员应保持微笑,主动打招呼,做到友好、真诚。②与顾客、同事交谈时应全神贯注,仔细倾听。目光正视顾客,不得斜视或仰视。③通常情况下,员工应讲普通话,鼓励员工学习地方方言,接待顾客时应使用相互都懂的语言。④称呼顾客、来访客人为"先生"、"小姐"、"女士"或"您",如果知道姓氏的,应称呼其姓氏。⑤电话礼仪:应在电话铃响三声之内去接听电话;标准用语:"您好,××店";通话过程中请对方等待时应主动致歉:"对不起,请您稍等";如接到的电话不在自己的工作范围之内,应告知相关的电话或报告上级;通话简单明了,不能用电话聊天,通话完毕,应等顾客、上级领导先挂断电话,方可挂断。

(3)行为、举止。①站立姿势:应精神饱满站立服务,做到双目平视、挺胸、收腹。站立时拇指和其余四指分开,双手交叉,右手在上,左手在下,轻扣在下腹部。不能驼背、耸肩、插兜等,不能叉腰、交抱胸前,或放在背后。站立时不能斜靠在货架或柜台上。书写时,应在指定的地方或办公室进行,不能趴在柜台上。②不能在店里搭肩、挽手、挽腰,需顾客避让时,应讲"对不起"。③不得随地吐痰、乱丢杂物,不得当众挖耳、抠鼻、修剪指甲,不得跺脚、穿拖鞋、伸懒腰。上班时间不得闲聊,不得哼歌曲、吹口哨。④接待顾客时,咳嗽、打喷嚏应转向无人处,并说"对不起"。⑤各级管理人员不宜在顾客面前斥责员工。⑥不在卖场议论顾客以及其他同事是非。

(五)培训教育档案的建立

药店针对各级各类员工所进行的培训教育,要形成培训教育档案。药店培训档案的主要内容应该包括以下几方面:①培训教育规划。②培训教育方案。③培训过程记录。④培训教育考核结果。⑤针对结果而采取的相应措施(如下岗、待岗、离岗等)。⑥培训的目的、时间、地点、内容、教师、培训对象、方法等。

个人的培训教育档案的内容应包括:①培训情况汇总:学历、职称证明、每次培训的考核证明、每次培训的相关资料;②各类培训证明:培训教育登记表、学历证明、职称证明、培训证明等。

【小资料 9-1】

> 目前各药店内的营业员中,正式员工(以下专称营业员)人数并不多,有好多是促销员,那么促销员与营业员及促销员之间会不会形成冲突呢?该如何处理呢?在药店的实际营业过程中,促销员会极力地推荐他的产品,同类品种的营业员也有销售指标,那么如何处理好营业员和促销员的这种关系呢?不少药店的闭架的处方柜以及开架的OTC超市等重要岗位都是由营业员来站岗,而不是由促销员来站岗的。促销员只在保健品、厂家专柜和日用品柜台,并由当班的药师兼柜组长在营业厅来回巡视指导。对同类药品促销之间出现的冲突,同样也有相应管理机制和奖罚制度。比如说同类产品引进了2~3个促销员,那么一是会把这两个促销员不排在一起上班,一个上午班,另一个中午班。二是分区陈列,一个产品放在A区,另一个产品放在B区。这样,既有利于管理,又使促销员之间不再相互竞争。三是实行奖罚制度。比如说同类产品,当第一个促销员接了这个顾客,第二个人就不能插嘴。或者说,只有当顾客对这种产品不满意的时候,第二个促销员才可以来接待这个顾客。

课堂随想 9-2 药店经理该如何处理好营业员与促销员及促销员之间的冲突呢?

项目实施

一、药店培训方式的选择

目前药店培训主体来自多种渠道,不同的培训主体有不同的特点,对药店也产生着不同的作用。下面对药店自我培训、社会培训机构培训这两种主要方式进行介绍。

1. 药店自我培训

药店自我培训从规模上可分为连锁总部培训和门店自我培训,两者有以下异同点(见表 9-2)。

表 9-2 药店自我培训方法

项 目	方 式				
	连锁总部培训				门店培训
	授课法	演讲法	角色扮演法	岗位轮换法	
内容	产品知识,销售技巧,工作态度,服务礼仪,药店管理				
目的	提高店员素质,提高药店的形象,便于管理				
时间	1~2小时	2小时内	不定	定期	10~15分
地点	总部	不定	不定	不定	工作场所
优点	方便、经济、连续	培养主动性,针对性强,方便记忆,促进交流	加强合作、操作能力,直观、真实,激发兴趣	丰富经验,增加了解,发现自己的优缺点	方便,经济,省时,长期性
缺点	缺乏实际体验,针对性不强	准备时间长	存在人为性、有限性、随意性,准备工作多	不深入,不利于能力和特长的发挥	作用明显,效果好

(1)内容:包括产品知识、销售技巧、服务礼仪、药店管理及相关医学知识的培训。培训还可分为岗前培训和继续教育培训。

(2)目的:提高店员素质,提高药店的形象,便于管理。

(3)考核:为了强化培训效果,建立考核、奖惩制度。考核内容包括产品知识掌握的情况、销售量、服务态度、出勤率、人际关系、团队精神和工作积极性等方面。

2.社会培训机构培训

(1)医药生产企业委托社会机构对店员的培训。这种方式的培训内容以企业的产品知识为主,通过培训对产品进行促销、宣传。形式除了企业提供的培训模式,还可以按照培训机构的模式进行。

(2)药店寻找社会培训机构对店员的培训。这种方式和药店自我培训最大的不同是:社会机构作为"旁观者",看问题会比较客观、全面,理论上有一定的高度,也避免了内部培训有时难以透彻分析管理中的问题。因为内部培训的培训人员有时会有所顾忌,考虑到药店或领导方面的因素,不敢乱说话,对于不合理或不正确的管理或做法寻找客观的理由,对内部领导层面分析的不多。

(3)药店激励店员自发的学习提高。这种方式和其他地模式有所不同,最明显的特点就是店员为了提高自己的素质,出去参加一些社会的培训班,完全是个人的行为。也有些可能是药店支持、鼓励员工参加的,并且有相应的鼓励措施,比如费用、时间方面的支持。关键在于店员自己有想提高的意识,无论目的是提高学历还是职称,学习效果都比较明显。

下面对三种培训方式从内容、目的、主体、形式、作用五个项目进行比较,详见表9-3。

表9-3 社会培训机构培训

项 目	方 式		
	医药生产企业组织的	药店组织的	企业激励店员学习
内容	企业的产品知识	产品知识,销售技巧,店员素质,服务礼仪	知识
目的	加强对企业产品的宣传、促销,起到有效的促销效果	提高店员素质,提高药店的形象,便于管理	提高自身素质,获得学历、职称
主体	医药生产企业	药店	店员自己
形式	医药生产企业组织的形式或按机构的方式	药店自己的模式或机构的方式	上培训班,自考,函授等
作用	不同程度地调动了店员的积极性,提高了产品的销售量	提高店员素质,加强药店管理	提高店员的综合素质和认识力,积极性大

二、员工健康检查管理

1. 药店对员工进行健康检查的意义

GSP实施细则第五十九条规定,药品零售企业和零售连锁门店的相关人员以及营业员,每年应进行健康检查并建立档案。GSP也规定了企业每年应组织直接接触药品的人员进行健康检查,并建立健康档案。患有传染病或者其他可能污染药品疾病的,不得从事直接接触药品的工作。

药品是特殊商品,直接关系人体健康和生命安全。但药品本身特性决定其在任何环节都容易受到外界条件的影响,从而影响药品质量。《药品管理法》也对药品经营企业中的工作人员的健康状况进行规范。这是因为,药品经营活动是通过药品经营企业中的工作人员的行为实现的。而只有保证上述人员的健康状况,保证其在药品经营活动过程中不污染药品,才能保证患者最终拿到质量合格的药品。因此,药店每年对相关工作人员进行健康检查,以便动态地、连续地掌握其健康状况。

保证药品质量不受污染的措施之一是防止患有传染病或者其他可能污染药品的疾病的工作人员,从事直接接触药品的工作。传染病是一类能够通过各种媒介传播并可能严重威胁人的身体健康和生命安全的疾病,是由各种致病微生物和寄生虫引起的具有传染性的疾病。其他可能污染药品的疾病,是指那些虽不具备通过媒介进行传播,但也有可能造成药品污染的疾病,如各种外伤性疾病。一般情况下,传染病得以传播必须具备三个条件:传染源、传播途径和易感者。直接接触药品的患有传染病或者可能污染药品的其他疾病的工作人员可视为传染源,进行健康检查就是为了发现传染源,而规定上述人员不得从事直接接触药品的工作,实际上是为了切断传播途径。这样,从控制传染源和切断传播途径两个方面来保证药品的质量。

正是出于以上考虑,《药品管理法》规定,将被污染的药品列为按假药处理的范畴。

2. 健康检查及档案的建立

药店工作人员中,直接接触药品的岗位人员有质量管理负责人,质量管理、验收、养护、保管、复核等工作岗位的人员。对于这些岗位的人员至少每年进行一次健康检查。检查的项目应包括:精神病、肝炎等传染病、皮肤病,以及国家规定的预防性健康检查项目的一般内容。质量管理、验收、养护人员应增加的体检项目还有视力和色盲。

（1）药店健康体检档案：①体检的工作计划安排；②历年体检的总人员名单；③体检情况汇总表（时间、机构、项目、体检比率、体检结果等）；④采取的措施（不合格的、换岗人员如何处理，处理结果如何等）。

（2）员工个人体检档案：①上岗体检表及相关资料（体检结果的证明材料）；②每年定期的体检档案资料；③患病离岗的体检资料（离岗通知书，治疗情况的证明资料，上岗前再次体检合格证明资料等）；④健康证明（地市级以上药品监督管理部门核发的证明）。

（3）员工健康检查管理制度。GSP实施细则规定的药品零售企业应该制定的质量管理制度中，包括了卫生和人员健康状况的管理，因此，药店应该建立相应的员工健康检查管理制度。

链接

某药店员工健康检查管理制度

一、为保证药品质量，依据《药品管理法》及《药品经营质量管理规范》对企业人员健康状况的要求，特制定本制度。

二、由行政人事部负责制定并具体安排执行，其他各部门予以配合。

三、健康检查的分类：录用前检查及录用后定期检查。

（一）录用前的体检。

1.凡公司招聘人员，必须先到指定的医院进行体检，体检合格后方可进入公司，本公司指定体检医院为____市职业病防治所。

2.体检的主要检查内容为职业病、传染病及各种器官功能检查，如过敏症、结核病、肝炎、皮肤病等。

（二）工作期间定期检查。

1.员工进入公司后，必须按照公司规定，进行每年一次的定期体检，如查出有传染病携带者一律予以解聘。

2.定期年度检查的项目与录用前体检相同。

四、员工健康状况预防工作。

（一）员工进入公司后必须按规定接种各种疫苗，以增强自身的免疫功能，防止对各种传染病的感染。

（二）员工在工作期间如频繁出现某种病症，应立即到指定医院检查，如查出对从事本职业有害的任何病状，都应首先予以隔离治疗，直到完全恢复后，方可复工。情况严重者根据《劳动法》协商处理。

（三）员工应时刻注意日常保健及饮食卫生，增强体质，杜绝各种传染病。

五、员工健康档案。

（一）公司员工自加入公司之日起，即由人事部门建立个人健康档案，对各种健康检查记录资料进行存档跟踪管理。

（二）健康档案的内容：应聘时体检资料、年度体检资料、疫苗接种记录、工伤情况记录等。

（三）健康档案设专人管理。

1.管理人员应负责档案的建立和管理。

2.管理人员应对员工工伤情况进行记录存档。

六、费用规定

（一）入职时的体检费用及疫苗接种费用由个人负担。

（二）进入公司后年检费用及疫苗加强接种费用由公司负担。

（三）工伤事故医疗费用由公司实报实销，并给予一定营养补助。

 重点知识

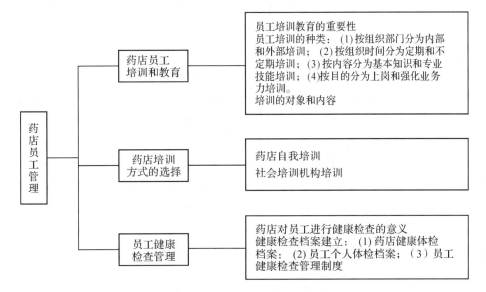

 实用技术训练

一、知识训练

1.问题理解

(1)药店的工作岗位

(2)药店培训方式

2.知识应用

(1)判断题

测试9

（　）①具有大专及以上学历的就能从事药店工作。

（　）②对同类药品的销售，药店促销员是应该礼让营业员的。

（　）③药店店员只要不得传染病就没必要去进行体检。

（　）④药店店员的素质是市场竞争的一个重要方面。

(2)选择题（每小题至少有一个正确答案）

①药店营业员的最基本条件是什么？　　　　　　　　　　　　　　　（　　）

A. 取得"上岗证"　　　　　　　　　　B. "健康证"

C. 获得毕业证书　　　　　　　　　　D. 取得执业药师资格

②《药店员工健康检查档案》包括下列哪些?　　　　　　　　　　　　　(　)

A. 健康检查工作安排文件　　　　　　B. 药店员工个人健康检查档案

C. 员工个人健康体检表　　　　　　　D. 药店健康检查档案

③《药店员工健康检查档案》至少保存几年?　　　　　　　　　　　　　(　)

A. 1 年　　　　　　　　B. 2 年　　　　　　　C. 3 年　　　　　　　D. 5 年

二、技能训练

(一)案例分析

药店经理小张该怎么办?

小张是某医药高等学校医药营销专业的毕业生,就职于某连锁药店,由于其工作积极主动,虚心好学,踏实肯干,表现出色,一年后就被提升为一家新开门店的经理而独当一面。虽然也进行了岗前培训,但他还是心里没底,因而在药店经理沙龙上向其他店经理请教。

店经理徐某总结自身多年的经验,认为像小张目前这样资历比较浅的小年轻去做管理,员工是不会服气的,肯定会处处为难,因而必须运用手中的权力,要求所有的营业员都必须按规定的程序去做,而不允许各行其是。许多营业员认为按规定做"太累",尽管已反复强调,可他们依然我行我素,能偷懒就偷懒,迫使店经理进一步要求所有人必须按程序做,做得好有奖赏,不按程序做的,将给予重罚,扣罚奖金乃至扣工资。为了避免被处罚,或是为了得到奖赏,所有人都会按程序去做。因此一定要依靠手中的权力,这就是"依从"。

店经理王某认为员工之所以接受你的要求,是因为你为人和气、好相处,虽然按规定做不如按自己的经验或习惯做"省劲儿",但得给你面子,不让你为难。所以与员工打成一片,搞好关系是关键,这就是"认同"。

而店经理李某又有其说法,认为有的员工会按照规定的程序去做,并不是完全因为与你关系好,而是因为他们本身素质较高,内心真正明白了为什么必须按规定的程序去做的道理。他们已经明白,药店价格已无法形成竞争优势,只有按规定的程序去做,才能提高服务质量,增强药店竞争的优势。而且,按照规定的程序去做,虽然有时会麻烦一点,但是可以避免差错,避免返工,对自己也有好处。所以他们能够自觉地按规定程序去做,可见提高员工素质,自觉遵守规章制度才是关键,这就是"内化"。

由此可见,"依从"、"认同"和"内化",虽然在行动上都表现为"接受",但是显然是三种不同程度、不同水平或不同性质的"接受",那就是——认"权"、认"人"和认"理"。对于认权的员工,你靠的是赏罚;对于认人的员工,你靠的是关系;而对于认理的员工,你靠的是自觉。每一个店经理都认为自己的方法有效,并且有充分的理由。

问题:假如你是店经理小张该怎么做呢?

(二)操作实训

【实训项目】　社会药店经理及员工调查

【实训目的】　熟悉药店经理员工管理的有效方法。

【实训内容】

1. 了解药店经理的管理技巧;

2.观察药店员工管理的难点。

【实训组织】 以小组为单位,每组参观 3 家社会药店,将所了解的情况以文字形式记录下来,并进行比较,重点在于借鉴不同药店经理的管理方法及其效果,发现不足和缺陷,提出你的想法。基本格式如下:

1.药店的基本情况;

2.药店经理基本情况;

3.药店员工的基本情况;

4.药店员工管理制度;

5.制度执行实施情况;

6.三个药店的比较优势与特点。

【实训考核】

1.以小组为单位,由组长为组员考评;

2.由课代表组成的领导小组为各个小组考评;

3.由带教老师将各组情况汇总,根据实际巡视结果,进行最后考评。

（赵　雯）

药品价格管理

项目十　药品价格管理

项目描述

　　药品价格是药品价值的货币表现。药品价格问题,是一个与医药经济、卫生保健、医疗保障密切相关的重要问题。药品价格管理法制化,是依法管药中十分重要的一环。为了规范药品价格行为,发挥药品价格合理配置医药资源的作用,稳定药品市场价格总水平,保护消费者和药品生产企业、药品经营企业、医疗机构、社保机构的合法权益,促进卫生保健事业和医药经济健康发展,我国和许多国家普遍采取了法律的、经济的和行政的手段,严格管理药品价格。

　　知识目标:了解药品定价策略的定义,熟悉影响药店药品定价的因素,掌握药品定价的基本方法。

　　能力目标:能灵活运用药品各类定价策略,可以针对不同经营方式制定恰当的定价策略,根据实际情况制定不同的价格调整策略。

　　素质目标:培养严格执行政策法规的职业道德,形成求真务实的调研工作习惯,培养灵活稳健的工作作风。

项目分析

　　制定药品价格,必须熟知相关的政策法规,如《中华人民共和国药品价格管理办法》、《药品管理法》及《药品管理法实施条例》、价格管理政策、税务管理政策等,掌握成本导向定价法、需求导向定价法、竞争导向定价法等基本的药品定价方法;根据不同经营方式,熟练组合运用折扣定价策略、差别定价策略、心理定价策略等药品定价策略;并可根据实际情况对药品价格进行涨价、降价调整。

　　知识点:

　　● 影响药品定价的因素;

　　● 药品的定价方法。

　　技能点:

　　● 组合运用药品定价策略;

　　● 灵活运用药品价格调整策略。

相关知识

　　药品价格是药品价值的货币表现。药品本身所包含的价值量是其定价的基础。但是,现实中药品的价格,尤其是药店药品的销售价格,并不简单地等于价值。它总是在一系列因素的影响下,高于或低于价值。药品价格问题,是一个与医药经济、卫生保健、医疗保障密切相关的重要问题。药品价格管理法制化,是依法管药中十分重要的一环。根据我国新修订的《药品管理法》,实行政府定价的药品仅限于列入《国家基本医疗保险药品目录》的药品及其他生产、经营具有垄断性的少量特殊药品(包括国家计划生产供应的精神、麻醉、预防免疫、计划生育等药品)。政府定价药品以外的其他药品实行市场调节价。

按照价值规律,一方面要求药店的产品定价,在正常的销售条件下尽量接近其价值;另一方面,要求药店经营企业充分认识到影响药品价格变动的各种因素,把握价格不断偏离又不断趋于价值的规律性运动,在国家政策允许的范围内,采取灵活的定价策略,以便于企业获得最佳经济效益,实现企业的整体经营目标。

在完全竞争的市场条件下,平价和降价成为药店同业竞争的主打牌。近年来,以湖南老百姓大药房为代表的平价竞争旋风"呼啸"全国,价格战成为挑战者进入新市场的屡试不爽的撒手锏。中国传统社会保持数千年的"医不叩门,药不二价"的作风受到冲击,医药市场继消费品市场之后步入了消费者享有知情权、选择权和议价权的买方市场时代。

一、影响药店药品定价的因素

(一)国家政策和法律制度的影响

1.政府价格政策对药品定价的影响

根据我国新修订的《药品管理法》,实行政府定价的药品仅限于列入《国家基本医疗保险药品目录》的药品及其他生产、经营具有垄断性的少量特殊药品(包括国家计划生产供应的精神、麻醉、预防免疫、计划生育等药品)。政府定价药品以外的其他药品实行市场调节价。政府定价原则上按社会成本确定价格,对供大于求的药品,要按社会先进成本定价。流通环节的进销差率和批零差率合并计算,实行差别差率。对于政府定价,除少数垄断性经营的药品如麻醉药品、精神类药品、计划生育药具必须严格执行政府定价外,大多数政府定价为最高零售价,经营者可以低于政府定价销售。

具体而言,这些政策、制度对我国药店价格管理的影响主要表现在以下几个方面:

(1)制定最高零售价格。国务院价格主管部门负责制定国家基本医疗保险用药目录中的甲类药品及生产经营具有垄断性的药品价格;省级价格主管部门负责制定国家基本医疗保险用药目录中的乙类药品和中药饮片价格,以及医院自制剂价格。对列入政府定价的药品价格,生产经营药店必须严格执行。列入政府指导价的药品,药店经营者必须在政府规定的指导价范围内制定具体价格。对列入国家及省级《基本医疗保险药品目录》的药品、生产经营具有垄断性的专利药品和一、二类新药,价格主管部门按照通用名称(中药为药典或部颁标准规定的正式名称)制定公布最高零售价格。药店在不突破政府制定的最高零售价格的前提下,自主制定其实际销售价格。

(2)部分特殊药品制定出厂、批发和零售三个价格。国家计委制定公布出厂价格或口岸价,省级价格主管部门制定公布药品的批发价格和零售价格。具体为:《国家计委定价药品目录》中的麻醉、精神、计生药具和预防免疫类药品由国家计委制定公布出厂价格(或口岸价),其中麻醉药品和一类精神药品的批发价格和零售价格,由省级价格主管部门制定。对这类药品,生产经营药店必须严格按政府制定的出厂、批发和零售价格执行。这主要是因为这些药品都是属于特殊管理的药品,国家对其生产、流通、使用均实行严格的计划管理,按照特殊药品特殊对待的原则,对其实行特殊的价格管理办法。

由于我国的生产和批发企业的竞争相对充分,而零售药店竞争并不充分,为此国家只制定药品零售价格。同时,为了在政府定价中引入市场竞争机制,鼓励医疗机构之间、零售药店之间、医疗机构与零售药店之间展开竞争,政府只制定公布最高零售价格,允许医疗机构、零售药店以低于政府规定的价格销售药品。我国的药品流通领域内药品价格实行政府定价和市场调节价两种形式,其中10%的药品由政府定价,90%的药品价格由药店自主定价。目前列入政府定价目录的药品有1500余种。其中,国家级价格主管部门制定价格的有600余种,省级价格主管部门制定价格的有900余种。政府定价以外的其他药品全部由药店自主定价的品种约12000余种。

由于政府现阶段制定了这样的药品价格政策,对部分药品价格确定了一个上限,我国药店在经营时就必须严格按照这种要求去做,对于政府定价范围内的药品价格不能超过政府制定的最高零售价,在不违反这一原则下,药店可以采取各种价格策略争取竞争的胜利,而对于大部分品种,药店具有经营自主权,可以根据本药店的定价方法、灵活地制定药价。

2.政府的降价政策对药店定价的影响

我国政府从1997年以来已经多次采取降低药品价格的措施,尤其是最近这几年,降价的幅度更是空前的。这些措施是为了解决药价虚高的问题,但是仅仅通过强制性的降价政策不可能从根本上解决当前所存在的药价问题,反而可能会带来很大的副作用。消费者也没有明显地感觉到药品价格的下降,而原来一些质优价廉的常用药、仿制药、普药在市场上流通得很少了。带有政府行为的大规模的集中调价使各单位对药品调价有较大的预期心理,预期的结果是药店总体运行成本的随之上升,此外,还增大了药店的购进风险、销售成本和心理压力,这些都会限制药店的发展。政府应通过改革建立一个良好的自我约束、公平竞争和法治的环境,赋予消费者更多的自主选择的权利,药品价格的合理性最终由消费者来确定,药店为适应市场主动性调价,才能体现药品价格的真实性。

3.地方保护主义对药店定价的影响

我国有些地区的地方保护十分严重,很多连锁药店实施跨地区、跨行业、跨所有制的连锁合作会受到很大的阻碍,部分地区对跨地区开办药品连锁经营的申请,往往寻找各种借口进行推辞,甚至抵制,设置人为障碍。即使获得经营权,在具体经营中也会遇到困难。降价是当地药店挤走跨区连锁药店的常用手段,因跨区经营药店少,在价格战中没有优势,经营会严重受挫,投资开店成本提高。开办一个300m²的药店需要100万元左右,而一个有160余家门店的连锁药店一年的毛利只有2000多万元,要想迅速扩大跨区经营规模是很难的,政府予以支持是解决问题的关键,应该与这些连锁药店合作,降低扩张成本。

(二)药品供求因素的影响

市场供求的变化也在不断地影响药价的变化,如果某种类型的药品供应增加,超过了实际的需求量,必然会导致该种药品的价格下降;反之,若对某种药品的需求量超过了供给量,药品的价格就会上涨。

链接

板蓝根的起起落落

2003 年发生的"非典"危机,就是供求影响的显著事例。当有传言说板蓝根等药品能够预防此病时,板蓝根等药品的价格迅速上升,而且还有许多消费者购买不到。于是许多药店纷纷开始大批量生产、经营此类药品,结果造成此类药品的供给量迅速增大,随着消费者变得日趋理智,板蓝根等药品的需求相对稳定下来,价格就开始下降。

(三)竞争对手的价格策略

竞争因素对定价的影响主要表现在竞争价格对药品价格水平的约束上。在竞争激烈的市场上,药价的最低限受成本约束,最高限受需求约束,介于两者之间的价格水平确定则以竞争价格为依据。同类药品的竞争最直接的表现为价格竞争。零售药店通常试图通过制定适当的价格及价格的调整来争取更多的消费者。我国的药品市场上一直存在着价格竞争甚至是恶性竞争的现象,究其根源,主要还是我国零售药店的价格竞争手段比较单一,常常采取的是降价的策略。

(四)消费者心理因素的影响

由于某些药品消费类似于"时尚"药品的消费,这种药品对于消费者不仅具有一般的物理化学效应,还融入了消费者自身的社会意识和价值观。这样,高价药品消费与社会地位联系在一起,另外,由于药品存在严重的信息不对称的现象,消费者往往以为价格高的药品就好,而如果药价过低,消费者反而会对此药持怀疑态度。这种情况持续发展,就可能会造成药价过高而超出消费者的购买力,又限制了药品的销售及药价的提高。对此,零售药店应该在保证药品的安全性、有效性、经济性的基础上,通过提高消费者对药品的认知价值来进行各种营销活动。

【小资料 10-1】

《中华人民共和国价格法》规定国家实行并逐步完善宏观经济调控下主要由市场形成价格的机制。价格的制定应当符合价值规律,大多数商品和服务价格实行市场调节价,极少数商品和服务价格实行政府指导价或者政府定价。

市场调节价,是指由经营者自主制定,通过市场竞争形成的价格。

本法所称经营者是指从事生产、经营商品或者提供有偿服务的法人、其他组织和个人。

政府指导价,是指依照本法规定,由政府价格主管部门或者其他有关部门,按照定价权限和范围规定基准价及其浮动幅度,指导经营者制定的价格。

政府定价,是指依照本法规定,由政府价格主管部门或者其他有关部门,按照定价权限和范围制定的价格。

二、药品的定价方法

(一)定价目标

药店在药品定价之前,应确定药品定价的目标。药店的定价目标必须和市场营销目标相一致。同时,药店的定价目标,又是药店定价策略和定价方法的基础。

一般来说,药店的定价目标,有以下几种。

1. 以利润为定价目标

以利润为定价目标,又可以分为三种:预期收益、最大利润和合理利润。

(1)预期收益。预期收益有长期和短期之分,大多数药店采取长期目标。药店在定价时,要估算销售多少药品、按照什么价格、每年销售多少、在多长时间内才能把投资收回。在此目标下,定价是在药品成本的基础上,加上预期利润。预期利润的确定,应当慎重研究、分析与计算,使所定价格既能实现利润目标,又为消费者所接受。实行预期收益定价的药店,应具备强大的实力,在同行中居于主导的领袖地位,营业标准化,规模大,规模经济优势显著。

(2)最大利润。当药店的某种药品在市场上处于绝对有利地位时(如拥有专卖权),可实行高价政策,以获取超额利润。但最大利润并不是任意抬高物价,把价格定得越高越好。因为药品价格定得过高,迟早会导致新的企业参加市场竞争,造成供大于求;或者迫使消费者使用代用品,以致对这种产品的需求减少。因此,企业以最大利润为目标,是指以适当的价格、适当的数量,去获得企业长期稳定的最大利润。

(3)合理利润。企业为了保全自己,减少风险,以及限于力量不足,不能采取最大利润或预期收益目标,可以采取合理利润的定价目标。合理利润,一般指中等水平的利润。合理的限度,往往是按照提高产量的需要、投资者的要求、市场可接受的程度等因素而确定和加以调整的。

2. 以提高市场占有率为定价目标

一个药店市场占有率的高低,反映该药店的经营状况和竞争能力,关系到药店在市场上的地位和兴衰。采用这一定价目标的,既有大型连锁药店,也有中小药店。药店之所以愿意以市场占有率为定价目标,其原因如下:

(1)药店对于其药品在市场中所占份额比较清楚,因此,以提高市场占有率为定价目标是切实可行的。

(2)同以投资收益率为定价目标相比较,以市场份额为定价目标更为准确,更能显示企业的发展动态。

(3)市场占有率一般同利润具有正比关系,达到了市场占有率的目标,也就达到了相当的利润目标。

(4)许多药店经常把经理人员和销售人员的工资、奖金和提升占有市场份额的高低联系起来考虑。所以,以市场占有率为定价目标,对改进药店经营也有促进作用。

3. 以稳定价格为定价目标

稳定价格,是药店从长远利益来考虑的定价目标。它是指在产品的市场竞争和供求关系比较正常的情况下,药店为了保护自己,避免不必要的价格竞争,牢固地占领市场,以便在稳定的价格中取得合理利润,而采取的定价目标。

4. 以应对和防止竞争为定价目标

药店在制定价格时,定价目标服从竞争的需要。一般说来,药店对竞争者的价格非常敏感,在实际定价前,都要对竞争者的价格做细致的分析研究,然后,对以下定价方法做出抉择:①低于竞争者的价格出售;②与竞争者同等价格出售;③高于竞争者的价格出售。

药店在应对竞争时,究竟采取什么样的价格出售产品,主要取决于竞争者的条件。一般来说,力量较弱的竞争者,应采取与竞争者相同的价格或略低于竞争者的价格出售产品;药店力量较强,又想扩大市场占有率时,采取低于竞争者的价格出售产品;那些资力雄厚,并拥有特殊技术或产品品质优良,或能为消费者提供较多服务的药店,则采用高于竞争者的价格出售。有的经营者,为了防止别人加入同类产品的竞争行列,一开始就把价格定得很低。

(二)定价方法

药店对所经营药品的定价方法主要有以下几种方式。

1. 成本导向定价法

药店的药品价格由成本、利润和应纳税金三部分组成。以成本为主要依据再加一定利润和应纳税金来制定价格的方法称为成本导向定价法。它是运用较普遍的传统定价方式。成本导向定价法是我国政府给药品定价的主要内容,对于自主定价的药品,药店也常常采取这种定价方法。

药品零售价的计算公式为:

零售价＝含税出厂价(口岸价)×(1＋流通差价率)

国产和进口分装药品出厂价的计算公式为:

含税出厂价＝(制造成本＋期间费用)÷(1－销售利润率)×(1＋增值税率)

进口药品口岸价的计算公式为:

含税口岸价＝到岸价×(1＋关税率)×(1＋增值税率)＋口岸地费用

其中制造成本和期间费用应以药店正常生产条件下实际发生水平为基础进行核定,对由非正常原因造成制造成本或期间费用过高的,应做适当调减。根据药品批发和零售药店正常经营费用和利润核定药品流通差价率,并实行差别差价率,高价格的药品差价率从低,低价格的药品差价率从高。药品适用的流通差价率,按药品正常零售包装量的价格确定。现规定的流通差价率平均在32%左右,且从出厂到零售只加一道流通差价率,并实行差别差价率。出厂价高的,流通差价率就小;出厂价低的,流通差价率就大。政府是在政策上鼓励使用低价药。

由于利润一般按成本或售价的一定比例来计算,将期望利润加在成本上,因此常被称为成本加成定价法。每个行业有不同的利润比率原则,因此在用成本定价时,必须遵循行业规律。在保健品领域,经销商的利润空间则高达30%以上,有的甚至达100%、200%。

成本加成定价法具有计算简单、简便易行、缓和竞争、较易被买卖双方接受等优点,在正常情况下,按此方法定价可使药店获取预期盈利。其缺点是,忽视市场竞争和供求状况的影响,缺乏灵活性。

2. 需求导向定价法

面对消费者需求日益更新和市场供应愈加丰富的形势,药店必须认识到,药价是否合理,是否被接受,最终取决于消费者。在此意义上,药价被看作药店为消费者提供的一种选择,只有当这些选择与消费者的价格心理、价格意识及承受能力一致时,价格才能成为促进药品使用价值和价值顺利实现的手段。需求导向定价法,是以消费者对药品的需求或对药品价值的认识程度为基本依据的定价方法。

(1)需求价值定价法。需求价值定价法,是根据消费者对药品价值的理解程度,也就是以消费者可接受的价格水平为依据的定价方法。它是以消费者为中心,在把握消费者对药品价值的认识程度、摸清消费者可接受价格的基础上,依"消费者—中间商—厂家"的顺序,反向推导出零售商及各级中间商的销售价格和厂商的出厂价格,故又称为反定价。

具体计算公式如下:

零售价格=经过调查研究所得的预计能实现产销量目标的市场可销价格

批发价格=市场可销零售价/(1+批零差率)

或: 批发价格=预计能实现产销量目标的市场可销批发价

需求价值定价法的关键在于准确估计消费者对药品价值的认识程度,准确测定市场可销价格。所谓市场可销价格一般有三个特点:①与预想消费群体的现有支付能力大体相适应,是消费者为满足正常需要而愿意接受的价格。②与同类药品的现行价格水平大体相适应,既有一定的竞争能力,又不至于扰乱行业内部原有的比价平衡。③与药店经营目标大体相适应。

需求价值定价法的具体做法是:①药店通过广告宣传或者其他途径,把药品介绍给消费者,使消费者对于药品质量、用途、式样、品牌等有一个初步印象;②通过市场调查,了解消费者对药品的理解价值;③根据这一理解价值,测算销售量;④根据可能的销售量,预测目标成本;⑤测定市场可销价格、可销零售价格、可销批发价格或出厂价。

这种定价法的优点是,能促使药店灵活适应市场需求及其变化,迅速扩大销售,增强药店竞争能力,促使药店向内挖掘潜力,提高经济效益。其缺点是,对于消费者不很熟悉的部分药品,则难以采用,或难以确定合理的销价水平。

(2)需求差异定价法。这种定价方法以销售对象、销售地区、销售时间等条件变化所产生的需求差异作为定价基本依据,根据每种差异的程度决定在基础价格上加价还是减价。

因消费者而异:因职业、年龄、收入水平等原因,对于同一品种、规格的药品来说,不同消费者有着不同的效用评价,其所愿意接受的最高价格也不尽相同。如高收入的消费者常倾向于购买质量好、名品牌的药品,他们对价格变动的敏感度较低。因此,药店可以根据消费群体不同的需求心理和需求强度制定不同的价格。

因药品而异:对于同一品种而颜色、式样、口感、剂型等不同的药品来说,消费者的需求强度可能是不同的。如对于不同生产厂家生产的一些丸药,主要成分相同,属于同一品种,但由于口感、规格不同,消费者购买的可能性就不同。尤其是随着经济的发展,消费者对药品的要求已不仅仅是安全有效了,还要求药品具有使用方便、口感好等特点。因此,药店完全可以从这个角度采取差异定价法,使消费者接受本药店的药品。

因时间而异:有一些药品的需求随着时间的变化而变化,如一些保健品,在需求旺盛的时期可以定价高一些,而其他时间价格可以定得低一些。

因空间而异:在不同的地理位置上商业成本不同,因而同一药品的售价可以不同。如在城市和农村的药品售价就不同,农村应相对低一些,而中心区的定价也可以高些。药品的定价应该具有灵活性,在一定程度上要随着需求量和消费意愿的变化而变化。

采用这种定价方法要具备一些条件:第一,市场能够根据需求强度的不同进行细分;第二,细分后的市场在一定时期内相对独立,互不干扰;第三,高价市场中不能有低价竞争者;第四,价格差异适度,不会引起消费者的反感。

(3)理解价值定价法。它是以消费者对药品价值的感受及理解程度作为定价的基本依据。根据消费者能够接受的最高价位进行定价,它抛开成本,赚取它所能够赚取的最高利润。它通常会把买方的价值判断与卖方的成本费用相比较,定价时更应侧重考虑前者。因为消费者购买药品时总会在同类药品之间进行比较,选购那些既能满足其消费需要、又符合其支付标准的药品。

消费者对药品价值的理解不同,会形成不同的价格限度。这个限度就是消费者宁愿付出货款而不愿失去这次购买机会的价格。如果价格刚好定在这一限度内,消费者就会顺利购买。按照4C理论,正确的定价方法应该是看消费者为满足其需求与欲望所愿意支付的代价——消费者的成本。它指的不单是消费者所投入的金钱,它是一个综合概念,包括消费者因付出代价而必须承受的心理压力,以及为化解或降低风险而耗费的时间、精力、金钱等诸多方面。消费者在消费药品时必然面对一系列的风险:药品疗效是否确切、不良反应是否最小、药物起效的时间是否迅速、购买药物时是否方便、药店的售后服务水平等。这些风险的大小程度将决定消费者必须投入的精力、时间的多少,决定其对药品的满意程度,并最终决定其愿意投入多少金钱。

为了提高消费者愿意支付的价格限度,药店定价时要确定好药品的市场定位,研究消费者对同类药品的最佳心理价位及最高心理价位,并采取一切可行措施,切实消除或降低消费者消费药品的风险。如经营感冒类药物时,药店可以关注天然药物,因为其不良反应相对较小。

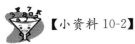

【小资料 10-2】

4C理论是由美国营销专家劳特朋教授在1990年提出的,它以消费者需求为导向,重新设定了市场营销组合的四个基本要素:即消费者(consumer)、成本(cost)、便利(convenience)和沟通(communication)。它强调企业首先应该把追求顾客满意放在第一位,其次是努力降低顾客的购买成本,然后要充分注意到顾客购买过程中的便利性,而不是从企业的角度来决定销售渠道策略,最后还应以消费者为中心实施有效的营销沟通。

总之,药店应尽力拉开本药店药品与竞争者药品的差异,加深消费者对药店的印象。若药店能切实有效地节省消费者的精力和时间支出,那么消费者不仅能更快地将购药意愿转化为行动,而且愿意付出更多的金钱。否则药店自行定出的价格很难得到消费者的认同,最终结果可能就会是有价无市。

 链接

药店的"药品价格听证会"

上海某药店的药品价格由市民确定,进货单据贴在台前,进货价格明示于众,药品价格由市民来定。该药店曾经在社区里邀请了10名老百姓来参加一次药品价格听证会,最后,健胃消食片的定价仅高于进价2角,成为所有药品中利润最低的药品。该药店准备每月举行一次听证会,并计划逐步将所有3000余种药品进行价格听证。经过两个小时的价格听证,现场核算员对确定的所有药价进行了核算,最终50种药品确定的销售价比当前市场零售价偏低,其中20多种药品被认为是完全站在消费者的角度来定价的。

上海某药店借鉴国外的做法,让消费者直接参与定价的讨论、听证,将会对我国的药店市场产生深远的影响,也把需求导向定价法真正地应用到实际中,我国一直以来采取的定价方法以成本导向定价法居多,但随着市场竞争的加剧和市场日趋成熟,要求药店更加重视消费者的意愿,尽可能地满足消费者的定价需求。

3.竞争导向定价法

市场经济条件下,竞争是不可避免的,在竞争过程中,有的药店经济和技术实力雄厚,药品占有明显优势,它们竭力通过竞争来谋求更大利益;有的药店则实力不强,力求避免竞争。特别是对于一些市场竞争十分激烈的药品,其价格的制定不能根据成本或需求,而是以同行业主要竞争对手的价格为主要依据来制定的,这就是竞争导向定价法。这种方法并不一定要求药品价格和竞争对手的价格完全一致,在其他营销手段的配合下,药店可以制定高于或低于竞争者的价格,从而实现本药店的定价目标。

(1)随行就市定价法。它是指药店为避免竞争风险,参照同行业平均价格水平或同行业中占有较大市场份额的某家大型药店大额价格水平定价。这种定价方法在实践中应用相当普遍。因为,一方面,已形成的价格水平代表着行业可获得平均报酬;另一方面,可使药店间免于互相"残杀"。这种定价方法使用于均质的药品的定价,如一些常用药。但这种定价方法并不是固定价格,而是让价格随着行业的需求和成本的变化而变化。一般由某个大型药店带头,根据成本和需求调整现有价格,随后其他药店效仿,但不可以通过正规途径和协议来达成这样的目的,否则会违反《价格法》的规定,属于不正当价格竞争。

(2)差异定价法。它是指药店不追随竞争者的价格,而是有意识地把价格定得高于或低于竞争者。如果说随行就市的定价法是防御性的,差异定价法则是进攻性的,一般为实力雄厚或药品独具特色的药店所采用。

定价时首先将市场上竞争药品价格与药店估算价格进行比较,分为高于、一致及低于三个价格层次。其次,将本药店药品的性能、质量、成本、产量等与竞争对手进行比较,分析造成价格差异的原因。然后,根据以上综合指标确定本药店药品的特色、优势。最后,在此基础上,按定价所要达到的目标,确定药品价格。一些中小型药店,也可以通过不同的营销努力,在消费者心目中树立不同的药品形象,从而为制定差别定价创造条件,给消费者留下质价相符、价廉物美的印象。

 链接

别出心裁的差异定价法

广州某药店曾运用差价补偿的方法。该药店承诺"消费者如发现本市内其他有一定规模的药店同一品种比本药店更低价,经本药店核实,可获差价补偿"。这个面积达千余平方米的大药店,实际上是一个平价药品超市。店中4000余种常见药品,均价已较市场价低2~

3成。如果一次性购买两盒以上,还有9.7折。药店负责人分析,他们已认真做了测算,认为按其目前的药价水平,消费者可能提出的药价补偿的概率只在15%左右,即使到20%,药店仍能维持。该药店所采取的定价方法就是低于其他药店的差异定价法,并在一定时期内取得了成功。

---

(3)损益平衡定价法。损益平衡点即药店盈亏分界点,指投入与产出平衡、盈利为零时的销售水平。具体计算公式为:

　　　　价格×保本销售量＝总固定成本＋平均变动成本×保本销售量

　　　　保本销售量＝总固定成本/(价格－平均变动成本)

在药品销售量一定的前提下:

　　　　保本价格＝(总固定成本＋平均变动成本×销售量)/销售量

该式可测定出价格至少应定在什么水平上,才能保本不亏损。

但药店的经营目的是获得利润,设其利润为 π ,则

　　　　价格＝(总固定成本＋平均变动成本×销售量＋π)/销售量

该式可使药店测定在某一目标利润下,价格应定在什么水平。

运用损益平衡定价法,还可以为药店调价决策提供必要依据。一般来说,价格与销售量呈反方向变化,与利润呈正方向变化,为了在调价后能获得与调价前同样多甚至更多的利润,可用此法在价格与销售量之间寻找决策点。

损益平衡定价法侧重于总成本的补偿和盈利,这一点对于药品多元化的药店极为重要。因为某一药品的高利润并不意味着能使药店的总利润达到预期目标,一种药品的高盈利伴随其他药品亏损甚至药店整体亏损的现象时有发生。因此在定价时,就有必要从药店保本入手,确定药店的最佳药品结构和产量——价格组合。

以上就是药店所采取的一些定价方法,所有这些方法都有效,但没有一种方式是一劳永逸的。在制定定价策略时,灵活运用这些方法的整体效果远大于这些方法的简单相加。我国医院药店的药品一般采用最高零售价,这是由医院进药数量有限和行业垄断地位决定的,而药品零售连锁药店具有规模化经营的特点,能以较低价批量进购药品,在保证盈利的前提下,可运用成本导向法和需求导向法,制定出低于医院药店的药品销售价格。

　课堂随想10-1 某种 OTC 药品该如何定价?

　*如果按照单位总成本定价:

　固定总成本　　　　　　　　　　500000 元

　变动总成本(10000 件)　　　　　500000 元

　总成本　　　　　　　　　　　　1000000 元

　预期利润20%　　　　　　　　　　200000 元

　总成本＋预期利润　　　　　　　1200000 元

　每单位价格 $= \dfrac{1200000}{10000} = 120$ 元/单位

　*如果按边际成本定价:

　变动总成本(10000 件)　　　　　500000 元

边际贡献　　　　　　　　　　　600000 元

总成本＋预期利润　　　　　　　1100000 元

$$每单位价格 = \frac{1100000}{10000} = 110 \text{ 元/单位}$$

＊如果利用收支平衡点来确定单位产品价格：

固定总成本　　　　　　　　　　500000 元

单位产品变动成本　　　　　　　15 元

预计销售量　　　　　　　　　　20000 件

$$每单位价格 = \frac{500000}{20000} + 15 = 40 \text{ 元}$$

想一想,如果销售量为 50000 件,收支平衡的单位产品价格是多少?

 项目实施

一、药品定价策略

药品定价策略是指药店为实现定价目标,在特定的经营环境下采取的定价方针和价格竞争方式。针对不同的消费心理、销售条件、销售数量及不同销售方式而灵活变动价格,是保证药店定价目标实现的重要手段。

(一)折扣定价策略

折扣定价策略,是指药店向购买者出售药品时,根据有关因素在基本价格基础上打一定的折扣的定价策略。折扣价格实际上是一种优惠价格,可以起到刺激消费者购买欲望,稳住老客户、争取新客户的作用。由于给予折扣所考虑的差别因素不同,折扣定价的策略也分为很多种,比较常见的有:

1.数量折扣策略

它是指药店根据消费者购买数量的多少而给予不同程度的减价优惠,亦即批量作价。一般做法是对小批量交易规定一种基本价格,对批量增大到一定标准者,按基价打一定折扣作为成交价。购买的数量越多,折扣越大。数量折扣的目的是刺激购买,扩大销售,获得规模经济效益。数量折扣的实质是药店将自己预计获得的规模经济效益让利给买主一部分,实现利润的合理分配。

药店实行数量折扣,要注意以下几个问题:

(1)确定好数量折扣的最低数量起点和价格;

(2)划分批量折扣定价的档次;

(3)确定各档次的折扣额;

(4)在实行折扣时,应一视同仁。

药店根据消费者最终购买药品数量不同也会在价格上给予一定的优惠,如果零售药店实行会员制,将会使折扣的这种定价策略使用得更为充分。国外的药店已经证明使用这种策略给经营药店带来了忠实的客户和利润空间。我国部分大型连锁药店已经开始考虑采取这种方式,如三九医药在全国有 1000 多个连锁药店——三九健康广场目前已推出对低保户、残疾人及慢性病患者制定的药品,以会员的形式给予批发价销售。

2.季节折扣策略

对于销售和需求淡季的药品,药店可以采取给予季节折扣的策略,使药品价格相对低一些,鼓励消费者或其他经销商来购买药品。虽然消费者没有病的时候一般是不会买药的,但有的消费者有储备常用药品的习惯,如感冒药、肠胃药等。他们的需求是有季节特征的,经营药店就可以在需求淡季时把价格定低一些。对于保健品,也可以采取这种策略。但我国药品市场随着季节变化而价格变化的策略采用并不常见,药品价格常常不会因此而变化。

(二)差别定价策略

差别定价策略又称区分需求价格策略,是指药店在销售药品时,对不同的交易对象、交易数量,不同的交货、付款方式,实行不同的价格。具体形式如下:

1.不同消费者不同价格策略

这种策略是指在销售开支变化不大的情况下,对不同的消费者实行不同的药品价格,就是在购买数量相同时也是这样。这种价格一般是经过讨价还价形成的,经验丰富、讨价还价能力强的消费者可以以较低的价格购买;反之,则要出高价。有时药店为了争取一些长期客户,也会给予一定的优惠。

2.不同用途不同价格策略

药品是用来治疗疾病的,但有些药品,如中药材,除药用外还可用作食物、化工原料、饲料、化妆品等,对这些药品就要根据其用途的不同而采用不同的价格出售。一般来讲,用作其他用途的中药材,价格要比药用低。

3.不同部位不同价格策略

这种策略主要适用于中药材。中药材由于使用的部位不同而价格不同,例如,鹿的鹿茸、鹿角和鹿鞭的价格不同,橘子的橘皮、橘络、橘核价格也不同。

(三)心理定价策略

一种药品进入市场后,只有被消费者认识、接受,才能被销售出去。而消费者的购买行为往往受到很多因素的影响和制约,其中最主要的就是消费者心理和消费习惯。不同的消费者,因为年龄、性别、职业、文化程度、收入水平、性格等诸多因素的差异,往往具有不同的消费心理和习惯,在药品消费过程中就表现出求实、求名、求廉等不同倾向。因此可以针对不同消费者的消费心理和习惯,采用特殊的定价策略。

1.零数(奇数)定价策略

它是指药店把本可以定为整数的药品价格改定成低于这个整数的零数,而且常常以奇数作为尾数。这种定价虽然比原来略微降低,但消费者往往直观上感觉到的新价格要比原来的价格便宜很多,同时由于标价精确,使消费者产生信赖感,从而产生购买欲望。对于需求价格弹性较强的药品,零数定价策略往往会带来需求量的大幅度增加,即使零售价格略高于可定的整数价格,仍能产生促进销售的效果。这主要适用于药品批发药店,因为他们为了价格讲求经济效益,尽量压低药品的进价,而零售价格会使其产生便宜感。

链接

非整数价格法

差之毫厘,谬以千里。

这种把商品零售价格定成带有零头结尾的非整数的做法,销售专家们称之为非整数价格法。这是一种极能激发消费者购买欲望的价格。这种策略的出发点是认为消费者在心理上总是存在零头价格比整数价格低的感觉。

有一年夏天,一家日用杂品店进了一批货,以每件1元的价格销售,可购买者并不踊跃。无奈商店只好决定降价,但考虑到进货成本,只降了2分钱,价格变成9角8分。想不到就是这2分钱之差竟使局面陡变,买者络绎不绝,货物很快销售一空。售货员欣喜之余,慨叹一声,只差2分钱呀。

实践证明,非整数价格法确实能够激发消费者良好的心理呼应,获得明显的经营效果。因为非整数价格虽与整数价格相近,但它给予消费者的心理信息是不一样的。

2.整数定价策略

它是指药店把原本应定为零数的药品价格改定为高于这个零数价格的整数,一般以"0"作为尾数。这种定价策略实质上是利用了消费者"一分钱一分货"的心理,把价格看成药品质量的标志。如果价格定得较低,购买者会觉得药品的质量可能有问题,而药品又与生命息息相关,所以在药品价差可以接受的范围内,消费者宁可购买他们认为质量好的药品。

 链接

整数法

疾风知劲草,板荡识诚至。

美国的一位汽车制造商曾公开宣称,要为世界上最富有的人制造一种大型高级豪华轿车。这种车有6个轮子,长度相当于两辆凯迪拉克高级轿车,车内有酒吧间和洗澡间,价格定为100万美元。为什么一定要定个100万美元的整数价呢? 这是因为,高档豪华的超级商品的购买者,一般都有显示其身份、地位、富有、大度的心理欲求,100万美元的豪华轿车,正迎合了购买者的这种心理。对于高档商品、耐用商品等宜采用整数定价策略,给顾客一种"一分钱一分货"的感觉,可借以树立商品的形象。

3.声望定价策略

它是指对在消费者心目中享有声望和信誉的名牌药品制定高于同类普通药店经营的药品的价格。如北京同仁堂的药品价格一般会高于其他药店的药价,有一部分消费者就愿意购买他们的药品,甚至是指名点药。这些都跟消费者的认知价值有很大的关系,他们认为高价与性能优良有很大的关联。此外,也不排除有部分消费者是为了显示其身份、地位或经济实力。因此常有消费者会去大型的或知名的经营药店购买药品,也都是这种心理因素所致。

采取声望定价策略,需要注意的问题是:

(1)确保声望定价的药品质量;

(2)严格掌握声望类药品与一般类药品的差价幅度;

(3)要维持声望价格,不能只靠原有的声望,还要不断提高药品质量,增加售后服务,巩固消费者的信任感。

4.招徕定价策略

它是指一种利用消费者求廉和投机心理的定价策略。零售药店有时把某种常用药品价格定得很低,甚至远远低于成本,以招徕消费者,带动其他药品的销售。这些药店一般品种全,消费者被特价药品所吸引,既已光临,除了购买这些特价药品外,还可能购买其他一些药品,这样,商场虽然在某种或几种药品上受些损失,但总的营业额会因此而增加。如平价药店的经营策略就常常采取这种方式,给我国药品流通市场带来不小的影响。但是采用这种定价策略时,用来招徕消费者的特价药品应该是消费者常用的、质量得到一致公认的 OTC 类药品,此外特价药品的降价幅度要适当,可达到吸引消费者的目的又不致使药店损失过重。

5.习惯定价策略

它又叫固定策略和便利策略,是指对市场上销售多年且已形成固定价格的药品,任何药店都必须执行既定价格的一种惯例。习惯定价策略主要是用于质量稳定、需求性大、替代品较多的常用药,如感冒通、索米痛片等。在供求关系基本平衡的条件下,此类药品的价格受习惯约束的压力较大,经营者一旦大幅度地改变其价格,消费者心理需求就倾向于向其他替代品转移。若经营价格高于习惯价格,消费者就认为是不合理的涨价行为;若低于习惯价格,消费者会怀疑是否货真价实。为此,药店必须改善经营管理,努力降低成本、费用,实行薄利多销,药店也可以通过降低药品的重量来保持习惯价格,如现在很多药品的包装日趋小型化,也是在变相地使用这种策略,但从消费心理上看,这比直接提价的效果要好一些。

 链接

习惯法

在不变化中求变化。

许多商品在市场上流通已经形成了一个人所共知的基本价格,这一类商品一般不应轻易涨价。在我国,火柴每盒 2 分,这个习惯价一直稳定了 20 多年。1984 年,湖南省的火柴涨至每盒 3 分,一段时间,当地消费者宁愿买 2 分一盒的小盒旅行火柴,也不愿买本省的火柴。但是,如果商品的生产成本过高,又不能涨价该怎么办呢? 其实可以采取一些灵活变通的办法。如可以用廉价原材料替代原来较贵的原材料;也可以减少用料,减轻分量,如将冰棒做得小一点,将火柴少装几根。

当然,习惯价格也不是完全不可变的,我们今天的火柴的价格不是早突破一直 2 分的习惯价了吗? 聪明的商家善于在不变中求变。

(四)药品组合定价策略

所谓组合定价,是指从全局出发,根据药品使用上的相关特性为药品制定不同的价格,以促进各种药品的销售和总利润的增加。

1.对有互补关系的药品的定价策略

对有相互补充关系的一组药品,可将价值大、使用寿命长、购买频率少的主件价格有意识定得低廉一些,而对于与之配套使用的价值小、购买频次多的易耗品价格适当定高一些,以此来求得长远和整体的利益。配套药品,既可以实行配套购买的优惠价格,也可以实行赠送配套小药品的策略,以吸引消费者成套购买,节约营销成本,扩大销量,加速资金周转,增加盈利。这一定价策略主要适用于价值大、质量高、消费面广的药品。

2.对有替代关系的药品的定价策略

替代品的价格变动与被替代品的销售量之间存在正相关关系,即替代品的价格定得较高,被替代品的销量会增加;反之,则销量减少。药店很少只经营一家企业生产的药品,如一些药店有专门的感冒药柜台、眼药水柜台等,每个柜台的药品彼此之间都存在着替代关系,药店若想提高某个药品的销售量,就可以考虑提高相应的替代药品的价格,尤其是可以提高畅销药品的价格来刺激非畅销药品的销售,这样可能会增加药店整体的利润水平。

(五)不同经营方式的定价策略

1.单体药店的定价策略

单体药店由大型大卖场药店、传统的药店(或独立药店)、超市组成。

(1)大卖场药店是开架式的药店,大部分药品定价较低,不讨价还价。

其特点有:第一,方便消费者自己选择购买,符合人性化及零售业的发展方向;第二,因为是开架式,一般缺乏专业服务水平,所以药品附加值低;第三,大卖场药店药品齐全且低价,这样可以吸引大量人流;第四,药店面积大,需要的员工多,运营成本高,再加上药品低价,盈利的压力大。低价对大卖场药店而言是把双刃剑。

(2)传统的药店则大多是非开架式的药店,属于中小型,定价相对较高。

传统药店可利用地理特点定价:闹市区药店,药品品种全,细分人群收入较高;社区药店品种较少,主要是普通药,方便周边居民购买。传统的药店要充分利用良好的专业服务及人与人的交流优势,药品毕竟是特殊药品,需要专业指导。这样,药品定价较高才比较合理。

(3)药品超市,一般是中小型,定价有高有低。

开架的药品价格较低,方便消费者选购;柜台的药品需要专业指导,定价较高,但消费者可以咨询,亦可适当还价。

2.连锁药店的定价策略

连锁药店相对于其他形式具有成本优势,主要表现在以下几个方面:

第一,运用管理信息系统及电子商务平台,可以降低流通成本。总部通过对药品库存进行统一管理,有利于提高物流效率,减少库存量,流通成本下降。

第二,降低进货价格。因为在进货环节上集中采购,总部负责为各分店统一进货,批量极大,可以享受较高数量或价格折扣。

第三,降低经营费用。众多的连锁分店及其总量巨大的销售额,使得每件药品上的分摊费用相对较少,发挥规模效益。另外,连锁经营药店大部分由消费者自我选购、自我服务,减少了售货服务,雇员相对较少,节省了工资成本、场地费用。据统计,连锁药店的经营费用较其他零售商场约低 10 百分点。

连锁药店根据自身具有的成本优势,可以采取不同的定价策略:

(1)根据连锁药店所处的竞争地位不同采取不同的定价策略。

①作为市场领导者的连锁药店定价策略。作为市场领导者的连锁药店一般规模较大,网点遍布全市各地,它可以为消费者提供更好的便利,再加上药品是特殊商品,有明显的区域消费特点。因此,作为市场领导者的连锁药店的经营目的是:公司必须采取有效的防卫措施和攻击行动,以保护现有的市场份额;在保持市场规模不变的情况下,公司要进一步扩大市场份额。

第一,一般不主动地降低药品价格。因为,作为市场领导者的连锁药店是市场最大受益者,降低药品价格就是降低它的利润。它的主要目的就是保持固有的药品价格"游戏规则",但是为了保护其现有的市场规模,进一步扩大市场份额,特别是抵制市场挑战者的挑战,就要在特定的区域主动降价,使市场挑战者进入成本增加,进入难度增加。

第二,当市场挑战者挑战时,要提高服务的隐形价格,培养好消费者的忠诚度。在保留住原有消费者的同时,积极地在市场挑战者的周围大幅度地降价,来迎接市场挑战者的挑战。同时,适当保持其他连锁药店的药品价格,来保证参与竞争门店的价格比市场挑战者更有竞争力,且整个连锁公司还有一定的利润。就这样利用时间和空间,把市场挑战者逼出市场。

②作为市场挑战者的连锁药店定价策略。作为市场挑战者的连锁药店的经营目标是:扩大市场份额,攻击市场领导者,攻击经营不佳、资金不足的公司。市场挑战者作为新来者,它必须打破以前的游戏规则。经过一段时间的竞争后,成本低的、有竞争力的公司将成为新的市场领导者。

第一,大幅度地降低价格,并通过大量的电视及报纸广告宣传,同时要把它作为长期的营销方式。这时一定要创造良好的购物环境及提高服务的隐形价格,且大大地降低自己的边际成本,使之大大低于社会平均边际成本,这样才能打败市场领导者。但是,如果市场挑战者的实力不雄厚,管理不善,而又进行价格战,风险就会很大,有可能彻底失败。

第二,利用优质的服务赢得可观的经济效益和社会效益。对于新建连锁店的市场挑战者,为抢占市场,仅仅创办伊始大打"价格牌"是不够的,还要考虑药品质量、服务质量和品牌信誉等各种因素的制约。倘若这些连锁药店一味靠低价取悦消费者而不考虑其他因素,迟早会失败。

③作为市场跟随者的连锁药店定价策略。作为市场跟随者的连锁药店的经营目标是:利用自己的地理优势,跟随、模仿领导者。市场跟随者一般也不会主动降价,有时迫于市场压力,跟随挑战者,被迫降价。

市场跟随者可以利用自己的地理优势及小公司的灵活机制,根据区域化的消费特点,向商圈内的细分人群提供便利和细分药品,实行差异化经营,提高自己的竞争力。如南昌开心人大药店、济南的漱玉平民大药店等。

(2)连锁药店根据获利情况和销售量不同对药品采取不同的定价策略。我们可以根据药品品种的获利情况和销售量的大小,把药品分成四种类型(见图 10-1),针对处于不同类型的药品采取相应的调价策略。

连锁药店应根据药品的进购价格、库存成本、配送成本、销售成本和市场上竞争者的药品价格制定药店所经营药品的零售价。

①对于 d 类药品可采取低价策略。

②对于 b 类药品可采取高价策略。

除了以上的定价策略,连锁药店还应增加药品价格的透明度,尽量保证各连锁店中的药品价格一致,避免出现差价。此外,还可以借鉴国外药

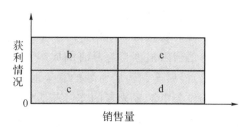

图 10-1　药品销量与获利情况矩阵图

店的做法,每天都有特价药品销售,最大限度地减少红花油、凉茶、煲汤辅料、创可贴等日常药品消费者的流失。

3.平价药店的定价策略

所谓平价药店,就是指借鉴仓储商店的布局和运用模式,提供简单服务,药品流量大,消费者可以提篮自选、药价低廉的零售药店。2002 年 8 月 31 日,南昌一家股份制民营药店开心人大药店打着"比核定零售价平均低 45%"的旗号顺利开张。很快,不少城市也纷纷有人举起了降价大旗,老百姓、德威治、隆泰、宝丰等平价药店如雨后春笋般地冒出来。

平价药店的经营目标是薄利多销,低价促销。平价药店主要提供一些日常用药,目标消费者群是那些对药品价格敏感,尤其是不能享受医保的消费者。

在平价药店经营的品种中,属于政府定价的药品一般在 200 种左右,只占自身经营品种的一小部分,其余自主定价。

(1)政府定价药品的定价策略是比规定最高零售价低一些,与医院集中招标采购后重新核定的临时零售价格大体接近。

(2)自主定价的药品应尽可能地低于其他方式经营药店的药品定价。

平价药店能低价促销的主要原因在于:①进货价低。减少中间环节,从厂家直接进货或从总代理直接进货,平价药店的运作模式省去了其中许多不必要的环节。②在交易方式和汇款期限上比医院、其他零售药店好。生产厂家给予一定的价格折扣。③费用低。平价药店的经营面积大都在 1000m² 以上,装修简单,管理机构精干,工作人员少,加之采取与厂家直接结算,少进快出,库存小,占压资金少,大大降低了经营成本。④薄利多销。平价药店不追求单位药品销售的差价率,而追求从扩大销售总额中获取利润最大化。⑤挣厂家的返利。一些药厂规定,药店销售的药品达到一定量后,除了当时批量定价给的折扣价格低以外,到年终结算时还返利。所以平价药店可以在进价基础上加上税金和很低的差价(费用)就卖出去,到年终结算时,几百分点的返利对于平价药店来说也是比较可观的纯收入。⑥政府最高零售价没到位。对某些品种的药品来说最高零售价与实际出厂价之间还有空间,这就为"平价药店"降价竞争提供了条件。⑦平价药店亏本销售的那部分药品只占自身经营品种中很小一部分,而大部分药品价格都是市场调节价,由药店自主定价。

平价药店在定价时应注意核算好成本,不能为了增加销售量一味地采取非常低的价位销售药品,而要综合考虑药店的选址、药品的质量、经营情况等,不能盲目地跟从其他药店的超低价销售。尤其对于一些单体小药店,就更要注意这些问题,否则最终很难长期生存下去,像杭州普惠这样大的平价药店开张仅 3 个月就黯然关闭了。

二、药品价格调整策略

药店的药品定价不可能一成不变,随着市场环境的变化,药店对价格也要不断进行调整。一般有两种情况:一是药店根据环境的变化主动地调价;二是当竞争对手价格变动以后进行的应变调价。药品是一种特殊商品,降价在短时间内会使药店销售量增加,但当整个社会的药品价格降到无差别时,价格对销量影响就不会很大,这时利润却会少了很多,整个行业就会受损。所以零售药店的经营者对调价一定要非常慎重。

(一)药品价格调整应考虑的因素

1.消费者对价格变动的反应

消费者对于药店的某种药品的削价可能会这样理解:

(1)这种药品就要被淘汰了,将会被新的药品所替代;

(2)这种药品有质量问题;

(3)药店财务困难,难以继续经营下去;

(4)价格还要进一步下跌。

消费者对药店的某种药品提价可能会这样理解:

(1)这种药品很畅销,尽量使用这类药品;

(2)这种药品的疗效很好,具有很大的价值;

(3)药店想尽量取得更多的利润,药店涨价,就是为了赚钱。

一般地说,购买者对于价值高低不同的药品价格的反应有所不同,购买者对于那些价值高或常用药品的价格变动较敏感。此外,购买者虽然关心药品价格变动,但是通常更为关心取得、使用药品的总费用。

2.竞争者对价格变动的反应

了解竞争者对药店调价的反应要比了解消费者的反应复杂得多。面临的竞争者的情况不同,所做出的反应也不同。

(1)竞争者作为跟随者被动调价。我方主动调价,要了解竞争者价格反应政策:

①通过竞争者内部资料,以获得竞争者对价格调整的考虑程序及反应形式等重要情报。竞争者的情报可以由其他渠道如消费者、金融机构、供应商、代理商等处获得。

②用统计分析方法来研究竞争药店过去的价格反应,用推测的价格变动的概念,即竞争者的价格变动反应对本药店上次价格变动的比率来测定,用数学公式表示如下:

$$V_{A,t} = (P_{B,t} - P_{B,t-1}) / (P_{A,t} - P_{A,t-1})$$

式中:$V_{A,t}$——竞争者 B 在 t 期间内的价格变动与药店 A 在 t 期间的价格变动的比值;

$P_{B,t} - P_{B,t-1}$——竞争者 B 在 t 期间的价格变动;

$P_{A,t} - P_{A,t-1}$——药店 A 在 t 期间的价格变动。

观察值可被药店 A 用来估计竞争者的可能反应,假设 $V_{A,t} = 0$,表示竞争者上次并没有反应,假设 $V_{A,t} = 1$,表示竞争者完全跟进药店的价格变动,假设 $V_{A,t} = 1/2$,表示竞争者只跟进药店价格变动的一半。然而,如果仅仅对上次的反应进行分析,可能会因此而误入歧途。最好分析过去若干个期间的 V 值平均,但对近几年的比值给予较大的权重。因为它更能反映竞争者目前的政策。最可能对竞争者未来价格反应的估价公式为:

$$V_{A,t+1} = 0.5V_{A,t} + 0.3V_{A,t-1} + 0.2V_{A,t-2}$$

依照此公式,将过去变动的三个推测值用加权平均法,综合在一起。

以上的预测,是基于竞争者一致持久的价格反应政策。假设竞争对手把每一次价格变动都看作新的挑战,并根据当时自己的利益做出相应的反应,在这种情况下,药店就必须断定当时竞争对手的利益是什么。如果竞争者的目标是提高市场占有率,就可能随着本药店的药品价格变动而调整价格。总之,药店在发动价格变动时,必须善于利用药店内部和外部的信息来源,推测出竞争对手的心思,以便采取适当的对策。

上面只是假设药店只面临一个大的竞争者,如果药店面临着众多竞争者,在变价时就必须估计每一个竞争者的可能反应。如果所有的竞争者反应大体相同,就可以集中力量分析典型的竞争者,因为典型的竞争者反应可以代表其他竞争者的反应。如果由于多个竞争者在规模、市场占有率及政策等重要问题上有所不同,在这种情况下,就必须分别对多个竞争者进行分析。

(2)竞争者作为领导者率先调价。竞争对手的药品价格调整之后,本药店是否也需要将药品的价格加以调整,需要对对手和自身的情况进行深入研究后再做决定。

对竞争对手情况的研究主要包括以下几个内容:①竞争者调价的原因;②竞争者调整后价格的稳定性,是长期的还是暂时的;③如果本药店跟着调价,竞争者会做出什么样的反应;④提出调价的竞争者的经济实力如何。

对自身情况的研究主要包括:①自己的经济实力;②自己药品的生命周期及消费者对这类药品价格的敏感程度;③调价后对药店的营销状况会产生什么样的影响等。

通过分析和研究,药店就可以做出比较正确的预见性判断了,是跟着调整价格,还是对此置之不理,需要根据具体的情况来决定。

(二)涨价策略及其适用条件

(1)由于通货膨胀,物价上涨,药店的成本费用提高,药店不得不提高药品价格。药店经营成本的上涨、物价的上涨、疾病谱的改变等都会促使药价提高。《药品管理法》规定我国加快药品零售价格公开标示的步伐,药品零售药店只能以低于公开标示的价格销售。在通货膨胀的情况下,许多药店往往采取种种方法来调整价格,以应付通货膨胀,如采取不包括某些药品服务的定价策略或减少价格折扣、取消低利药品等。药店若采取这些措施虽可保持一定的利润,但会影响其声誉和形象,失去忠诚的消费者,所以并不是长期的定价策略。

(2)药品供不应求,不能满足其所有的消费者的需要,这种情况下,药店就必须提价。如我国在非典时期,板蓝根、医用口罩的价格就提高得很快,而且还出现缺货的情况,就是因为消费者的需求增长过快。提价的方式有取消价格折扣或者直接提价。为了减少消费者不满情绪,药店提价时应当向消费者说明提价的原因,并帮助消费者寻找节约途径。

(三)降价策略及其适用条件

在下列情况下可以考虑降低药品售价:

(1)为提高药店的知名度和市场占有率进行短期让利促销活动,在一定时期内,全面降低药品的零售价。但应注意降价的幅度和降价期限,以消除消费者的疑虑和竞争药店的压力。

(2)为提高药店库存周转率,减少药店损失,对临近失效期的药品种类进行适当的降价销售。但应向消费者讲明降价的原因,并建议消费者在药品失效前服用。

（3）药店的成本费用比竞争者低，药店通过削价来提高市场占有率，从而扩大销售量，在这种情况下，药店也会主动降价。

（4）经济不景气，消费者的购买意愿下降，虽然每个人都需要药品，但由于生活所迫，大部分消费者常会选择价格低的药品，迫使药店降价。

如果药店周围商场、超市分布密集，同类药品应考虑适当低于商场、超市的定价；如果药店周围分布的商场、超市较少，由于连锁药店的特殊性，可考虑适当提高特有药品大类的定价。在火车站、飞机场、偏僻地域、人流量较大地区等相对垄断的市场环境下，可以适当地调整价格；在居民区及竞争激烈的地方，价格应相对降低。

药店利润的组成：利润＝（销售单价－成本）×销售数量。

因此就长期发展而言，降低药品价格必须确保：

第一，销售数量的提升（需要了解消费者对价格变动的敏感程度）；

第二，成本的降低（需要了解成本降低的技术基础或扩大产量后带来的成本降低因素）。

此外，要事先做好应对竞争者的跟进措施。降价规划之时，就应考虑对手会采取何种反击方式，本药店可事先备妥数种"应战"方案。这样不仅可避免在仓促"应战"下的措手不及和坐失良机，更可实行机动灵活的迅速反击行动，保持在竞争中的主动位置。

（四）作为领导者的药店应对其他药店调价的策略

在现代市场经济条件下，市场领导者的药店往往遭到一些较小的药店的进攻，这些较小药店往往通过侵略性削价来和市场领导者争夺市场阵地，提高市场占有率。在这种情况下，市场领导者可选择以下几种方式来应对竞争：

（1）维持价格。因为市场领导者认为降价就会使利润减少等。保持价格不变，市场占有率不会下降太多，以后能恢复市场阵地；保持价格不变，同时改进药品、服务、沟通等，运用非价格手段来反攻，采取这种战略比削价和低价经营更合适。

（2）降价。市场领导者之所以采取这种策略，因为：第一，降价可以使销售量增加；第二，市场对价格很敏感，不降价就会使市场占有率下降；第三，市场占有率下降，以后就难以恢复，但是药店降价后，应尽力保持原药品的服务和质量水平。

（3）提价。提价的同时推出某些新品牌，以围攻竞争对手的品牌。

在同质药品（如维生素类）市场上，如果竞争者削价，作为领导者的药店也必须随之削价，否则消费者就会购买竞争者的药品而不购买本药店的药品。在异质药品市场上，药店对竞争者的价格变动的反应有更多的自由，在这种市场上，购买者选择卖主时，不仅考虑价格高低，还要考虑质量、可靠性、有效性、安全性等因素，因而在这种市场上，购买者对于较小的价格差额无反应或不敏感。

归纳总结

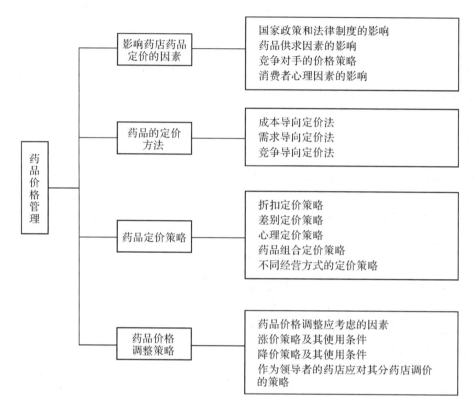

 实用技术训练

测试 10

一、知识训练

1.重要概念解释

药品价格　　成本导向定价法　　需求导向定价法　　竞争导向定价法
药品定价策略

2.问题理解

(1)影响药店药品价格的因素

(2)药品的定价方法

3.知识应用

(1)判断题

(　　)①药品的价格与其价值相等。

(　　)②我国政府药品价格政策,有涨价行为,也有降价行为,并且以涨价为主。

(　　)③需求导向定价法是我国政府药品定价的主要内容,对于自主定价的药品药店
也常常采取这种定价方法。

(　　)④在市场营销组合的四个因素中,价格是唯一能够直接使药店增加收益的因素,

其他三个因素都需要支出费用。

（　　）⑤降低替代药品的价格，被替代品的销量会增加。替代品的价格变动与被替代品的销量之间存在负相关的关系。

（2）选择题（每小题至少有一个正确答案）

①药品价格相关的政策法规包括以下哪些？　　　　　　　　　　　　　　　（　　）

    A.《药品价格管理办法》　　　　　　　　B.《药品管理法》

    C. 获得 GSP 认证证书　　　　　　　　　D. GMP

②下列哪些药品由国家制定出厂价、批发价和零售价？　　　　　　　　　（　　）

    A. 麻醉药品　　　　　B. 精神药品　　　　　C. 计生药具　　　　D. 免疫类药品

③竞争导向定价法包括下列哪些定价方法？　　　　　　　　　　　　　　（　　）

    A. 随行就市定价法　B. 固定定价法　　　C. 损益平衡定价法　D. 差异定价法

④药品定价策略包括下列哪些？　　　　　　　　　　　　　　　　　　　（　　）

    A. 习惯定价策略　　B. 季节折扣策略　　C. 声望定价策略　　D. 整数定价策略

⑤我国在"非典"时期，板蓝根价格提高得很快，主要体现了什么定价策略？　（　　）

    A. 涨价策略　　　　B. 季节折扣策略　　C. 整数定价策略　　D. 便利策略

⑥连锁药店可以针对下列哪几种类型的药品实行低价策略？　　　　　　　（　　）

    A. 销量大，获利多的药品　　　　　　　B. 销量大，获利少的药品

    C. 销量小，获利多的药品　　　　　　　D. 销量小，获利少的药品

⑦采用降价策略时，就长期发展而言，较低价格的药品必须确保　　　　　（　　）

    A. 销售数量的提升　　　　　　　　　　B. 中间流通环节的增加

    C. 获利的增加　　　　　　　　　　　　D. 成本的降低

⑧作为领导者的药店，应对其他药店对价格敏感药品的价格调整时，应采取下列哪些策略？　　　　　　　　　　　　　　　　　　　　　　　　　　　　　　　（　　）

    A. 涨价策略　　　　B. 便利策略　　　　C. 维持价格策略　　D. 降价策略

二、技能训练

（一）案例分析

平价药店掀起价格冲击波

2002 年 8 月 31 日，作为江西第一家平价药房的开心人大药房在南昌首次亮相。开心人大药房承诺：16 大类、5000 多种药品售价比国家核定零售价平均低 45％。"开心人"开张五天，每天客流量超过 1 万人，最高日销售额达 10 万元。开心人大药房经媒体报道在南昌城内一夜成名。

9 月 24 日，200 多名供货商在医院、药店等联手施压下，突然从开心人大药房集体撤货，有的还自己掏钱买走自己的药品。一位供货商说："我如果不来撤货，其他药店就会威胁我，不销售我的药。"

与此同时，恶意的投诉举报致使工商等执法部门对开心人大药房进行频繁检查，据说有人质疑开心人大药房有不规范经营行为。开心人大药房的经营受到重挫。其间威胁电话更是不断：要么调价，要么关门。

对于此类平价药店的出现，业界是褒贬不一，各执一词。它的出现打破了原有的市场平衡，被同行视为一种"抢钱"行为，因此受到了同行业者的质疑与排挤。除了供货商的围攻，

在武汉、成都,甚至有药品平价超市遭打砸抢、遭火焚。问题:

导致开心人大药房受到供货商围攻的原因是什么?药品价格黑洞在哪里?

(二)操作实训

【实训项目】 社会药店药品价格调研

【实训目的】 熟悉药店的定价策略。

【实训内容】

1.了解零售药店的定价方法与定价策略;

2.了解当前主要药品的价格变化(片剂、注射剂、颗粒剂等);

3.观察零售药店同一类药品(例如感冒药)的价格差;

4.从药店经营的角度,就政府医药价格改革的目标和任务,与药店工作人员进行沟通和交流。

【实训组织】 以小组为单位,每组参观5家社会药店,将所见的情况以文字形式记录下来,并进行比较,重点在于发现不同药店药品价格的差别、其不足和缺陷,提出你的构想。基本格式如下:

1.药店的位置;

2.药店名称;

3.主要经营类别;

4.主要药品的价格变化;

5.某一类药品价格;

6.优势与特点;

7.5家药店的比较。

【实训考核】

1.以小组为单位,由组长为组员考评;

2.由课代表组成的领导小组为各个小组考评;

3.由带教老师将各组情况汇总,根据实际巡视结果,进行最后考评。

(柯　瑜　张　宁)

项目十一 收银作业与财务管理

收银作业与
财务管理

 项目描述

在现代商品经济中,从小型的单体药店到大型的连锁药店,几乎都设有独立的收银柜台,并配备专门的收银人员从事收款工作。收银活动已成为一项专业性很强的、非常重要的经济工作。药店财务管理是组织药店财务活动、处理财务关系的一项管理工作。其目的有两个:一方面要用最少的企业资金占用为股东创造最大的财富;另一方面还要保证企业利益相关者的利益,使企业能够可持续发展。

知识目标:了解收银员的岗位职责,明确收银员的工作规范要求;了解会计凭证的定义与种类,会计账簿的定义与种类;了解药店财务管理制度的相关内容,药店主要指标的预算管理。

能力目标:能熟练掌握收银的基本技能,熟练操作收银的具体工作;能熟练填制会计凭证,熟悉会计凭证的传递、保管及会计账簿的管理;能熟练计算药店相关的财务指标,理解指标之间的关系。

素质目标:培养规范财务与收银作业的职业习惯,培养严谨细致的工作作风。

 项目分析

进行收银工作,必须熟知收银的基本知识,掌握收银的基本技能,明确收银员的岗位职责及相应的规范要求。任何单位在处理任何经济业务时,都必须由执行和完成该项经济业务的有关人员,从单位外部取得或自行填制有关凭证,以书面形式记录和证明所发生经济业务的性质、内容、数量、金额等,并在凭证上签名或盖章,以对经济业务的合法性和凭证的真实性、正确性负责。同时,需要将日常发生的各类经济业务,定期进行连续、系统的记录和核算。根据药店业务的实际需要,设立会计机构,实行"统一领导、集中管理"的药店财务管理体制。财务科管理药店的各项财务工作,店长是药店财务工作的第一责任人,要明确单位领导人对财务工作的领导职责以及会计机构负责人对财务工作的领导职责。建立会计人员岗位责任制以及任用、考核制。根据药店财务制度的有关规定,结合各药店的实际需要,合理设置会计岗位,做到不同岗位的相互分离、相互制约、相互监督。

知识点:
- 收银工作的内容;
- 收银员的岗位职责及规范要求;
- 会计凭证的定义、种类;
- 会计账簿的定义、种类;

● 财务管理的概念；

● 财务管理制度的相关内容。

技能点：

● 现金收银业务的操作；

● 银行卡收银业务的操作；

● 会计凭证的管理；

● 会计凭证的传递、整理、保管；

● 会计账簿的管理；

● 药店主要指标的预算管理。

 相关知识

一、收银工作的内容

收银员做的工作很多，但就收银工作而言，主要是收银业务、收入款项的管理与上交业务以及凭证的填制与装订业务等。

1. 收银业务

收银业务主要有现金收银业务、银行卡收银业务、支票收银业务和会员卡与优惠券收银业务。下面详细介绍前三种。

(1) 现金收银业务。现金收银业务程序主要包括核算金额、收取现金、验钞、打单和找零等几个环节。收银员对顾客选取的药品一一清点数量，扫描计价，计算出顾客应付款总金额；收取现金并认真检验钞票的真伪；打印销售清单；退还顾客多余的现金。

(2) 银行卡收银业务。银行卡收银业务程序包括收卡验证、刷卡、签单、打单、退还卡等几个环节。顾客以信用卡付账结算时，收银员接受顾客的信用卡和身份证，并认真辨别持卡人与身份证是否相符；审核无误后刷卡；请持卡人签字并审认顾客签名笔迹；打印销售清单；将银行卡、身份证等退还顾客。

(3) 支票收银业务。支票收银业务程序包括查验支票、审验证件、填写支票、打印销售发票等几个环节。办理支票收银业务时，要认真审验支票各项要素是否齐全、正确、规范，有无涂改，是否在有效期内，查验持票人证件是否正确等，并留下购货单位电话和持票人身份证号码。

2. 收入款项的管理与上交业务

收银台每天要收入大量的现金，是药店的重要部门，保证所收款项的安全完整是收银员的重要职责。收银员在收银工作结束后，首先应将当天收取的营业款进行清点，核算出营业总金额；其次，将电脑小票和有价券等分类整理，分别捆扎装订；最后，如数填制缴款凭证，将营业款连同缴款凭证上交总收款室。

3. 凭证的填制与装订业务

收银工作属于经济性工作，财务部门的部分会计凭证产生于收银业务中。因此，填制和装订凭证是收银员的重要业务内容之一。经收银员填制的凭证一般有销售发票、缴款单等。营业结束后，收银员要将各种凭证分类整理，分别捆扎装订，连同营业款一同交到总收款室。

二、收银员的岗位职责

收银工作是药店销售服务管理的一个关键点,收银员直接将销售款收取回笼汇总。因此收银员不但要认真细致、热情服务,而且要有较强的责任心。收银员的岗位职责主要有以下几方面:

(1)具有敬业爱岗精神,严格遵守药店的各项规章制度,服从上级领导的工作安排。

(2)服从收银主管的班次安排,每日早上按时参加晨会,做好重要事项的记录以及营业前的各项准备工作。

(3)按规范、工作程序进行收款操作,正确受理现金、支票、信用卡、会员卡、优惠券等业务,按规定开具销售发票,要确保收银工作不出差错,能顺利进行。

(4)不带私款、物品上岗,不贪污,不私兑外币,认真执行财务纪律,严格审核优惠券等销售权限及退货、退款批准手续,要确保收银工作不出差错,能顺利进行。

(5)文明接待每一位顾客,做到站立服务、主动热情、礼貌待客,送别顾客要使用文明、礼貌用语。

(6)不擅离工作岗位,不私自调班和换台,不做与工作无关的事情。

(7)收款仔细认真,操作准确无误,一旦操作失误必须及时写出操作说明,报收银科(部)批准后通知信息中心改正。

(8)做好交接手续,按交款单如数上交营业款,合理使用备用金以节省费用开支。

(9)增强防盗、防骗意识,加强对假币、假票据的甄别,切实维护药店的经济利益。

(10)负责电子收银机的日常维护、保养,遇到收银机发生故障或自身无法解决的问题及时上报。

三、收银员的规范要求

收银岗位是药店非常重要的工作岗位。收银员要有良好的服务形象,高尚的道德品质,过硬的技术水平,高度的责任心。为了加强收银岗位管理,确保现金管理的安全性,收银员必须遵守相应的规范要求。

1.收银员的行为规范

(1)"六必须"。①必须按照规定整齐着装,发型规范、淡妆上岗、站姿端正;②必须遵守药店的规章制度;③必须精神饱满、主动热情、微笑待客;④必须文明礼貌,使用普通话、文明用语;⑤必须保持收款台干净整齐;⑥必须保持账款一致。

(2)"八不准"。①不准在收银台内聊天、嬉笑、打闹、看书、看报;②不准当班擅自离台、离岗、停台;③不准将私人的物品带进工作场所;④不准以占款、结账为借口,拒收和冷落顾客;⑤不准在收银台内会客、吃东西、喝饮料,将水杯放在收银台上;⑥不准踢、蹬、跷、靠、坐收银台;⑦不准未到下班时间私自关闭收款机或拒收;⑧不准出现和顾客争吵、辱骂、殴打现象。

2.收银员的工作规范

(1)营业前的工作规范。①开门营业前打扫收银台和责任区域;②到指定地点领取备用金并清点确认,兑换充足的零钞;③检验营业用的收银机,整理和补充购物袋、打印纸等备用物品;④了解当日的变价药品和特价药品。

（2）营业中的工作规范。①遵守收银工作要点，即欢迎顾客光临；②对顾客提问耐心回答；③发生顾客抱怨或由于收银结算有误，顾客前来投诉交涉时，应立即与值班班长联系，由值班班长将顾客带至旁边接待处处理，以避免影响正常的收银工作；④等待顾客时，可进行营业前各项工作的准备；⑤在非营业高峰期间，听从班组长安排从事其他工作。

（3）营业后的工作规范。①营业结束时拿好备用金、营业款及各类单据，至指定地点填制清单，并按药店规定的金额留存备用金；②填写现金交款单，全部点好并整理好现金；在其他人员监督下装入钱袋，将收回的购物卡及银行单据放入卡袋，拿好现金袋、卡袋到指定地点，在登记簿上签名后交收银主管签收，并将备用金有序地放入保险柜内；③整理收银作业区卫生，清洁、整理各类备用品；④关闭收银机并盖好防尘罩；⑤协助现场人员做好结束后的其他工作。

四、会计凭证的定义及种类

1. 会计凭证的定义

会计凭证是记录经济业务的发生和完成情况，明确经济责任的书面证明，是登记账簿的依据。

2. 会计凭证的种类

实际会计工作中的会计凭证种类繁多，格式多样，作用不一，但按其编制或取得填制的程序和用途不同，可分为原始凭证和记账凭证。

（1）原始凭证。原始凭证又称单据，是在经济业务发生或完成时取得填制的，用以记录或证明经济业务的发生或完成情况的原始凭据。原始凭证是会计核算的原始资料和重要依据。原始凭证按取得的来源不同，可分为外来原始凭证和自制原始凭证。

外来原始凭证：指在经济业务发生或完成时，从其他单位或个人直接取得的原始凭证，如购买货物取得的增值税专用发票、普通发票、铁路运单、对外单位支付款项时取得的收据，职工出差取得的飞机票、火车票等。

自制原始凭证：指由本单位内部经办业务的部门和人员，在执行或完成某项经济业务时填制的、仅供本单位内部使用的原始凭证。如领料单、收料单、产品入库单、产品出库单、借款单等。自制原始凭证按照填制手续及内容不同，分为一次凭证、累计凭证和汇总凭证。①一次凭证是指一次填制完成、只记录一笔经济业务的原始凭证，如收据、收料单、发货单、借款单、银行结算凭证等。一次凭证是一次有效的凭证。②累计凭证是指在一定时期内多次记录发生的同类型经济业务的原始凭证。其所填制的内容仅限于同类经济业务，是多次有效的原始凭证。具有代表性的累计凭证是《限额领料单》。③汇总凭证是指一定时期内反映经济业务内容相同的若干张原始凭证，按照一定标准综合填制的原始凭证。汇总原始凭证合并了同类型经济业务，简化了记账工作量。

（2）记账凭证。它是会计人员根据审核无误的原始凭证或填制的，其记载经济业务的简要内容，确定会计分录，是登记账簿的依据。按记账凭证所反映的经济内容不同，一般分为收款凭证、付款凭证、转账凭证和通用式记账凭证。收款凭证、付款凭证、转账凭证合称为专用式记账凭证。

【小资料 11-1】

收款凭证是指用于记录现金和银行存款收款业务的会计凭证,见表 11-1。

表 11-1　收款凭证

借方科目:　　　　　　　　　年　月　日　　　　　　　　收字第　号

摘　要	贷方科目		记　账	金　额	附件　张
	一级科目	二级或明细科目			
合　计					

会计主管　　　　记账　　　　出纳　　　　审核　　　　制单(签章)

付款凭证是指用于记录现金和银行存款付款业务的会计凭证,见表 11-2。

表 11-2　付款凭证

贷方科目:　　　　　　　　　年　月　日　　　　　　　　付字第　号

摘　要	借方科目		记　账	金　额	附件　张
	一级科目	二级或明细科目			
合　计					

会计主管　　　　记账　　　　出纳　　　　审核　　　　制单(签章)

转账凭证是指用于记录不涉及现金和银行存款业务的会计凭证,见表 11-3。

表 11-3　转账凭证

　　　　　　年　月　日　　　　　　　　转字第　号

摘　要	会计科目		记　账	借方金额	贷方金额	附件　张
	一级科目	二级或明细科目				
合　计						

会计主管　　　　记账　　　　出纳　　　　审核　　　　制单(签章)

通用式记账凭证见表 11-4。

表 11-4 通用式记账凭证

年 月 日

摘 要	会计科目		借方金额	贷方金额	过 账
	总账科目	明细科目			
合 计					

会计主管　　　记账　　　复核　　　出纳　　　制单(签章)　　　领交款人

五、会计账簿的定义及种类

1. 会计账簿的定义

会计账簿是以会计凭证为依据,对全部经济业务进行全面、连续、系统的记录和核算的簿籍。它是由具有专门格式连接在一起的账页组成。会计账簿包括封面、扉页和账页。封面主要用来载明账簿名称和记账单位名称。扉页是用来登载账簿启用和经管人员的一览表。账页是账簿的主体。在账页上应列明:账户名称(会计科目)、记账日期、凭证字号、摘要栏、金额栏、总页次和分页次。

2. 会计账簿的种类

各个单位经济业务和经营管理的要求不同,账簿也多种多样。要正确使用各种账簿,就有必要了解账簿的种类

(1)账簿按用途分类。按其不同的用途,可分为序时账簿、分类账簿和备查账簿三大类。序时账簿又称为日记账簿,它是按照经济业务发生的先后顺序,逐日逐笔进行登记的账簿,也称为流水账。分类账簿是区别不同账户分类登记的簿籍,按其反映内容的详细程度不同可分为总分类账和明细分类账。备查账簿是对那些在序时账簿、分类账等主要账簿中未能记录或记录不全的经济业务进行补充登记的账簿。

(2)账簿按外表形式分类。账簿按外表形式可分为订本式、活页式、卡片式三大类。订本式账簿是未启用前就将若干印有编号的账页按顺序固定装订成册的账簿。活页式账簿是由若干零散、具有专门格式的账页组成的账簿。卡片式账簿是用硬纸片做成的账簿。

六、药店财务管理制度

1. 财务管理的概念

财务管理就是对财务活动和财务关系的管理,组织企业财务活动,处理与各方面财务关系的一项经济管理工作。一般通过财务预测、财务决策、财务预算、财务控制等方法对企业财务活动进行管理。

2. 药店财务管理制度的相关内容

(1)建立财务处理程序制度。根据《药店财务制度》、《药店会计制度》的规定使用会计科目,设置会计账簿,按规定的步骤和方法进行财务处理,保证会计核算的客观性、一致性、及

时性、重要性、全面性等。

（2）建立财务稽核制度。明确稽核人员的职责、权限以及稽核内容。一般由财务科长和总账会计兼任，对会计记账凭证、账簿、账务报告等按照规定要求进行审核。

（3）建立内部牵制以及财务监督制度。记账人员与经济业务事项和会计事项的审批人员、账物保管人员的职责、权限应当明确，并相互分离、相互制约；重大对外投资、资产处置、资金调度和其他重要经济业务事项的决策和执行的相互监督、相互制约程序应当明确；财产清查的范围、期限和组织程序应当明确；对会计资料定期进行内部审计的办法、程序应当明确。任何一项经济业务的办理，必须由两个以上部门或人员分工办理，经办人员之间相互牵制、相互制约、相互监督；出纳人员不得兼任资产保管、收入、支出、债权、债务账目的登记工作，以及稽核工作和会计档案管理工作；审批支付款项的人员不得担任采购、出纳工作；物资核算与物资保管岗位分离。

（4）建立财务审批制度。任何一项费用支出，必须先由负责人初步审核并签字，然后由财务科科长审核，经店长实行"一支笔"批报。

（5）建立原始记录管理制度。原始记录是在经济业务发生时取得或填制的原始管理和核算资料，是对经济业务活动有关事项的直接记载，是加强经济核算和管理的基础。据此，对原始凭证记录的签发、传递、程序、汇集、反馈等，要明确有关人员责任，以确保原始凭证记录的真实性、完整性和可靠性。

（6）建立票据管理制度。对收费收据、结算凭证、向银行购领的银行结算空白支票，以及药店印制使用的票据等药店所有票据的购领、印刷、保管、缴销、管理等统一由财务科负责。财务科必须按有关票据管理规定进行印刷、购领、使用、保管。

（7）建立档案管理制度。财务科指定专人保管会计档案，按期整理立卷，装订成册，登记会计档案保管清册，按档案管理规定明确会计资料的归档、调阅、销毁等管理制度。

 项目实施

一、现金收银业务的操作

如何识别
人民币的真伪

1. 收款

当顾客前来交款时，首先要热情地接待顾客，热情地问候顾客，然后将药品信息正确输入，确定无误后按合计键计算出应收金额，并随即告知顾客。当顾客递过现金时，收银员应双手接过顾客递交的现金，迅速准确地点清所收现金的数量，然后对顾客唱收。收款时，收银员应注意只能接受人民币或者是公司规定的外币。

2. 验钞

收银员在清点顾客所交来的现金时，必须对现金进行仔细检验。检查是否有伪钞和残损钞票，以避免给公司带来不必要的损失。

（1）检验伪钞的要点。①边点边看。收银员接过顾客的钞票后，要认真进行清点。清点时要一边点数，一边注意观察票面。当发现有可疑钞票时，应把可疑钞票抽出来，仔细检验其真伪。②注意手感。点钞过程中，看的同时还要注意自己的手感。通常真人民币手感较好、挺括；假币则手感较差、绵软。当发现手感较差的钞票时，也应当将其抽出来，仔细检验它的真伪。③机器检验。当对可疑钞票进行人工鉴别仍有疑点时，可以使用验钞机进行检验。对于可疑的钞票和面值为 100 元和 50 元的大额钞票,收银员一般都应进行验钞机和人工的双重检验。

(2)检验残损钞票的要点。残损钞票是在流通过程中,因长期使用造成票面残缺或污损而不能继续流通的人民币。残损钞票大多数残缺不全,如缺角、缺边、十分破烂的纸币。检验残损钞票时,一定要按照残损人民币的鉴定标准进行操作。残损钞票一般是不能用来消费的,如确认顾客交的是残钞,应礼貌地要求顾客给予更换,并告知顾客可以将其残钞到银行进行兑换。

3.找零

(1)找零的原则。①正确找零原则。收银员不能以零钱不足为理由拒绝找零。②唱付找零原则。给顾客找零时,收银员必须声音自然地对顾客唱付。③手递票款原则。收银员在为顾客找零、递送小票时,必须将零钱和小票以及其他购物单据亲手递到顾客手中。

(2)找零技巧。日常工作中,应将不同面值的零钱放在钱箱内不同的格子中,以方便找零。找零时应按最大面值的现金组合来点数现金,以节约零钱。如找零数字为 33.5 元,所找零钱的组合应为:一张 20 元的纸币、一张 10 元的纸币、一张 2 元的纸币、一张 1 元的纸币(或一个 1 元的硬币)和一张 5 角的纸币(或一个 5 角的硬币)。

二、银行卡收银业务的操作

1.收卡、证

当顾客以信用卡付款时,收银员要同时收取顾客的信用卡和身份证,接过信用卡后还应对顾客唱收,并礼貌地告诉顾客稍微等待并进行刷卡操作。

2.确认、审卡、刷卡、签字

(1)确认。收到信用卡后,收银员应首先确认本处有无该卡种业务。

(2)审卡。收银员在接受顾客信用卡付款时应对顾客的信用卡选择审核,包括审核信用卡是否完整无损、顾客的有效身份证件、发行和到期年月、信用卡是否被相关金融机构列入禁用名单。

(3)刷卡。把信用卡放在刷卡机的槽口刷卡,输入金额,并检查销售单上打印的信用卡号码、收银金额、日期、身份证件号码等是否完整、清晰。保证持卡人签字前的单据清晰、有效,以尽力减少工作失误和顾客的等待时间。

(4)签字。签字即顾客签字。在上述程序结束后,收银员将销售单据交给顾客并指导顾客在相应的位置签字。收银员应将销售单上的签名与信用卡的签名进行对比,确保其真实性、正确性。

3.认真核实

收银员完成上面的确认、审卡、刷卡、签字四个操作步骤后,还要认真地核实一遍,主要核实以下四个方面:

(1)核实顾客所持信用卡的有效期限;

(2)核实顾客的签字与信用卡背面的签字是否一致;

(3)核实并登记顾客的身份证号码;

(4)核实顾客所持信用卡号码是否在银行定期发布的通缉名单之上,防止有人使用盗窃而来的信用卡。

4. 打印单据

刷卡操作完毕后,收银员要向顾客开具收款凭证,打印电脑小票或销售发票。选择付款键,打开钱箱,完成交易。

5. 发还卡、证、单据

以上收款操作程序结束后,收银员应将信用卡、身份证件、信用卡单据连同电脑小票或销售发票一同交还给顾客,同时留下单据中的药店联,关闭收银箱。

三、会计凭证的管理

1. 原始凭证的管理

(1)原始凭证的内容。企业的各项经济业务不尽相同,原始凭证的具体内容和采取的格式也不尽一致。但任何一种原始凭证,都具备以下基本内容:①原始凭证的名称;②填制单位的名称;③原始凭证的日期和编号;④接收单位的名称即抬头(对外凭证);⑤经济业务的内容摘要;⑥经济业务所涉及的品名、数量、单价、金额等;⑦经办部门和人员的盖章或签名。

(2)原始凭证的填制。要求原始凭证作为记账凭证的附件、基础,填制必须符合一定的要求,包括:①真实。原始凭证必须如实填写发生业务的日期、内容、数量和金额,一式几联的凭证必须套写。②完整和规范。原始凭证的有关项目必须填写齐全、文字扼要,数字清楚、字迹端正,有关人员的签章应清晰可辨。如填写过程中出现文字或数字错误,不得随意涂改、挖补或刮擦,应按规范的更正方法予以纠正。重要凭证如支票填写错误,应作废后重填,作废的凭证加盖"作废"章后,连同存根一起保管,不得撕毁或丢失。③及时。每笔经济业务发生或完成后,应由经办人员当即填写原始凭证,经签字盖章,递交会计部门审核后及时记账。

2. 记账凭证的管理

(1)记账凭证的基本内容。记账凭证有不同的分类,各种凭证的格式也不尽相同,但各种记账凭证都必须具备以下基本内容:①记账凭证的名称;②记账单位的名称;③填制单位的名称、记账凭证填制的日期及编号;④经济业务的内容摘要;⑤应借、应贷的账户名称及金额;⑥所附原始凭证的张数;⑦制证、复核、记账、会计主管等有关人员的签章,收、付款凭证还应有出纳员的签章。

(2)记账凭证的填制要求。①内容真实、完整。附有的原始凭证齐全;内容与原始凭证相符;日期、摘要及其他项目填写清楚、完整;连续编号;有关人员的签章齐全。②内容正确:应借、应贷账户正确,对应关系清晰。

四、会计凭证的传递、整理与保管

1. 会计凭证的传递

会计凭证的传递,是指会计凭证传递从填制或取得时起,到归档保管时止,按规定的程序和传递时间在本单位内部有关部门和人员之间的传送和交接过程。

由于经济业务的内容不同,会计凭证的传递程序和时间也不尽相同。正确及时组织会计凭证的传递,对于及时传递经济业务信息、有效组织经济活动、提高会计工作质量、实行会计监督具有重要意义。而会计凭证传递程序的确定,要视经济业务的特点、手续程序而定,一般应从以下几个方面着手处理:

（1）确定会计凭证的传递环节。各单位根据经济业务的特点、内部组织机构和人员分工情况，规定会计凭证必须经过的环节，以使各有关部门和人员，既能保证会计凭证经过必要的环节进行处理与审核，又可避免在不必要的环节停留，从而使经济活动高速、有效地运行。

（2）规定会计凭证的传递时间。为了确保会计凭证的及时、准确传递，应考虑各环节的工作内容和工作量，以及在正常情况下完成工作所需的时间，明确规定在各个环节的停留时间，以确保会计凭证及时传递，以免打乱会计工作的正常程序。

（3）严密会计凭证交接手续。会计凭证要在有关部门和人员之间进行传递，为防止在传递过程中出现遗失毁损或其他意外情况，应建立凭证的交接签收制度，保证会计凭证的安全完整。

2.会计凭证的整理与保管

会计凭证是重要的经济档案，为了保证会计凭证的完全完整，必须采取适当的方法，妥善保管，包括会计凭证的整理和保管。

（1）会计凭证的整理。

编号：会计凭证登记完毕后，应按分类和编号顺序整理，看有无缺号、重复编号等情况，记账凭证所附原始凭证是否齐全。

装订：会计凭证一般每月装订一次。记账凭证应连同所附原始凭证或原始凭证汇总表按编号顺序折叠整齐，按期装订成册，并加具封面。注明单位名称、年度、月份和起讫日期、凭证种类、起讫号码，并由装订人在装订线封签处签名或盖章。

对于数量过多的原始凭证或重要的原始凭证，可以单独装订保管，但必须在记账凭证上注明"附件另订"和原始凭证名称及编号。

（2）会计凭证的保管。会计凭证装订成册后，由会计部门指定专人负责保管，但出纳人员不得兼管会计档案。年度终了后，可暂由财会部门保管一年，期满后应由财会部门编造清册移交本单位档案部门保管并严格调阅制度。一般情况下，本单位会计凭证不得外借，其他单位因特殊情况需要调阅时，需经本单位会计机构负责人、会计主管人员批准，可以复制，并在专设登记簿上登记，提供人员和接收人员共同签名或盖章。本单位人员调阅，也要办理有关手续。

值得注意的是，保管期满但未结清的债权债务原始凭证和涉及其他未了事项的原始凭证，不得销毁，应当单独抽出立卷，保管到未了事项完结时为止。单独抽出立卷的会计档案，应当在会计销毁清册和会计档案保管清册中列明。正在项目建设期间的建设单位，其保管期满的会计档案不得销毁。

五、会计账簿的管理

1.账簿启用的管理

账簿启用时，应在账簿扉页填写《账簿启用经管人一览表》（活页账、卡片账应装订成册后列），详细载明：单位名称、账簿名称、账簿编号、账簿册数、账簿会计主管和记账人员私章。更换记账人员时，应办理交接手续，在交接记录内填写交接日期和交接人员姓名（签章）。

2.账簿登记管理

账簿必须用钢笔和蓝、黑墨水书写,按逐页逐行顺序连续登记,以审核无误的会计凭证为依据。

3.错账更正管理

在记账过程中,如果账簿记录发生错误,不得任意用刮擦、挖补、涂改或用褪色药水等方法更改字迹,必须根据错误的具体情况,相应采用画线或红字更正法予以更正。

4.账簿更换管理

各种账簿在年度终了结账时,各个账户的年终余额都要直接记入新年度启用的有关新账中去,即在旧账中各账户年终余额的"摘要"栏内要加盖"结转下年"戳记,同时在新账中有关账户的第一页第一行"摘要"栏内注明"上年结转"或"年初余额"字样,并在"余额"栏记入上年余额。新旧账有关账户之间的转记余额,无须编制记账凭证。会计人员在年度结束后,必须将各种活页账簿连同账簿启用和经管人员一览表都装订成册,加上封面,统一编号,与各种订本账一起归档保管。

六、药店主要指标的预算管理

药店零售业为了提高经济效益,就必须加强预算管理,确定有关重要指标的预算。例如确定药品销售额、经营品种、药品资金占用、药品流通费用及利润等指标的预算数,与实际发生数进行比较、核算,有利于扩大销售额、减少资金占用、降低药品流通费用和增大利润。

1.药品销售定额预算

药品销售额是药品流通企业通过货币结算而出售药品的行为,反映药品零售企业经营活动所取得的成果,是确定其他预算指标的依据和基础。药品销售额定额,可以根据相关公式计算并参照本企业的经营特点和市场需求、上期销售额实绩,分析市场结构和消费层的变动、购买力投向等因素而研究确定。确定方法如下:

以上年的计划销售额、实际销售额以及前三年的销售平均递增率为依据,推算计划期药品销售额:

药品销售定额＝(上年计划销售额＋上年实际销售额)/2×(1+前三年平均销售递增率)

式中:前三年平均销售递增率＝$\sqrt[3]{\text{前三年增长速度乘积}}\times100\%$

例如:某药店 1998 年计划销售额 33 万元,实际销售额 35 万元,1996 年至 1998 年的销售增长率分别为:5％,10％,20％,求 1999 年该店的药品销售定额。

前三年平均销售递增率＝$\sqrt[3]{5\%\times10\%\times20\%}\times100\%=10\%$

1999 年药品销售定额＝$[(33+35)/2]\times(1+10\%)=37.4$ 万元

计算结果表明:该店 1999 年确定的药品销售定额为 37.4 万元。

在此基础上,第一,根据本企业经营的范围和特点,分析前三年实际销售增长的具体因素,找出销售的变化规律。第二,对国家政策、市场结构、购买力增长和投向等发展趋势进行预测,对经营业务的变化、品种的增长和货源状况以及销售潜力等进行分析预测,确定药品销售定额。总之,确定药品销售定额,要从实际出发,要切实可行。

2.药品经营品种预算管理

经营品种是企业供应药品的品种数,是做好药品供应,满足消费者需要程度的一项基本指标。经营品种的多少,不仅反映企业的经营水平,也反映企业经营方向和服务质量,因此,药品零售企业在服务与经营中,必须在其经营范围之内,根据市场变化扩大货源,既要满足市场的需求,又要为实现企业的利润指标准备坚实的物质基础。在确定经营品种指标时,应注意遵循以下几个方面的原则:

第一,要以现有的经营品种为依据。现有的经营品种是企业熟悉的业务,是企业的强项,同时也是消费者认可的,不可以轻易放弃。

第二,要以市场的需求为依据。市场需求的变化是企业保留哪些品种、保留多少品种的依据,也是企业确定增加哪些品种、增加多少品种的依据。

第三,要参照历年经营品种的状况,结合本企业的经营特点和经营能力确定经营品种定额。总之,企业对经营品种的确定,既要保证顾客最基本的需要,又要满足不同层次的需求。不能单纯追求名牌和热销药品,也不能以滞销的药品充数。为防止在确定品种时疏漏应有的品种,可以自行设计编制《经营药品目录表》和《必备药品目录表》。

3.药品资金定额预算管理

药品资金是药品零售企业为了销售而购进的各种药品所占用的流动资金数额,是企业在一定时期内药品储存量的货币表现,即库存药品金额。药品资金定额的确定,要根据企业经营范围、品种以及购买力水平加以确定。同时还要考虑销售、货源以及资金周转速度等因素。确定的药品资金定额一方面要有利于药品流转,减少流通环节,加快资金周转;另一方面也要防止药品的积压与脱销。确定药品资金定额采取主要药品按品种,一般药品按大类的方法。在实际工作中,一个企业经营的药品比较复杂,要经营十几个品种,可以分别按品种计算出药品资金定额,然后汇总。具体方法如下:

(1)确定药品定额。计算公式如下:

药品定额＝平均日销售量×药品周转天数

该公式中,平均日销售量等于商品销售总量除以天数。药品周转天数是药品从购进到销售所需要的全部时间,药品周转天数包括进货在途天数、销售准备天数、药品陈列天数、保险天数和进货间隔天数。

进货在途天数是指从购进药品付款到商品运到企业验收入库后所需要的天数。

销售准备天数是指药品运到企业入库后,作价入账、整理装配、陈列上架等一系列销售前的准备工作时间。

药品陈列天数是指药品陈列在货架、橱窗、柜台上实际所需要的天数。计算公式如下:

药品陈列天数＝药品陈列数量/平均每日销售量

保险天数(机动天数)是指供货单位不按时发货,使商品推迟到达或由于运输发生故障、市场临时增加需要量、货源时断时续等购销情况变化而发生脱销所增加的储备机动天数。

进货间隔天数是指前后两次进货的间隔天数。

最低定额天数＝进货在途天数＋销售准备天数＋药品陈列天数＋保险天数

最高定额天数＝最低定额天数＋进货间隔天数

平均定额天数＝(最高定额天数＋最低定额天数)÷2

最低定额天数是防止药品脱销的警戒线;最高定额天数是防止药品积压的警戒线;平均定额天数是确定商品资金定额的依据。求得定额天数后用定额天数乘以日销售量即得药品库存量定额,其计算公式如下:

最低药品库存量定额＝平均每日销售量×最低定额天数

最高药品库存量定额＝平均每日销售量×最高定额天数

平均药品库存量定额＝平均每日销售量×平均定额天数

（2）确定药品资金定额。计算公式如下：

药品资金定额＝平均药品库存量定额×药品平均购进价格

例如：某药店某品种计划年销售量10800元，进货在途天数10天，销售准备天数3天，药品陈列天数2天，保险天数5天，进货间隔天数30天。该品种平均购进价格950元，计算该品种平均库存量定额及药品资金定额。

平均日销售量＝10800÷360＝30件

最低定额天数＝10＋3＋2＋5＝20天

最高定额天数＝20＋30＝50天

平均定额天数＝（20＋50）÷2＝35天

平均库存量定额＝30×35＝1050件

该品种药品资金定额＝950×1050＝997500元

4.药品流通费用预算管理

药品流通费用是指医药商品流通企业在组织药品流转过程中必须耗费的活劳动和物化劳动的货币表现。药品流通费用的确定包括药品流通费用额和药品流通费用率两个指标。

（1）药品流通费用额。药品经营活动中所发生的各项费用的金额，是计算和考核其他费用指标的基础。它包括直接费用和间接费用。直接费用包括运杂费、包装费、手续费、利息、商品损耗，是随药品流转额的变化而变化的费用。间接费用包括工资、福利费、折旧费等，是不随药品流转额的增减而升降或变动的较小的费用。

药品流通费用预算的确定，主要考虑的因素是药品销售结构、进货地点的变化、经营管理的改善和降低费用水平的要求等，并且还要参照上期费用开支的实际水平或根据前三年平均费用水平，结合本期变化因素来综合分析确定。

（2）药品流通费用率。药品流通费用率是药品流通费用额与药品销售额的比率，是实现每百元药品销售所支付的费用额，这是衡量企业经营管理水平高低的一项重要指标。计算公式如下：

药品流通费用率＝药品流通费用额÷药品销售额×100％

总之，药品流通费用率定额的确定，应本着"精打细算，厉行节约"的原则，根据企业的销售额，在考虑计划期各种因素的基础上，参考历史费用的使用情况来确定。

5.利润指标预算管理

药品流通企业的利润，是指企业在一定时期内实现的全部经营活动的总成果，即一定时期内全部经营收入抵补经营支出的余额。利润指标与经济业务、费用水平、资金状况等息息相关，所以它是评价企业经营活动的一项综合考核指标。利润定额指标的确定，要根据经营管理的实际情况以及企业对提高经营水平的要求，分析历年的利润水平、费用开支、市场销售条件等情况，提出一个较为合理的毛利率，有了毛利率和毛利额，再将其他各项指标的计划数预计出来，最后就可以确定利润定额了。药品销售毛利额，是药品销售收入扣除已销药品进价成本后的余额。若余额为负数，则为毛亏，获得毛利额是实现利润的基础。有关公式如下：

药品销售毛利额＝药品销售额－已销药品进价成本

为了加强对药品销售毛利额的管理，通常在考核毛利额的同时，还要考核毛利率，以反映盈利能力。其计算公式如下：

　　毛利率＝毛利额/销售收入×100％

　　利润定额＝药品销售定额×（毛利率－费用率）－销售税金及附加＋其他业务收入

　　　　　　－其他业务支出＋营业外收入－营业外支出

　　另外，利润定额也可以根据计划利润率和药品销售定额来确定。其计算公式如下：

　　利润定额＝药品销售定额×计划利润率

 拓展提高

主要经济指标的预算完成情况分析

　　主要经济指标的确定，为企业的经营活动确定了明确的目标，而要实现这些目标，还要制订具体的经营活动的工作计划，并且要按部就班地贯彻实施。在经营和服务过程中，随着各种原始凭证的产生，企业对产生的各种原始凭证要正确、完整地分类、归集、记载和计算，这样就形成了企业核算的基础。具体来说，需对以下经济指标分别进行分析。

　　1.药品销售额的预算执行情况分析

　　药品销售额是指药品销售收入总额。计算药品销售额，首先应确定药品销售时间，药品销售时间即付出药品取得货款或取得货款权利的时间。对市内的药品销售，以取得现金或支票为准；对外地的药品销售，以办完委托银行收款手续为准。在实际工作中，可以根据《药品进销日报表》以及药品销售定额取得相关数字。

　　2.药品经营品种预算指标完成情况分析

　　企业实际经营品种数可以从药品经营目录账加总取得，如果没有设置药品经营目录账，也可以根据药品备查账加总取得。月度、季度或年度的实有品种数，是各月、季的平均品种数。对经营品种的分析不能单纯地用增加和减少来衡量，而应从增加的品种与利润的变动、减少的品种与利润的变动来分析。以增减的品种是否有利于增加利润为标准来确定改变品种数量的决策。

　　3.药品资金的预算完成情况的分析

　　药品资金的分析，主要是考核药品资金定额指标、药品资金周转速度和药品资金占用率。

　　（1）药品资金定额完成情况分析。药品资金定额在确定后，为了防止积压和脱销，必须考核药品资金的定额完成情况，及时记录、计算和考核，以掌握药品资金的执行进度。一般采用库存药品资金与药品资金定额比较的方法检查药品资金定额的执行情况。

　　（2）药品资金周转速度分析。药品资金周转速度是以一定时期药品资金周转次数或周转一次所需要天数表示的，是考核资金利用效果的一项重要指标。

　　（3）药品资金占用率分析。药品资金占用率是指在一定时期内，每销售100元商品所需的商品资金额，是反映资金效率的指标，是商品资金平均占用额与年商品销售额的比率。

　　4.药品流通费用的分析

　　（1）直接费用的核算。直接费用是指随药品流转额的增减而升降的费用，如运杂费、保管费、包装费、商品损耗等。这部分费用在发生或支付时，由领取物品人员填制《物品领用单》，报销支付时，由出纳员填制《费用核算通知单》，用以核算药品流通费用。

　　（2）间接费用的核算。间接费用是指不随商品流转额变动而变动的费用，具有相对的稳定性。

（3）费用总额的核算。药品流通费用总额就是直接费用与间接费用的合计数，费用总额与本期药品销售额相比，就是药品流通费用率。实际费用与药品流通费用定额的差额，就可以计算出药品流通费用的升降程度。

5.利润指标完成情况分析

（1）计算实际利润额。

利润总额＝药品销售收入－药品销售成本－药品流通费用－药品销售税金及附加
＋其他业务收入－其他业务支出＋营业外收入－营业外支出

当收入大于支出总额，差额为正数，表示盈利；当收入小于支出总额，差额为负数，表示亏损。

（2）利润指标的分析。

①利润定额的完成情况分析：对利润定额指标完成情况的考核，即将实际利润额与利润定额指标相比较，计算利润定额指标的完成情况。计算公式如下：

利润定额的完成程度＝实际利润额/利润定额指标×100％

例如：某药店某月药品销售额为80000元，药品销售成本为68000元，各项费用支出总计4000元，销售税金及附加总计600元，其他业务收入为500元，营业外收入为140元。如果利润定额为80400元，计算该月利润定额的完成程度。

实际利润总额＝80000－68000＋500－4000－600＋140＝8040元

利润定额的完成程度＝8040/80400×100％＝10％

计算结果表明：利润定额的完成情况不理想，要查明原因，是利润定额指标过高还是经营不善，及时采取改进措施。

②销售利润率分析：销售利润率是利润总额与药品销售收入的比率，计算公式如下：

销售利润率＝利润总额/销售收入×100％

计算出的数据要与计划销售利润率或前期的销售利润率比较，找出差距和原因。

③资金利润率分析：资金利润率是利润总额与资金占用额的比率，是反映商品资金使用效率的综合指标。计算公式如下：

资金利润率＝利润总额/资金总额×100％

计算出的数据要与计划资金利润率或前期的资金利润率比较，找出差距和原因。

 链接

唱收唱付很重要

一天傍晚，一个年轻人到某药店买药，拿了一张100元钱给收银员，当收银员准备给他结账时，他突然说："等一下，我有零钱给你。"于是，收银员把100元还给他，并收取了他的零钱，等结完账，他对收银员说："你100元还没有还给我。"见收银员满脸疑惑，他又补充了一句："你看，就是那一张。"收银员虽然不太相信，见他如此肯定，只好拿出100元给他。到晚上结账，收银员发现营业款少了100元，仔细想来，问题出在这一青年身上。

分析：收银员的唱收唱付很重要，特别是归还他100元时，应让他确认一下，以避免无谓损失。

重点知识

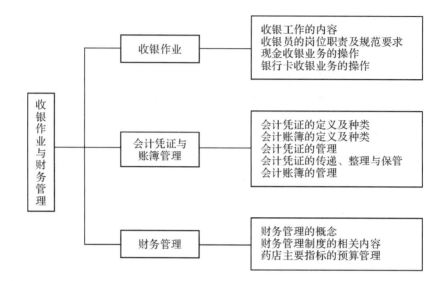

实用技术训练

一、知识训练

测试 11

1. 重要概念解释

会计凭证　　会计账簿　　财务管理

2. 问题理解

(1)收银工作的内容

(2)收银员的岗位职责

(3)银行卡收银业务的操作程序

(4)财务管理制度的内容

3. 知识应用

(1)选择题(每小题至少有一个正确答案)

①收银业务包括　　　　　　　　　　　　　　　　　　　　　　　　　　　　(　　)

　　A. 现金收银　　　　B. 银行卡收银　　　C. 支票收银　　　　D. 优惠券收银

②银行卡收银业务的程序有　　　　　　　　　　　　　　　　　　　　　　　(　　)

　　A. 收卡　　　　　　B. 签单　　　　　　C. 打单　　　　　　D. 退卡

③找零原则有　　　　　　　　　　　　　　　　　　　　　　　　　　　　　(　　)

　　A. 正确找零原则　　B. 唱付找零原则　　C. 用赠品代替原则　D. 手递票款原则

④下列属于外来的原始凭证是　　　　　　　　　　　　　　　　　　　　　　(　　)

　　A. 发票　　　　　　B. 收据　　　　　　C. 领料单　　　　　D. 飞机票

⑤记账凭证应该包括哪些内容　　　　　　　　　　　　　　　　　　　　　　(　　)

　　A. 凭证名称　　　　　　　　　　　　　B. 记账单位的名称

　　C. 附件　　　　　　　　　　　　　　　D. 经济业务的内容摘要

⑥错账的更正方法一般有　　　　　　　　　　　　　　　　　　　　　　（　　）

    A.画线更正法　　　B.红字更正法　　　C.涂改更正　　　D.挖补更正

⑦财务管理的方法有　　　　　　　　　　　　　　　　　　　　　　　　（　　）

    A.财务决策　　　B.财务预测　　　C.财务预算　　　D.财务控制

⑧利润预算管理的指标有　　　　　　　　　　　　　　　　　　　　　　（　　）

    A.利润定额的完成情况　　　　　　　B.销售利润率

    C.资金利润率　　　　　　　　　　　D.存货周转率

⑨药品陈列天数的计算公式为　　　　　　　　　　　　　　　　　　　　（　　）

    A.药品陈列数量/平均每日销售量

    B.平均每日销售量/药品陈列数量

    C.计划期平均日销售量×计划期药品周转天数

    D.平均日销售量/计划期药品周转天数

二、技能训练

（一）案例分析

2018年8月某一天,林小姐在某商厦的取款机中取款后忘记取回信用卡,当天被杨某捡获。在接下来的3天里杨某疯狂刷卡直到被刑侦人员当场抓获。而林小姐3天后才发现丢卡,立即去银行挂失。杨某事后承认,她在消费时试探地询问收银员该卡是否要输入密码,当明确得知无须密码时,便毫不犹豫地使用了那张信用卡。当收银员要她在POS机清单上签字时,杨某提心吊胆签上卡片主人的姓名。收银员却对签名看也不看,于是杨某便成功地完成了这笔交易。

这个案例给了你什么启示? 你认为收银员在接受银行卡时,应该如何保证收银工作的严谨性和安全性?

（二）操作实训

【实训项目一】　药店收银工作调查

【实训目的】　熟悉药店的日常收银操作及管理。

【实训内容】

1.了解零售药店收银工作的规范要求;

2.观察零售药店收银员的收银技巧与方法;

3.观察零售药店收银员的礼仪规范。

【实训组织】　以小组为单位,每组参观3家社会药店,将所见的情况以文字形式记录下来,并进行比较,重点在于发现不同药店收银的优点和特点,发现不足和缺陷,提出你的构想。基本格式如下:

1.药店的位置;

2.药店的规模;

3.收银的规范要求;

4.收银员的收银操作过程;

5.收银员的仪表、语言、行为礼仪,遇到特殊顾客的处理态度与方法;

6.优点与特点;

7.3家药店的比较。

【实训考核】

1.以小组为单位,由组长为组员考评;

2.由课代表组成的领导小组为各个小组考评;

3.由带教老师将各组情况汇总,根据实际巡视结果,进行最后考评。

【实训项目二】 原始凭证的填制

【实训目的】 熟悉原始凭证的填制内容与填制要求。

【实训内容】 四环制药有限公司 2018 年 2 月 20 日销售感冒清 10 件,单价 300 元,价款 3000 元,销项税款 510 元。价税合计 3510 元,开出增值税专用发票一式四联,对方以转账支票办理结算,要求填制增值税专用发票(购货单位:三峰医药公司;纳税识别号:4101055808975382;地址:西安市环城北路 2388 号;电话:89078992;开户行及账号:工商银行西安支行 0856397729)。

【实训组织】 以小组为单位,根据所提供案例中涉及的项目编制成具体的原始凭证,将每小组的内容进行比较,重点在于发现不同小组对原始凭证的了解和掌握程度,找出所存在的不足和缺陷。

【实训考核】

1.以小组为单位,由组长为组员考评;

2.由课代表组成的领导小组为各个小组考评;

3.由带教老师将各组情况汇总,根据各实际结果,进行最后考评。

【实训项目三】 现金日记账与银行存款日记账的填制

【实训目的】 熟悉会计账簿的填制内容与填制要求。

【实训内容】

1.某药店 2018 年 2 月 1 日的"现金"账户余额 2500 元,"银行存款"账户余额为 300000 元。

2.2 月份发生有关现金和银行存款的经济业务如下:①2 日,开出现金支票从银行提取现金 2000 元备用;②5 日,采购员出差预支差旅费 1000 元,以现金支付;③7 日,支付给行政人员 800 元现金,购买办公用品;④10 日,从银行提出现金 200000 元备发工资;⑤12 日,以现金发放工资;⑥25 日,以银行存款支付水电费 6000 元;⑦31 日,以银行存款交纳税金 7000 元。

【实训组织】 以小组为单位,根据所提供案例中涉及的项目填制现金日记账和银行存款日记账,将每小组的内容进行比较,重点在于发现不同小组对会计账簿的了解和掌握程度,找出所存在的不足和缺陷。

【实训考核】

1.以小组为单位,由组长为组员考评;

2.由课代表组成的领导小组为各个小组考评;

3.由带教老师将各组情况汇总,根据各实际结果,进行最后考评。

(童 燕 朱茂根)

项目十二　运营网上药店

项目描述

网上药店是目前医药 B2C 的主要模式,随着医药电子商务的兴起,网上购药也将成为未来的发展方向,网上药店的开设以及运营扫成功直接关系着每个药店未来销量的提高。

知识目标:了解网上药店的现状和发展,了解网上药店的优势和制约其发展的因素,了解网上药店运营的基本常识。

能力目标:会分析网上药店现状,会提出解决其制约因素的方法,会进行网上药店的运营。

素质目标:培养认真负责的工作态度,培养自主学习的工作风范。

项目分析

运营网上药店可以分为三个部分:网上药店及其开展情况、网上药店的优势及制约因素分析和网上药店的运营。

知识点:
* 网上药店及其发展情况;
* 网上药店监管及相关法规。

技能点:
* 网上药店的优势及制约因素分析;
* 网上药店的运营;
* 网上药店的营销策略。

相关知识

一、网上药店

网上药店是指医药企业依法建立的,能够实现与个人消费者在互联网上进行医药商品交易的电子虚拟销售市场,是医药电子商务的一个分支,属 B2C 交易模式,其主要功能是实现网上药品零售和在线药学服务。网上药店的开展使得消费者可以 24 小时全天候享受购药的方便,只需在网络上输入网上药店地址、购药品种和数量以及支付方式等信息,药品就会送到消费者手中,具有私密性特征。

【小资料 12-1】

通过互联网向个人销售药品,必须经过相关部门审批,取得《互联网药品交易服务

机构资格证书》，网站首页显著位置必须标明《互联网药品交易服务机构资格证书》编号。未经批准网上销售药品都是违法行为，公众应通过正规渠道购买药品。

二、网上药店监管及相关法规

对有关网上药品交易行为的监管主要是体现在我国颁布的法规和规范性文件中，根据时间依次列于下方（见表 12-1）。

表 12-1　监管相关法规

法律法规	相关规定
《处方药与非处方药流通管理暂行规定》国药管办市	对于处方药和非处方药规定不得采用以下销售形式，如有奖销售、附赠药品或礼品等，且对于网上药品销售，在当时是不被允许的
《药品电子商务试点监督管理办法》	这是第一个允许在网上销售药品的法律文件，并列入了几个试点城市，它们分别是广州、福建、北京、上海等，这让网上药店的开展在法律上做到了有法可依
《互联网信息服务管理办法》	在互联网进行的信息服务的管理中特别提到药品信息服务的监管部门是药品监督管理部门，监管包括对其审批和准入许可等方面
《互联网药品交易服务管理暂行规定》	对互联网药品信息服务的性质进行了分类，为以后的互联网药品交易的开放打下基础
《互联网药品信息服务管理办法》	规定了药品监督管理部门对于从事药品信息服务的单位前置审批的程序、要求及监管措施，但只规定了网上药品信息发布的合法性，而未承认网上药品交易的合法性
《关于贯彻执行〈互联网药品信息服务管理办法〉有关问题的通知》	规定了很多互联网药品信息服务管理细节，包括了申请、审批程序等
《中华人民共和国电子签名法》	具体规定了电子签名的法律效力，为后续进行互联网药品交易行为，为确保互联网交易各方权利交易数据的保密性、有效性以及数据提取保存提供了法律保障
《互联网药品交易服务审批暂行规定》	规定了从事互联网药品交易服务的企业在软、硬件方面必须具备的条件，以及企业取得经营许可后的行为规范和药品监督管理部门对取得许可企业的监管措施
《关于贯彻执行〈互联网药品交易服务审批暂行规定〉有关问题的通知》	规定了网上药店在进行验收时所必须具备的软件和硬件要求，并对相关的事宜设立了严格的标准
《关于印发〈互联网药品交易服务审批暂行规定〉有关问题的补充通知》	对从事互联网药品交易服务的企业应具备的软件、硬件方面的条件及药品监督管理部门对该类企业申请的现场验收标准的补充
《商务部关于网上交易的指导意见（暂行）》	确立了网上交易的各种规则

续表

法律法规	相关规定
《关于展开互联网药品信息服务和交易服务监督检查工作的通知》	该通知要求相关监管部门对互联网的相关违法行为加强各部门的协作,严格监察其违法行为
《全国药品流通行业发展规划纲要(2011—2015)》	网上药店开办经营条件要求较高,申办时不仅要有与其他行业一样的电子商务平台,而且在专业技术方面有着特殊的要求
《医疗器械网络销售监督管理办法》	规定了从事医疗器械网络销售、提供医疗器械网络交易服务需要遵守的相关法规
《网络药品经营监督管理办法(征求意见稿)》	规定了互联网药品交易申请、交易以及相关事宜的具体要求
《中华人民共和国电子商务法》	规定了电子商务经营过程中的法律责任

【小资料 12-2】

　　在美国,基于对网上药店更好的监管,在 1999 年美国国家药房委员会协会(NABP)对美国的网上药店开始了 VIPPS(verified internet pharmacy practice sites,经过验证的互联网药品实践站点)认证。该认证针对网上药店设定了一系列的规范,包括说明、药师资格、消费者隐私保护、药品储运等内容,并且 NABP 会对其进行严格的监督。如果网上药店申请 VIPPS 认证通过,那么可以在网站上添加 VIPPS 标志,经过 NABP 的宣传,消费者可以知道如果有 VIPPS 标志的网上药店是合法的,具有比较高的安全性的,符合 NAPB 的一系列认证。当然,消费者也可以通过 VIPPS 的链接进入 NABP 的网页进行确认。当然根据规定,网上药店在销售药品时也必须在平台上显示"会员制健康医疗团体"和保险公司的证明担保书等内容。

项目实施

一、网上药店的优势及制约因素分析

(一)网上药店相对于一般的传统药店,存在着以下优势

1.覆盖面

对网上药店来说,有网络的地方就有市场,以"好药师网上药店"为例,其外地用户比例占到六成以上,这是传统药店所无法比拟的。

2.成本

与线下店铺成本相比,网上药店商品一般比地面店要便宜,正是省去了地面环节,节省成本,从而取得价格优势。

3.保护客户隐私

网上药店线上下单,货物以物流配送的形式更好保护消费者隐私,尤其对于需购买计生用品、成人用品的消费者。

(二)制约因素

我国网上药店的开办时间不长,只有几年的时间,其中更经历了禁止开办的历程,所以我国的网上药店的开办属于刚刚起步阶段,当然存在很多制约其发展的因素。具体从如下两个方面进行分析:

1. 企业方面

(1)大型的药品零售企业热情不够。网上药店成为中小企业的新兴市场。从2009—2010年度中国连锁药店排行榜(销售额)中可以发现,目前获得经营资格的27家企业,只有7家排名在前100,其余20家全部排名在前100外。而排名在前100的7家企业中,也只有3家排名在前20且年销售额在10亿元以上。而很多企业在经营的过程中只是把网上药店作为一种简单的宣传工具和辅助手段,没有下大功夫去发展网上药店。其中很大的原因是我国网上药店目前市场不够成熟,消费者在购买药品的时候更喜欢实体药店,对网上药店信任度低,导致了网上药店的销售额普遍偏低,经营成本过高。这跟目前网上药店整体市场没有发展成熟是有密切联系的。

当然,由于是新兴的市场,总有一些探路者,目前北京金象等几个药店就是网上药店发展的领跑者,这些企业大力地推广和发展网上药店市场,开发潜在的消费者。还有一些中小企业也在逐步进入这个市场。由于医疗体制改革的原因,药品流通市场的竞争越来越激烈,很多中小医药企业如果不打开新的市场,那么面临的就是被兼并和重组,所以它们也在努力探索网上药店的发展空间,比如提出"中国最大网上药店"口号的东莞市健客医药有限公司。当然随着技术的进步,计算机和网络价格的降低,网络经济逐渐繁荣,网上药店就成为它们未来的发展空间。

(2)数量巨大的非法网上售药对正规网上药店的影响。2010年5月17日,国家食品药品监督管理总局发布了2010年第一期互联网购药安全警示公告,查处了30家非法售药网站,但这仅仅是非法售药网站的一小部分。除了大量非法售药网站的存在,借助不同的网络购物平台销售药品的违法行为不断出现,导致了我国网上非法售药现象非常严重。由于大多数消费者缺乏辨别售药网站真实性的能力,这就导致很多消费者由于一次的上当受骗,就产生对网络购药的恐惧心理,担心网上交易的可靠性。非法网上售药冲击正规的网上药店,且其带来的恶劣影响使得整个网上药店市场弥漫着悲观情绪,消费者对网上药店不信任带来交易额的下降,而企业对网上市场的悲观也使其不愿做更多的投入和努力,网上药店发展缓慢。因此,在2010年中国药品零售融投资论坛暨中国网上药店峰会上,全国多家网上药店的相关负责人联合倡议成立"中国网上药店联盟",号召网上药店联合起来协助有关部门共同打击非法网上售药行为。

(3)药品的配送体制没有得到完善。网上药店的经营必须考虑到药品在配送途中的破损、调换问题。由于药品消费者买药数量一般都比较小,网上药店如果自建配送队伍的话成本过高,必须借助于第三方物流。第三方物流一般不负责所送商品的质量,而且第三方物流未必具备相应的运输条件,所以药品在配送的过程中很难保证质量。有些药品甚至需要冷藏运输,为此一些大型的药品流通企业进行了冷链物流的建设。但是对于网上药品的销售而言,一两件产品不可能采用一辆专车进行运输,而网上普遍采用的邮递送货方式并不适用于药品。根据GSP的有关规定,药品的特殊性也体现在了运输的特殊要求,比如温度、湿度等方面的要求,而邮递的方式显然很难满足这些要求。这也在很大程度上使网上药店的业务无法展开。另外,消费者对药品的需求具有及时性的特点,如果生病时想要用药,不可能等一两天再吃药,所以需要及时的配送,而根据目前的情况不大可能在一两个小时内就送达,所以药品的配送问题是网上药店目前最棘手的问题,如果无法解决,那么网上药店或许只能卖一些治疗慢性病的药品了。

2.政府管理方面

(1)政府监管力度不够。目前,我国对网上药品交易的监管力度不够,致使网上药品交易出现了问题。

①由于缺少有力的监管导致非法网上药店过于泛滥。我国网上药品的广告监管虽然有负责的部门,但是对于比较新的网络广告(比如搜索引擎右边的广告),很难有明确的监管人。而非法网上药店的打击力度往往很弱。我们随意就可以找到一些非法的网上药店。而这些明明可以查处的网站竟然一直存在,即使有曝光也未必会消失。北京不少颇为知名的连锁零售药店就在网上开设卖药送货服务,与正规网上药店相比仅仅只是没有在线支付而已。

②有些合法网上药店会有违法行为。虽然有明文规定网上药店不准销售处方药,但是很多网上药店为了扩大销售额度,仍然在进行处方药的销售。药品监管部门应加大对非法网上售药行为的监管。

③处罚力度不够大。违法售药网站之所以出现这么多,其中一个很主要的原因是目前对互联网违法售药行为的处罚力度还不够,而极高的利润空间使他们甘愿去冒险。一般而言,违法售药网站的每年维护成本通常极低,但所经营的品种很多,成本极低且有极高的利润空间,他们当然愿意冒险。

而且有关法条规定也存在问题,根据《互联网药品信息服务管理办法》,违反该办法的:取得《互联网药品信息服务资格证书》的给予警告,责令期限改正;情节严重的,处以1000元以下罚款,对提供经营性互联网药品信息服务的网站处以1万元以上3万元以下罚款;构成犯罪的,移送司法部门追究刑事责任;而没有取得资质的企业,给予警告,并责令其停止从事互联网药品信息服务;情节严重的,移送相关部门,依照有关法律、法规给予处罚,处罚相对较轻。这些不利于加强网上药店监管的法条应该进行修改。对于未取得《互联网药品交易服务机构资格证书》,擅自从事互联网药品交易服务的,只是责令期限改正,给予警告,只有情节严重的才按有关法律处罚。

(2)政府监管手段不适应快速发展的互联网世界。通过网络销售假药目前已经是一个全球性的监管难题,互联网技术的快速发展,使网络监管手段也需要快速地提高。但是由于技术的原因,监管部门很难对网络渠道上网站药品信息、网络广告投放渠道、搜索引擎广告运营商进行实时检测、对运营主体进行严格监管。另外,由于网站服务器处于境外,无法对网站进行有效的处罚,当然也无法对幕后的网站经营者进行管理。对于一些搜索引擎而言,网上药店的资格认定他们是不管的,只要交钱就能够登录,而且还可以排名在前面,这样就助长了非法网上药品交易的气焰。

(3)政府监管过程中缺少各个部门相互协作的机制。目前,我国互联网各监管主体之间的合作仅有2006年公布的《互联网站管理协调工作方案》中提出的建立日常协调体制,建立全国互联网站管理工作协调小组。但是网上药店的监管不仅涉及网络监管方面,更涉及药品监管、运输监管等各个方面,还包括跨省、跨国的协作监管。这就需要各个部门进行有效的协作,其中包括工商部门、工信部门、邮政部门、公安部门、药监部门等各个方面的协作。比如对于网上药品来源进行监控的问题,这需要各个部门进行协作。目前,我国尚未建立起有效、长效的跨部门、跨区的网上药品监管协作机制。

(4)立法的层次较低。目前,我国还没有对一般性商务活动领域通用性规则进行调整的电子商务立法,但与药品这一类特殊商品相关的法律法规有一部法规,一部规章,几个规范性文件。法规的主要内容是对主体的资格及行政审批程序进行规定,较少涉及药品经营活动中各主体权利义务和法律责任的规定。《互联网药品交易服务审批暂行规定》(以下简称《暂行规定》)要求从事网上药品交易的企业必须向药品监督管理部门申请并取得《互联网药品交易服务资格证书》,这一规定实质上设定了行政许可。而现行的规定除法律、行政法规、国务院规定、地方性法规、省级政府规章外,其他规范性文件一律不得设定行政许可。《暂行规定》规定企业在网上向个人消费者销售处方药或其他企业或医疗机构销售药品的,撤销其互联网药品交易服务机构资格,并注销其《互联网药品交易服务机构资格证书》,同时移交信息产业主管部门等有关部门,依照有关法律、法规的规定予以处罚。但是根据《中华人民共和国行政处罚法》的相关规定,除法律、行政法规、地方性法规、部门规章、地方性规章之外,其他规范性文件是不得设定行政处罚的。所以,这就需要政府来制定明确的法律法规,赋予监管部门相应的权限。

(5)法律法规不够健全。目前,规范内容主要是主体资格及行政审批程序,关于网上药店经营的管辖权确立、查处对象真实身份的识别、电子证据的效力、具体的监管措施等内容很少涉及。

(6)消费者权益保护方面不足。

①消费者用药安全保护方面。由于网上药品交易具有开放性和虚拟性,所以网上购药就不可避免地带来了较多的安全性问题,尤其是如何保障药品以及药品广告的真实性、有效性等问题。2011年2月18日,中国非处方药协会发起安全自我药疗行动并首次公布了《中国止痛类非处方药认知度网络调查》报告。报告显示两大核心问题令专家非常担忧,一是半数消费者都不知道自我药疗首先应该选择非处方药(OTC);二是有相当多的消费者把索米痛片等处方药和非处方药混淆。这说明我国对于这方面的宣传力度过小,消费者在网上购药的过程中,存在着巨大的风险。而网上购药又会导致增加消费者自我诊断的比例,从而导致更大的用药安全问题。

②消费者维权方面。同样,由药品质量引起的交易纠纷解决方式也是我们需要考虑的问题。2009年8月21日,重庆商报登出了"网购药连夺丈夫儿子性命,七旬老妇向虚拟药店索赔"的新闻,提到了冉红宇父子由于网上购药导致父子双双死亡的情况,但是由于网店店主身份难查导致受害者家属在维权上十分困难。目前,网上购药在电子商务发展过程中,购买程序不规范,万一发生纠纷,索赔调查取证困难,消费者的权益也难以得到保障。

③消费者隐私保护方面。网上药店线上下单、货物以物流配送的形式能更好地保护消费者隐私。而在网上药店上也有相关的说明。比如在开心人网上药店的网页中,提到了三个方面的保护:①注册信息隐私保证:在开心人网上药店注册/购物时产生的所有个人信息,只用于个人购物时使用。药店通过严密的流程控制确保个人的所有信息,均不会被泄露或是作为其他用途被使用。②购物内容隐私保证:在开心人网上药店所购买的商品的信息,只作为个人的隐私信息。药店通过严密的流程控制确保有关顾客的购物内容

等信息,均不会被泄露或是作为其他用途被使用。③包装快递隐私保证:在开心人网上药店所购买的任何商品,在包装发货时,包装箱外表只有的送货地址等必要信息,不会出现所购买商品的名称。具体商品的购物清单在包装箱中,其他人(包括快递员)都是无法看到的。

但是,消费者在购买药品的过程中仍然面临着三个问题:第一是网络安全不足所带来的隐私泄露,毕竟网上买药不像网上银行一样有各种安全手段;第二是物流不规范所带来的隐私泄露;第三是网上药店自身原因导致隐私泄露,虽然网上药店做了保证,但是一旦发生隐私泄露,目前没有相关的惩罚措施。

(7)药品信息概念界定存在问题。网上药店要进行药品销售,必须要在网站发布药品的相关信息,以便于消费者对了解产品信息,因此药品信息的提供是网上药店最基本的服务。根据《互联网药品交易服务审批暂行规定》,网上药店的确具有网上进行药品信息发布的资格,但对药品信息包含的内容该规定没有进行清晰的界定。

【小资料12-3】

非法网上药店的常用陷阱包括以下一些:

1.过度夸大的广告。一些非法网上药店在其网上发布或利用"专家、教授"的名义来宣传癌症、糖尿病、高血压、性病等一些难愈疾病的特效药广告。事实上这类慢性疾病、疑难病症几乎是没有特效药品的,如果真研制出来,政府卫生部门或医院也会第一时间出来推荐使用。很多消费者因治病心切,仅凭广告宣传盲目买药从而导致上当受骗。

2.以次充好或以低价为诱饵。正规网上药店从进药到药品中转、销售每个步骤都受国家药监部门严格实时监控,药品的质量都有严格保障。而非法网上药店为谋取利润,出售的药品极有可能是虚假劣质药品或过期药品。消费者网上买药一定不能过于随意或贪图便宜,购买到药品后,应认真查看药品名称、国药准字号、生产单位、生产日期、有效期。

3.伪造药店的资格证书。合法网上药店都需取得"互联网药品交易服务资格证书",并且要在网站的显著位置上标识"互联网药品交易服务资格证书"。一些非法网上药店利用消费者不愿费事去国家药监局查询证书真假的心理,在其网站上贴一个伪造的证书或证号欺骗消费者。所以消费者在选择一家网上药店时,首先要去国家药监局网站认真查询证书的真伪,确认其是否是国家药监部门批准的正规网上药房。

4.付款欺骗或欺诈。当前,网上购药付款方式主要有三种,一种是货到付款,送货上门,满意再付款;另一种是利用支付宝等诚信货币支付;最后一种是款到发货。非法网上药店经常会用各种理由要求消费者使用最后一种付款方式,先行付款,收到货款后又利用各种理由拒不发货,甚至直接"失踪"。所以消费者最好选择第一种付款方式,验货后付款。

二、网上药店的运营

虽然我国网上药店的发展还存在若干问题,但网上药店对扩展药品零售市场份额的作用是肯定的,而且,这种经营模式是医药电子商务的发展趋势。应在政府相关部门的大力支持下,积极宣传,培育消费群体,制定相应的政策,完善相应的技术环节,并实施有效监管措施以形成网上药店发展的良好环境。同时还要加强医药零售企业自身信息化建设,提升技术水平,增强服务能力,以利于我国网上药店的良性发展。

(一)网上药店资质的获得

1.开办网上药店申请前的准备工作

(1)企业内部网的建立。利用药品连锁零售企业的内部网实现对企业内部运行模式的信息化,从而大大提高企业的工作效率,方便整个企业内部的信息交换、共享和对外的信息交流,为开展网上药店创造良好的条件。

(2)企业intranet(内部网)与internet(互联网)的连接。药品连锁零售企业的内部网建立并完善以后,下一步的工作就是使企业内部网与互联网相连接,这就要选择一家服务优秀的互联网服务商ISP(internet server provider),使企业的内部网与互联网建立连接。

我国提供互联网的服务机构(即ISP)分为两类:第一类是官方性质的ISP服务,如中国公用信息网(ChinaNet)和国家教育与科研网络(CerNet,只对学校科研机构及其下属单位提供服务);第二类是新兴的商业机构,它们能为用户提供全方位的服务,对较大区域的联网可以提供专线、拨号上网及用户培训等服务,如东方网景、上海热线、吉通等。这类ISP拥有自己的特色信息源,建设投资大,覆盖面广。

(3)域名申请和CA认证。域名(domain name)对企业是至关重要的,没有域名,就难以建立起访问者的信任感,难以建立起企业的网络品牌。从商界看,域名已被誉为"企业的网上商标"。没有一家企业不重视自己的标识和商标,而域名的重要性和其价值,也已经被全世界的企业所认识。

国内域名注册的权威机构是中国国际互联网信息中心,网址是 http://www.cnnic.net.cn/。国际域名注册的权威机构是美国 Network Solutions, Inc.,又名 InterNic,网址是 http://rs.intrnic.net/。

医药企业通过访问上述相应地址或相应的域名注册代理公司的网址,填写并提交域名注册申请表、委托书及企业法人执照复印件,根据域名注册代理公司的要求提交相应的注册信息即可完成本企业的域名注册。

CA认证中心就是为了解决电子商务中参与交易双方的身份、资信的认定,维护交易活动的安全,从根本上保障电子商务交易活动顺利进行而设定的。药品连锁零售企业在进行网上药店业务活动之前必须经过CA认证。中国金融认证中心(Chinese Finance Certification Authority,CFCA)项目是由工、农、中、建、交、招商、光大、中信、民生、广发、深发、华夏等十二家商业银行总行发起,人民银行的银行卡信息交换总中心负责承建的,负责发放SET和非SET电子证书。药品连锁零售企业可通过访问CFCA网上主页并提交相应的资料进行认证。

(4)建立网站并进行网络营销导向的网站建设。如果把企业网站的设立比作商家做生意的铺面的话,那么网站的建设一定要能满足企业开展电子商务的需要。

一个完善的电子商务网站应包括内容构件和形象构件两个部分。内容构件包括主页、服务和产品清单、药品分类、促销信息、相关站点链接、用户登录、订购电话、品牌专柜(各知名药厂的药品)、销售排行、特价商品、热销商品、最新商品、推荐商品、购物指南、证书与合同范本(如药品生产许可证、药品经营许可证、政府相关部门批准的从事某药品生产的许可证明、OTC 证书、GMP 认证证书、GSP 认证证书等)等。形象构件包括主题图片和子图片、字体、对齐、留白、行距、导航按钮、网页的长度、下载时间、背景和图形等。

(5)选择网上交易平台和支付手段。网上药店网站交易平台需要提供给个人消费者网上支付的手段。如果条件不具备,网上药店只起宣传和订货的作用,可通过邮局汇票等方式来进行现金支付。待时机成熟后,再与银行等相关部门合作,通过 CA 认证中心认证后解决网上资金支付问题。

(6)建立或选择物流配送系统。物流配送是网上药店实现业务的关键。药品连锁零售企业应建立和完善与上网交易的品种相适应的药品配送系统。

2.网上药店的申请与受理

(1)申请开办网上药店的企业应具备的条件。向个人消费者提供互联网药品交易服务的企业,应当具备以下条件:依法设立的药品连锁零售企业;提供互联网药品交易服务的网站已获得从事互联网药品信息服务的资格;具有健全的网络与交易安全保障措施以及完整的管理制度;具有完整保存交易记录的能力、设施和设备;具备网上咨询、网上查询、生成订单、电子合同等基本交易服务功能;对上网交易的品种有完整的管理制度与措施;具有与上网交易的品种相适应的药品配送系统;具有执业药师负责网上实时咨询,并有保存完整咨询内容的设施、设备及相关管理制度;从事医疗器械交易服务,应当配备拥有医疗器械相关专业学历、熟悉医疗器械相关法规的专职专业人员。

(2)填写互联网药品交易服务申请表。申请从事互联网药品交易服务的企业,应当填写统一制发的《从事互联网药品交易服务申请表》。同时向所在地省、自治区、直辖市相关监督管理部门提出申请。

(3)提交相关材料。开展网上药店业务的企业应向所在地省、自治区、直辖市相关监督管理部门提交以下材料:拟提供互联网药品交易服务的网站获准从事互联网药品信息服务的许可证复印件;业务发展计划及相关技术方案;保证交易用户与交易药品合法、真实、安全的管理措施;营业执照复印件;保障网络和交易安全的管理制度及措施;规定的专业技术人员的身份证明、学历证明复印件及简历;仪器设备汇总表;拟开展的基本业务流程说明及相关材料;企业法定代表人证明文件和企业各部门组织机构职能表。

(4)对申请的受理。省、自治区、直辖市相关监督管理部门收到申请材料后,一般在 5 日内对申请材料进行形式审查。决定予以受理的,发给受理通知书;决定不予受理的,会书面通知申请人并说明理由,同时告知申请人享有依法申请行政复议或者提起行政诉讼的权利。

对于申请材料不规范、不完整的,省、自治区、直辖市相关监督管理部门会在收到申请材料之日起 5 日内一次告知申请人需要补正的全部内容;逾期不告知的,自收到申请材料之日起即受理。

3.网上药店提交材料的审批

在申请人的相关材料被受理后,省、自治区、直辖市相关监督管理部门按照有关规定对向个人消费者提供互联网药品交易服务的申请人提交的材料进行审批,并在 20 个工作日内做出同意或者不同意进行现场验收的决定,并书面通知申请人。

4.网上药店的现场验收和系统软件测评

省、自治区、直辖市相关监督管理部门同意进行现场验收的,一般在 20 个工作日内组织对申请人进行现场验收。

(1)现场验收。现场验收的依据是《互联网药品交易服务现场验收标准二(实施细则)》,检查项目共 20 项,其中必需项目 6 项、重要项目 7 项、一般项目 7 项。主要针对通过自身网站与本企业成员之外的其他企业进行互联网药品交易的药品生产企业、药品批发企业和向个人消费者提供互联网药品交易服务的企业的申请进行现场验收。验收的主要内容和方法介绍如下:

①依法设立的药品连锁零售企业。企业应具有营业执照以及其他必备的与从事药品生产、经营相关的许可证、认证证书。验收方法是查验营业执照原件,药品经营企业需提供GSP 证书原件及经营许可证原件。验收方法是查验上述证书是否在有效期内。

②提供互联网药品交易服务的网站已获得从事互联网药品信息服务的资格。企业应具有互联网药品信息服务资格证书。验收方法是查验《互联网药品信息服务资格证书》。

③具有健全的网络与交易安全保障措施以及完整的管理制度。企业应提供对互联网药品交易的保障措施。验收方法是查验保障措施,应包括健全的管理机构、具备保障网络及交易安全的措施及管理制度、对交易各个环节可能出现的风险控制措施或手段。上述制度或措施应具有针对性和可操作性。

提供互联网药品交易服务的企业,应与其客户签署明确的法律合同文书范本,范本中必须明确双方的权利义务以及违约责任,特别要明确由于网络安全问题导致用户利益受到损失时的责任约定。验收方法是查验企业制订的合同文书范本,并检查范本中是否明确双方的权利义务和违约责任,特别要重点查看合同范本中,因产品信息的真实性、交易产品的质量、交易达成后产品的配送以及由于网络安全问题导致的用户利益受到损失时双方的责任约定。向个人消费者提供互联网药品交易服务的企业,必须向消费者明示双方的权利、义务以及违约责任。

系统安全解决方案应采用的安全手段和方法保证交易数据的安全、完整、准确。验收方法是查验提交经过国家有关部门认可的软件评测机构安全综合测评的关于该系统的报告。

④具有完整保存交易记录的能力、设施和设备。企业应具有承担数据管理、技术维护、客户服务、交易审查等专项职能的部门及人员,且拥有相应的场所、设施,并具备自我管理和维护的能力。验收方法是查验企业应该拥有自有服务器,并拥有独立的机房,或者将自有服务器托管于合格的 IDC 机房(internet data center,互联网数据中心),人员有独立办公场所。

⑤具备网上咨询、网上查询、生成订单、电子合同等基本交易服务功能。企业技术支撑部门应当建立交易服务信息子系统和交易服务监管子系统。交易服务信息子系统应至少包括数据管理子系统、浏览查询子系统、交易管理子系统、结算管理子系统。

数据管理子系统应当至少能满足对交易产品的数据管理和交易中用户的数据管理,能够实时、快速、准确地查询、汇总产品信息和用户信息。

浏览查询子系统应当至少能够为用户提供多种方便灵活的方式,让用户通过系统对交易药品进行查看,并提供实时在线咨询服务。

交易管理子系统应当至少可满足如下功能:对买方和卖方的药品交易进行撮合,达成交易价格以及相关成交条件,签订成交合同,并在成交合同的基础上提供订购和配送等相关服务。交易进展情况应当可供实时查询。

结算管理子系统应当至少可记录与交易相关的资金结算信息,系统必须具备网上支付功能,在需要的情况下通过支付网关,按照预先设定的交易规则,通过金融机构进行在线资金结算。验收方法是查验现场演示相应的功能模块。

⑥对网上交易的品种有完整的管理制度与措施。企业数据管理部门应当为客户服务部门建立产品信息和产品资质信息数据库。

产品信息及产品资质信息数据库应与产品纸质资质文件一致并及时更新,能随时查证,数据错误率应低于千分之五。企业需有相应的档案管理及与存储相配套制度、场地、人员、设备。

产品信息及产品资质信息数据库应当准确反映产品的实际情况,产品各种信息的内容必须真实可靠,数据管理部门必须建立完善的数据更新管理制度,应做到及时收集、更新各种有效、合法、准确的企业及产品信息数据。验收方法如下:

查看系统提供的数据库中是否包括产品信息和产品资质信息,并提供独立的界面供访问。产品信息及产品资质信息至少应包含本企业经营或生产的品种数据;对于零售连锁企业,向公众提供的可通过互联网购买的产品数据只能是非处方药品种的数据。

查看企业的档案管理及有关制度,检查是否有负责纸质档案管理的岗位及人员,查看该岗位的职责描述。

查看是否拥有独立封闭、能够存储纸质文档的场地,该场地必须具备通风、防火、安全及相应的存储条件。

查看数据更新管理制度是否详细、合理。

查看企业的信息数据是否与国家相关基础数据库和其他权威数据一致,并及时更新。

⑦具有与上网交易的品种相适应的药品配送系统。

企业应具有承担数据管理、技术维护、客户服务、交易审查等专项职能的部门及人员,且拥有相应的场所、设施,并具备自我管理和维护的能力。验收方法是查验客户服务部门是否制定产品配送制度和相应的操作规程。客户服务部门的人员应具有药品或相关专业本科学历,熟悉药品、医疗器械相关法律法规。

⑧有执业药师负责网上实时咨询,并有保存完整咨询内容的设施、设备及相关管理制度;从事医疗器械交易服务,应当配备拥有医疗器械相关专业学历、熟悉医疗器械相关法规的专职专业人员。

数据管理人员必须熟悉有关药品管理法律法规,熟悉临床常用药品知识,并且具备对数据质量负责的能力和专业水平,专业人员需出具相应执业证明以及专业技术证书。数据管理部门配备的人员中,具有国家承认的药学专业本科以上学历的人员不得少于数据管理人员总数的 50%;零售连锁企业中具有执业药师(含执业中药师)资格的人员不得少于数据管理人员的 20%,提供在线购药咨询的执业药师总数不得少于 2 名。验收方法是查看企业数据管理人员的劳动合同,并查看执业药师注册证书或医疗器械相关专业证书,验证是否达到标准规定的人员比例要求。

现场检查时,应对检查的项目及其涵盖的内容进行全面检查,并逐项做出"通过"或者"未通过"的评定。

评分规则是基础分值为 100 分,未通过的条款,按其分值进行扣除,如果验收后分值大于或等于 60 分(即未通过条款扣除的分值少于 40 分),则视为现场验收合格;否则为现场验收不合格,不予发放互联网药品交易服务资格证书。

（2）互联网药品交易服务系统软件测评。

①测评的依据。互联网药品交易服务系统软件测评的依据是《互联网药品交易服务系统软件测评大纲二》，适用于药品生产企业、药品批发企业通过自身网站与本企业成员之外的其他企业进行的互联网药品交易以及向个人消费者提供的互联网药品交易服务的交易平台软件测评。

②测评机构资质要求。参与药品生产企业、药品批发企业通过自身网站与本企业成员之外的其他企业进行的互联网药品交易以及向个人消费者提供的互联网药品交易服务平台软件测评的机构，要求至少获得中国实验室国家认可委员会认可，认可的检测能力范围应至少包括对软件产品功能性、可靠性及效率的测评。

③测评内容。测评内容包括：用户文档、功能性、可靠性、易用性、安全性、效率和中文特性。

④判定原则。互联网药品交易服务系统软件测评从用户文档、功能性、可靠性、易用性、安全性、效率和中文特性七个方面进行测试，对除了"效率"以外的每一个测评项给出质量测评结果。测评项结果分为"通过"和"不通过"，效率作为观察项，测试数据仅供参考。对测评项中的 A 类缺陷（即功能性、可靠性和安全性）中有一项不通过，判定为该次产品不合格；对测评项目中的 B 类缺陷（即用户文档、易用性和中文特性）允许有一项为不通过，当不通过等于两项或超过两项时，判定为该次产品不合格。

⑤测评过程判定标准。在上述七个方面中缺陷分为五个等级：

P1 级：导致系统崩溃；主业务流程出现断点，死机，程序模块丢失，内存泄漏；

P2 级：被测数据处理错误，软件错误导致数据丢失，用户需求未实现；

P3 级：被测功能不能正确实现；

P4 级：功能实现不完美或有细小的错误；

P5 级：建议性问题。

在测试过程中，未发现 P1 级或 P2 级或 P3 级的缺陷，该测试过程的测评结果判定为"通过"。在测试过程中，发现 P1 级或 P2 级或 P3 级的缺陷，该测试过程的测评结果判定为"不通过"。

⑥测评项目判定标准。在功能性测试中，把测试过程分为三个等级：L1（必须项）、L2（重要项）、L3（一般项）。测评项目的下级测评项的测评结果全部为"通过"，该测评项目的测评结果判定为"通过"，否则为"不通过"。

功能性的整体测评结果按表 12-2 情况进行判定：

表 12-2　功能性的整体测评结果判定标准

序　号	等级项			功能性测评结果
	L1	L2	L3	
1	全部通过	全部通过	全部通过	通过
2	全部通过	全部通过	最多四项结果为"不通过"	通过
3	全部通过	仅有一项结果为"不通过"	仅有一项结果为"不通过"	通过

上述三种结果外的情况判定为"不通过"。

属于功能性和效率以外的测评项目,其下级测评项的检测结果中"不通过"率小于等于10%,该测评项目的检测结果判定为"通过"。

5.网上药店资格证书的发放

现场验收不合格的,书面通知申请人并说明理由,同时告知申请人享有依法申请行政复议或者提起行政诉讼的权利;经验收合格的,省、自治区、直辖市相关监督管理部门会在10个工作日内向申请人核发并送达同意其从事互联网药品交易服务的《互联网药品交易服务机构资格证书》。

《互联网药品交易服务机构资格证书》由国家统一印制,有效期5年。在依法获得相关监督管理部门颁发的《互联网药品交易服务机构资格证书后》,申请人应当按照《互联网信息服务管理办法》的规定,依法取得相应的电信业务经营许可证,或者履行相应的备案手续。

课堂随想 12-1　我国如何确认网上药店的真实性?

(二)网上药店的网络营销导向的设计

1.网上药店的形象设计

网上药店是一个可以发布药品信息和同消费者进行交流的网上商务平台,其网页设计的好坏及网站功能是否完善会影响用户网上购药的情绪。

2.网上药店购物配套服务的功能设计

购物配套服务包括订购方式、付款方式、配送方式、交易条款、质量保证、优惠活动、友情链接、订单及历史交易查询、客户服务等。

3.网上药店交易流程设计

(1)网上药店药师在线咨询;

(2)用户进入网上药店查找相关药品;

(3)用户以会员或非会员身份购买;

(4)网上药店与用户签订合同文书;

(5)网上药店对订单的确认;

(6)网上药店提供配送等相关服务。

4.网上药店的经营产品和品种设计

根据盈利、价格、监管、安全等因素考虑,适合网上销售的产品有以下几种:

(1)保健品和保健食品:这类产品在网上早就有卖,而且安全性问题不大;

(2)OTC产品:尤其是高毛利率的OTC产品;

(3)差异化的产品:消费者在一般零售药店较难见到的OTC产品;

(4)名牌产品:名牌产品在网上销售除有价格优势外,还可以扩大到更为广阔的市场空间;

(5)常见的医疗器械:尤其是适合家用的中小医疗器械;

(6)化妆品:尤其是功能性化妆品;

(7)隐私性产品:对于隐私性较强的产品,由于一些患者不愿在药店向店员讲述自己的隐私性疾病,在网上则无此禁忌,正如在网上可以和陌生人无话不谈一样;

（8）储运过程不易打破和调包的品种；

（9）便利和低廉的药品。如果一开始一些低价药品网上没有售卖，消费者就会以为网上只卖高价药品，以后也就较少光顾网上药店了。美国消费者网上购药的理由是：大多数人表示，便利和低廉的价格是促使他们在网上买药的主要原因。

三、网上药店的营销策略

针对网上药店消费群体的诸多问题，可利用信息技术提升自身的服务水平及加大宣传等方法让消费者习惯网上购药，放心购药。

1.做好网上药店的宣传工作

网上药店是新生事物，因此需要加大力度进行传播，尤其是在一些门户网站和平面媒体上进行新闻推送、长期网站预告广告、优惠促销信息传播等，让消费者慢慢了解网上药店，这样生意也就会慢慢好起来。尤其是在网上针对目标网民的传播更为重要。传统店面销售主要以500m半径范围内的顾客为主，目标顾客群会覆盖各个年龄、知识层次。而网上药店主要以能够接受电子商务观念的职业白领为主；对于用药量比较大的老年人，网上药店有必要有针对性地做一些宣传，对目标顾客进行忠诚度的培养。

2.网上药店的初期定位要以建立起信用体系为主

网上药店由禁止到开禁，适应人们的消费习惯要有一个过程，所以网上药店运行初期可能不被消费者接受。因此要保证网上药店的较好运营将会有相当大的难度。可以从我国电子商务的现状以及医药行业的特殊状况角度出发，将网上药店立足于对药品零售连锁企业的宣传和向网民提供各类便民服务上，逐渐培育网上购药的群体。如可以在门店经营，告诉来店的消费者，门店服务暂停时可以通过互联网进入本企业的网上药店。网上药店可逐渐将传统门店的客户分流引入。网络的便利性将吸引白领阶层，而且网上购药并不盲目，在线药师会提供咨询服务。同时网上药店不仅提供详尽的产品文字介绍和图片，而且还开设了一系列便民服务项目，如用药指南、疾病预报、新药荟萃、网上坐堂等。网上药店时刻要为消费者着想，并随着网上药店的开展建立起自己的信用体系。

3.网站主页显著位置放置能识别的合法身份标志

药品是特殊的商品，关系到用药人的生命安全。目前，网上药店良莠不齐，真假难辨。消费者在网上药店购买药品时没有安全感。网上药店如何打消消费者的这种顾虑呢？提供互联网药品交易服务的企业必须在其网站首页显著位置标明《互联网药品交易服务机构资格证书》号码。未在其网站主页显著位置标明《互联网药品交易服务机构资格证书》号码情形的，是违规行为，药品监督管理部门会责令限期改正，给予警告；情节严重的，撤销其互联网药品交易服务机构资格，并注销其《互联网药品交易服务机构资格证书》。鉴于此，合法的网上药店必须在首页的显著位置标示其资格证书及号码，这是企业信誉的标志，是企业的无形财产，同时也是一种宣传。

4.合理定价，聚敛人气

取得网上销售药品资格证书后，药店一般会把实体药店经营的全部种类的药品搬到网上。除在网上销售的OTC药品外，还可以有化妆品和保健品等其他商品。一般可将网上药店药品的标价与实体药店里的药品标价进行对比，网上药店的价格一般会较低，这是为聚敛网站人气所采取的一种促销手段。降价并非是由于网上药店具有独立的进货渠道，而是在计算网上药店所出售的药品药价时,考虑去掉了传统药店的店铺租金等相关成本,基本上网上药店的药价还是建立在传统药店的基础之上。

收费过高是有效开展网上药店的主要矛盾。提升管理,降低成本,进行合理收费才能得以生存与发展。

5.充分发挥网上售药的服务优势

网上最大的优势是互动,信息全面、及时、准确,费用较低。作为网上药店要充分发挥这一作用,做好以下服务:

(1)把某类疾病的知识由浅入深,客观、准确、全面地告知消费者;

(2)设计互动和相关链接,让消费者通过网络容易得到相关疾病和药品的多方面的信息;

(3)比较网上药店产品和实体药店的价格差异和产品差异,使消费者了解网上药店的独特点;

(4)设立网上购药积分卡,以培养忠诚顾客;

(5)如果可能,设立网上疾病知识咨询窗口,让患者把其疾病和治疗状况以留言方式或邮件方式反映上来,再给予全面且确切的答复;

(6)设立病友康复BBS,用户可以在此讨论病情或药效等情况;

(7)说明治疗某类药物的优缺点、各类药物的毒副作用。建立良好的药物管理沟通平台对每一位患者至关重要。

6.提高企业服务形象

合理利用企业具有的资源,实现低成本的网上便民服务。信息真实与全面、能提供用户一站式购足服务,是未来网上药店成功的关键因素。利用连锁企业已有的会员,于网络上提供更多的增值服务,对冷僻品种可以通过网上便民订货,货到通知,门店取货,这些服务都有助于提高企业的综合服务形象。

7.进一步拓展连锁规模与提高物流配送能力

《关于实施〈互联网药品交易服务审批暂行规定〉有关问题的补充通知》中规定零售药店网上销售药品,应有完整的配送记录。配送记录至少应包括发货、交货时产生的记录。发货时,登记对产品状态和时间的确认记录;交货时,登记消费者对产品外观和包装以及时间等内容的确认记录。另外,配送记录应保存至产品有效期满后1年,但不得少于3年。这就要求网上药店应具有与之相适应的药品配送能力。

一定的区域规模,才有利于进行联合采购与统一配送。广域配送能力、星罗棋布的药店及配合快递公司与第三方物流公司,才可能满足网上购药的时效与质量保证。

网上药店的送药人员,应该佩戴专用标志,并且明示姓名和编号;说明投递到家的专门语言,以便消费者识别,对顾客负责。在网上药店运营过程中,与正向药品物流一样,必须有完善的药品逆向物流服务。制定退货、换货等药品逆向物流政策并能真实履行服务承诺。

8.建立短缺药品品种数据库

网上药店的工作人员可以在消费者网上购买药品时,收集消费者提出的要购买而网上药店短缺的药品品种,把此信息记录到短缺品种数据库中,并能在最短的时间内,通过各方面的协调,寻找货源,积极为消费者提供相关的药品以提升服务的质量,在消费者心中树立起良好的企业形象。根据短缺药品数据库中药品出现的频率,可以将此短缺药品改为正常销售的药品,并组织进货和备货。

 拓展提高

万药网的策划师提出的两个关键点

一、要有良好的客户体现

这取决于营销网站的网站视觉、网站结构、商品销售力、网站的公信力。

1.极具冲击力的视觉表现。视觉是网站用户接触的第一个因素。所以一个网站想要用户喜欢,首先就得在视觉上打动用户。规划网站视觉一定要从用户的审美习惯出发,切忌凭自己的主观愿望来确定视觉表现。

2.符合用户思维习惯的网站结构。网站结构规划主要考虑用户思维习惯,通过引导用户操作顺利实现预期目标。这要求规划者首先要分析用户心理和自己产品的核心优势。用户最关注的是什么?先让用户了解什么内容,然后了解什么内容?用什么打动客户?规划网站结构一定要有引导用户购买,或者最终联系客服,又或者拿起电话的意识。

3.极具销售力的商品展示。任何企业的目标都是销售商品,商品可以是具体的产品,也可以是一项服务,或者品牌公司,甚至是一个人。商品展示是网站规划的核心要素,能不能打动用户,主要就是商品页面是否具备强有力的销售力。例如像万药网的好易康生物牙膏,拍摄技术和内页描述、整体 VI(视觉设计)规划都是相当美观的。

4.极高公信力和深度价值的内容。要想实现销售,一定要让客户信任你和你的公司。另外就是网站关于公司和品牌或者企业文化等方面的内容,也要有公信力,千万不要随意夸张,让客户不信任。而深度价值的内容,一是塑造自己的专业形象,二是留住和黏住客户,让客户对网站产生依赖感,有问题就上网站来寻找答案,类似于万药网的资讯频道。

二、要有精准的流量

1.符合搜索引擎规律这一点不用多说。搜索引擎早就成为网络主要入口,大部分网络营销模式都需要立足搜索营销来制定整体策略。需要明确的是,SEO(搜索引擎优化)不单单是为了获得好的排名,更重要的是获得好的流量。这需要我们在关键词策略分析上下功夫,然后在网站内部优化和外部优化长期坚持。

2.健全的客服销售体系。精准的流量带来的都将是潜在的客户,所以客服沟通是整个销售体系的关键一环。我们首先要架起最方便的客户沟通方式,比如:400电话、客服系统、QQ、MSN等在线方式,同时在网站页面适合的位置设置,让客户在任何需要的时候,迅速方便地和客服人员沟通。更重要的是客服人员一定要专业,对产品或服务细节都了如指掌,并且具备较强的销售技巧和能力。这不是售后服务,而是销售。

3.安全便捷的后台服务器或者空间的安全、访问速度,程序安全稳定、不出错等因素是网站实现成交的基础支撑。而满足功能需求的后台、简洁方便的操作界面是网站运营维护的必要条件。网站数据监测分析软件是网站运营提升的必须一环。

重点知识

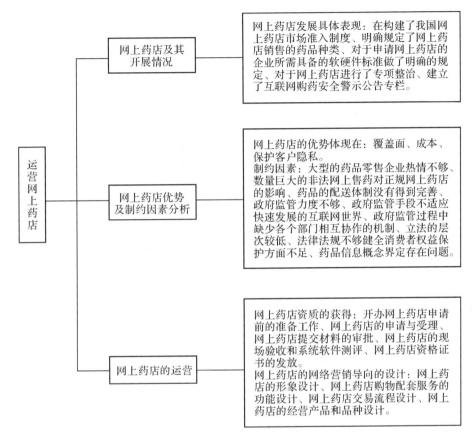

网上药店及其开展情况 —— 网上药店发展具体表现：在构建了我国网上药店市场准入制度、明确规定了网上药店销售的药品种类、对于申请网上药店的企业所需具备的软硬件标准做了明确的规定、对于网上药店进行了专项整治、建立了互联网购药安全警示公告专栏。

网上药店优势及制约因素分析 —— 网上药店的优势体现在：覆盖面、成本、保护客户隐私。
制约因素：大型的药品零售企业热情不够、数量巨大的非法网上售药对正规网上药店的影响、药品的配送体制没有得到完善、政府监管力度不够、政府监管手段不适应快速发展的互联网世界、政府监管过程中缺少各个部门相互协作的机制、立法的层次较低、法律法规不够健全消费者权益保护方面不足、药品信息概念界定存在问题。

网上药店的运营 —— 网上药店资质的获得：开办网上药店申请前的准备工作、网上药店的申请与受理、网上药店提交材料的审批、网上药店的现场验收和系统软件测评、网上药店资格证书的发放。
网上药店的网络营销导向的设计：网上药店的形象设计、网上药店购物配套服务的功能设计、网上药店交易流程设计、网上药店的经营产品和品种设计。

（运营网上药店）

 实用技术训练

一、知识训练

1. 重要概念解释

网上药店

2. 问题理解

测试 12

(1)药监部门批准的可以向个人消费者销售药品的网站需要具备哪些

条件？

(2)网上购药付款方式有哪几种？

3. 知识应用

(1)判断题

（　　）①网上药店可以销售处方药和非处方药。

（　　）②网上药店必须配备执业药师。

(2)选择题(每小题至少有一个正确答案)

①网上药店申请过程中,下列哪些机构可以不涉及　　　　　　　　　　（　　）

A. 工商局、相关监督管理局

B. 中国金融认证中心

C. 中国国际互联网信息中心、电信局或信息产业部门

D. 公安机关、交通部门

②从药店或医院到普通消费者的药品零售或健康咨询,应属于什么模式? ( )

A. B2B   B. B2C   C. B2G   D. C2C

③经药监部门批准可以向个人消费者销售药品的网站必须具有哪些特征? ( )

A. 网站开办单位为依法设立的药品零售连锁企业,且经相关监督管理部门批准,拥有《互联网药品交易服务资格证书》(服务范围:向个人消费者提供药品)

B. 在网站的显著位置出示《互联网药品交易服务机构资格证书》的编号

C. 网站只能向消费者销售非处方药,网站具备网上查询、网上咨询(执业药师网上实时咨询)、生成订单、电子合同等交易功能

D. 企业法人的身份证号码

④网上商店建设前准备包括 ( )

A. 选取适合的网上商店生成系统   B. 收集有关产品的相关文字图片信息

C. 考虑平台的选取   D. 设计购物流程

二、技能训练

(一)案例分析

谷歌起诉"流氓网络药店"

谷歌在加利福尼亚州北区联邦地方法院提起诉讼,阻止"流氓网络药店"在其搜索引擎和网站上发布广告。

谷歌此举正值互联网公司打击诈骗犯罪分子欺骗它们的用户之际。网络欺诈活动使得互联网公司无法与合法的电子商务公司开展业务。

谷歌律师迈克尔·兹韦贝尔曼(Michael Zwibelman)发表博客文章称,"流氓网络药店"不利于用户,不利于合法的网络药店,不利于整个电子商务产业,因此,他们将继续投入时间、金钱来打击这类非法活动。

谷歌诉称,一名个人和50个匿名被告没有通过审批就利用其 Adwords(竞价广告)系统促销处方药,违反了相关的法律法规。被告还违反了与谷歌签订的协议。

问题:请谈谈非法网上药店对社会的危害。

(二)操作实训

【实训项目】 非法网上药店的寻找

【实训目的】 了解非法网上药店和合法网上药店的区别。

【实训内容】 在网上寻找两家以上的非法网上药店,分析其特征,并与合法网上药店进行比较。

【实训组织】 以小组为单位,在网上进行非法网上药店的寻找,并对其进行分析,基本格式:

1.非法网上药店网址;

2.非法网上药店特征分析;

3.非法网上药店和合法网上药店的比较分析;

4.阐述如何让消费者对此有比较清晰的认知。

【实训考核】

1.以小组为单位,由组长为组员考评;

2.由课代表组成的领导小组为各个小组考评;

3.由带教老师将各组情况汇总,根据实际巡视结果,进行最后考评。

（郭文博　江　燕）

连锁经营药店

项目十三　连锁经营药店

项目描述

连锁经营作为零售业的一次革命,20世纪90年代在中国取得了令人瞩目的发展,并将在未来成为中国零售业发展的主流;连锁经营业态分布广泛,几乎覆盖了所有的商业流通业,同时还在不断向其他产业延伸。药店连锁经营作为一种先进的经营管理模式,与传统的药店经营方式有本质的区别。

知识目标:了解国内外连锁经营发展的基本情况,熟悉连锁经营的内涵及基本特征以及与传统商业经营的不同点,掌握直营连锁、自由连锁、特许连锁的特点以及三者之间的区别。

能力目标:能根据连锁企业基本原理分析企业的经营类型,能为连锁企业寻求合适的盈利模式。

素质目标:培养自己连锁经营管理的素质。

项目分析

知识点:
- 连锁经营的概念及内涵;
- 连锁经营的特征;
- 连锁经营的类型;
- 连锁经营的发展情况。

技能点:
- 我国连锁药店盈利模式经历的四个阶段;
- 我国连锁药店盈利模式的发展方向。

相关知识

一、连锁经营的概念及内涵

1.连锁经营的概念

连锁经营是连锁商店所采取的一种经营方式和管理制度,指由同一个经营总部领导下的若干分支企业或门店构成的联合体为实现规模效益所进行的统一的商业经营活动。

连锁商店正式以连锁经营方式,彻底改变了世界零售业的经营观念和面貌,经过一百多年的发展,至今已形成了世界范围的连锁经营潮流。可以说连锁经营已成为当今世界最富有活力、发展最迅速的一种经营方式。

连锁经营就是连起来并且锁定经营,一般经营10个以上门店的零售业或饮食业的组织才称为连锁店。

2.连锁经营的内涵

连锁经营的内涵主要体现在四个方面:经营理念统一、经营管理统一、商品和服务统一、企业识别系统及商标统一(见图 13-1)。

(1)经营理念统一。连锁企业的经营理念是该企业的经营宗旨、经营哲学、价值观念和中长期战略,是其经营方式、经营构想等经营活动的依据。连锁企业无论拥有多少店面,都必须持有一个共同的经营理念,这一经营理念完全着眼于消费者,从消费者的立场、使用者的立场出发来发展企业。例如,为消费者提供"舒服的购物环境"、"快捷的服务"、"衷心的关怀"和"时尚的消费"等,这是一种贯穿于连锁企业经济活动全过程的经营准则。

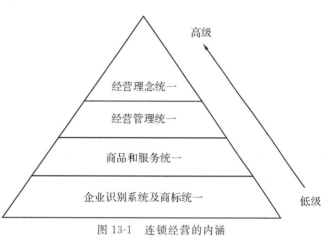

图 13-1　连锁经营的内涵

(2)经营管理统一。连锁企业经营管理的统一体现在内部管理模式的统一和各项规章制度的统一。因此,连锁企业必须建立一套标准化经营管理制度系统,各门店必须遵守总部制定的各项规章制度;并用严密的组织和规范的管理条例来管理整个连锁系统,使各门店的差异减少,使加盟企业经营方式不因个人的世界观不同而有所差异。连锁企业应在经营战略、经营策略上实行集中统一管理,即由总部统一规划,制定规范化的管理标准,并下达给各分店认真执行。当前,对于连锁企业而言,经营管理的统一最集中体现在连锁企业的营运手册上。

(3)商品和服务统一。为实现连锁企业整体经营效果,连锁企业各门店的商品陈列、标价、促销和所提供的服务皆一致化,各店铺的商品按照统一的规划摆放、组合,对所有门店的服务措施统一规范管理,不管哪一家店均大同小异,使消费者对连锁店形成信任感和依赖感。无论顾客去任何一家消费都有相同的感觉,无论顾客到任何一家店铺,都能够享受连锁商店所提供的标准一致的商品和服务,从而提升连锁店的信誉度及顾客的忠诚度。

(4)企业识别系统及商标统一。连锁商店要在众多店中建立统一的企业形象。这是连锁企业暴露给公众的直观印象,主要包括连锁企业的招牌、标志、商标、标准色、标准字、装潢、外观、卖场布局、商品陈列、员工服饰等。这种统一设计的企业识别系统,不仅有利于消费者识别、购买连锁企业各门店的商品,更重要的是有利于消费者认同该企业,对企业产生依赖感。

二、连锁经营的特征

连锁经营的本质是把现代社会化工业大生产的基本原理,结合商业的特点运用于现代流通领域。与传统的商业组织形式相比,连锁经营具有以下特征:

1.管理上的标准化、专业化、简单化(3S)

(1)标准化(standardization)是指连锁企业为适应市场竞争的需要将作业形式按规定的标准去做,为持续性地生产、销售预期品质的商品而设定的既合理又较理想的状态和条件,是能够反复运作的经营系统。连锁经营实现了八个统一,即统一采购、统一配送、统一管理、统一核算、统一店名店貌、统一价格、统一服务规范、统一广告宣传。

(2)专业化(specialization)是指企业或个人等在某方面努力追求卓越,将企业的一切工作在整体规划下进行专业分工,在分工的基础上实施集中管理,努力寻求强有力的能力和开发创造出独具特色的技巧及系统。这种专业化既表现为总部与门店的专业分工,也表现为总部内部和门店内部各个环节、岗位、人员的专业分工。

(3)简单化(simplification)是指将作业流程尽可能地化繁为简,创造任何人都能轻松且快速熟悉作业的条件。连锁企业系统整体庞大而复杂,必须将财务、货源供求、物流、信息管理等各个子系统简明化,去掉不必要的环节和内容,以提高效率,使得"人人会做,人人能做"。为此,要制定出简明扼要的操作手册,职工按手册操作,各司其职,各尽其责。

2.组织形式上的联合化和一体化

连锁经营方式的组织形式是由一个连锁经营总部和众多的分店所构成的一种企业联合体。被纳入连锁经营体系的商店,相互连接在一起,如同一条锁链,所以称为连锁店。连锁经营的联合是整体性、稳定性和全方位的联合,并把传统的流通体系中相互独立的各种商业职能有机地组合在一个统一的经营体系中,实现了采购、配送、批发、零售的一体化,从而形成了产销一体化或批零一体化的流通格局,提高了流通领域的组织化程度。

3.经营方式上的规模化和网络化

连锁经营通过企业形象和作业的标准化、经营活动的专业化、管理活动的规范化及管理手段的现代化,把复杂的商业活动分解为像工业生产流水线上那样相对简单的一个个环节,从而实现了传统商业经营无法达到的规模效益。同时,进入信息时代以来,连锁经营的多店铺组织形式,实质上就是网络化经营。连锁系统的信息要求全面网络化,要建立起商品管理系统、财务系统、人事管理系统、店铺开发系统、连锁集团数据库系统等,信息网络是连锁经营的"神经系统",所有经营活动均要通过信息网络来协调平衡。

三、连锁经营的类型

经过一百多年的发展,连锁经营形成了多种多样的形式。最常见的是将连锁经营分为三种类型,即直营连锁、特许连锁和自由连锁。这三种连锁经营类型各有特点。

1.直营连锁(regular chain,RC)

(1)直营连锁的概念。直营连锁又叫正规连锁,是连锁经营的基本形态。这是连锁企业总部通过独资、控股或兼并等途径开设门店、发展壮大自身实力和规模的一种连锁形式。连锁企业的所有门店在总部的直接领导下统一经营,总部对各门店实施人、财、物及商流、物流、信息流、资金流等方面的统一管理。

(2)直营连锁的主要特征。①同一资本开设门店。这是直营连锁、特许连锁和自由连锁之间最大的区别。直营连锁各门店之间是以资本为主要联结纽带的,资本又必须属于同一个所有者,归一个企业、一个联合组织或一个人,由同一个投资主体投资开办门店,各门店不具有独立的法人资格。②经营管理高度集中统一。连锁总部对各连锁分店拥有全部所有权、经营权、监督权,总部决定各连锁分店的经营种类、商品采购,统一确定商品价格,决定销售政策,制定统一的推销方案,统一商店的布置等。实施人、财、物、购、库、销等方面的统一管理。各分店的经营活动必须在总部的所有管理制度的约束下统一地进行。③统一的核算制度。直营连锁实行总部统一核算,各连锁分店只是一个分设的销售机构,且各连锁分店经营是雇员而非所有者。销售利润全部由总公司支配,店长无权决定利润的分配。各个分店的工资奖金也由总部依据连锁企业制定的标准来决定。

2.特许连锁(franchise chain,FC)

(1)特许连锁的概念。特许连锁又称合同连锁、加盟连锁、契约连锁,它是连锁经营最发达的形式,是总部与加盟店之间依靠契约结合起来的一种形式。

特许连锁是指特许企业将自己拥有的商标、商号、产品、专利或专有技术、经营模式等,授予加盟店在规定区域内的经销权和营业权,被特许者按照合同规定,在特许者统一的业务模式下从事经营活动,向特许者支付相应费用并承担规定义务的一种连锁经营形式。

(2)特许连锁的主要特征。①特许连锁经营的核心是特许权的转让。特许权的转让方是连锁总部,或称加盟总部、特许总部,接受方是加盟店。总部转让的特许权一般包括商标、专利、商业秘密、技术秘密、经营诀窍等无形资产,如果总部没有形成这些无形资产,就不会出现特许经营模式。这些无形资产都属于知识产权范畴,所以,特许经营的核心实际上是知识产权的转让。②维系特许经营关系的纽带是特许合同。特许合同就双方的权利和义务做出了比较详细的规定,总部承担必要的责任与义务,如提供必要的技术指导,提供独有的商品、原材料,允许使用商标,进行必要的员工技术培训等。加盟者同样承担必要的责任与义务,如必须按总部的各项标准进行生产经营,必须按总部提出的经营管理办法办事,必须按合同规定的数量和方法向总部交纳一定的特许金额等。这些权利和义务是保证特许经营正常运转的纽带。③经营管理权的集中和所有权的分散。一方面,经营管理权高度集中于主导企业,在店名、店貌、采购、经营、价格、服务和管理方面,必须服从于主导企业的统一管理,加盟者必须按照特许合同严格执行生产经营任务,没有独立的生产经营权。另一方面,加盟者具有独立的企业法人资格和企业的人事、财务权,特许连锁体系内部,各加盟者对其各自的门店拥有所有权,主导企业与各加盟者之间不存在所有权上的关系,加盟者对自己的经营成败负责。

课堂随想 13-1 直营连锁与特许连锁的主要区别是什么?如何区分?

3.自由连锁(voluntary chain,VC)

(1)自由连锁的概念。自由连锁又称自愿连锁。自由连锁是企业之间为了共同利益而结成的联合体,各成员店是独立法人,具有较高的自主权,只是在部分业务范围内合作经营,以达到共享规模效益的目的。

自由连锁主要有两种形式:第一种是以几家中小企业联合为龙头,开办自由连锁总部,然后吸收其他中小企业加盟,建立统一物流配送中心,所需资金可以通过在分店中集资解决。第二种是由某处批发企业发起,与一些具有长期稳定交易关系的零售企业在自愿原则下,结成连锁集团,批发企业作为总部承担配送中心和服务指导功能。

（2）自由连锁的主要特征。

①各门店拥有独立的所有权、经营权和核算权。一个自由连锁组织往往拥有众多分散的成员店。这些成员店一般是小型的，但是各自独立。各门店的资产归门店经营者所有，各门店不仅独立核算、自负盈亏、人事安排自主，而且在经营品种、经营方式、经营策略上也有很大的自主权，每个门店可以使用各自的店名商标，每年只需按销售额或毛利润的一定比例向总部上交加盟金、管理费等。

②维系自由连锁经济关系的纽带是协商签订的合同。自由连锁总部与各成员店，是以相互协商的合同为纽带联结在一起的，合同是各成员之间通过民主协商制定的，而不是特许连锁那样的定式合同。其合同的约束力比较松散，在自由连锁的合同上并未规定随时退出的具体惩罚细则，因此加盟店可以随意退出自由连锁组织。

③总部与成员店之间的关系是协商与服务的关系。自由连锁总部与成员店之间不存在经营权的买卖关系，而是靠合同和商业信誉建立的一种互助互利关系，以达到规模经营的目的。连锁总部遵循共同利益原则，统一组织进货，协调各方面关系，制定发展战略，搜集信息并及时反馈给各成员店。

为了更好地对三种连锁经营形式的特征、优劣势进行比较分析，下面对它们进行了比较（见表13-1）。

表 13-1 三种连锁经营类型特征的比较

项 目	连锁形态		
	直营连锁	特许连锁	自由连锁
决策	总部做出	以总部为主，加盟店为辅	参考总部旨意，成员店有较大自主权
资金	总部出资	加盟店出资	成员店出资
所有权	总部所有	加盟店所有	成员店所有
经营权	非独立	非独立	独立
分店经理	总部任命	加盟店主	成员店主
商品来源	总部统一进货	总部统一进货	大部分经由总公司，部分自己进货
价格管理	总部规定	原则上总部规定	自由
促销	总部统一实施	总部统一实施	自由加入
总部与分店关系	完全一体	契约关系	任意共同体
分店建议对总部的影响	小	小	大
分店上交总部的指导费	无	5%以上	5%以下
合同约束力	总部规定	强硬	松散
合同规定加盟时间	无	多为5年以上	多为1年
外观形象	完全一致	完全一致	基本一致

四、连锁经营的发展情况

1. 连锁经营的产生与发展

作为第三次商业重大变革标志的连锁商店,从其产生到今天已有 100 多年的历史了。1859 年,世界公认的第一家直营连锁商店——大西洋和太平洋茶叶公司在美国纽约市建立了两家茶叶店,目的是集中直接购买、减少中间环节、分散销售。这种经营方式十分有效,到 1865 年,这家公司的连锁分店发展到 25 家,1880 年达到 100 家,1936 年已经扩张到 5000 多家分店。精明的商人们很快被这种成功的经验所吸引,进入 20 世纪之前,类似的连锁商店已经在珠宝、家具、药品、鞋帽等众多行业中出现。

连锁经营产生后不久,即传入欧洲。1862 年,英国第一个连锁商店股份企业——无酵母面包公司在伦敦宣告成立;法国兰斯经济企业联合会于 1866 年创办了法国第一家连锁集团。亚洲国家连锁经营出现相对比较晚,第二次世界大战前夕,连锁经营开始进入日本,并于 20 世纪 60 年代日本"经济起飞"期间得到大规模迅速发展。

在中国连锁经营起步虽然比较晚,然而发展迅速。1984 年 8 月,首家以商标特许形式在北京落户的皮尔·卡丹专卖店的开业,被视为中国连锁经营的开端。1996 年,天津利达国际集团公司创办了天津利达国际商场并在国内率先组建连锁商店。这也许就是中国最早的具有现代特征的正规连锁店,以此解开了我国连锁店发展的序幕。进入 20 世纪 90 年代以后,国内连锁店迅速发展。2001—2005 年是中国连锁业发展最快的几年,其中前四年,中国连锁百强企业的平均每年店铺增长率达 51%,年销售增长率达 38%。

2. 中国药店连锁经营的发展现状及问题

从 1995 年到现在,我国药品连锁企业从最初的几个迅速发展到 400 多个,门店增至 7800 多家,其企业规模也在不断扩大。毫无疑问,连锁药店作为中国入世的圈地利器,成为药品流通企业的必然选择。根据有关专家统计,未来将会有 70% 以上的药房纳入医药连锁企业的轨道。同时,药品连锁也将在不断调整中,逐渐向经营各种品牌的单个或几个品类医药商品专业形式发展。但是,尽管近年来药品连锁经营在我国得到迅速发展,然而目前盲目连锁圈地、地方保护严重、内部管理不规范等因素日益成为制约药品连锁经营健康发展的不良因素。主要问题概括如下:

(1)注重规模、形式的连锁,忽视内在的、规范的连锁,忽视连锁经营的基础建设。

这是药品连锁经营隐患最大的问题。20%～30% 的高额药品零售毛利使得药品零售业成为医药行业争夺的战略重点。许多企业只关心规模和数量,对连锁经营的规范化往往只注重外在形式的统一,忽视内在的基础的建设。很多特许授权一方往往自己还未具备吸引加盟者的能力,反而把加盟作为扩大规模的唯一手段。同时,特许授权者为了壮大实力往往以拉为主,缺乏对加盟者各方面条件的审查,加盟者鱼龙混杂,部分条件不具备的经营者加盟后使企业形象受到损害。

(2)产权、隶属关系条块分割,地方保护主义限制了药品连锁经营跨地域发展。

我国原有的行政监督管理体系带来的多头管理和利益分割,造成医药流通领域条块分割,地方保护主义严重,限制了全国医药流通领域统一市场的形成,也限制了药品零售业的扩张和发展。连锁经营要求跨地域统一采购,统一配送,统一管理,与行政区划管理有着天生不相容的特性。

（3）企业内部管理水平落后，规模效益不高，地区差异明显，竞争的主要手段是价格战。

由于历史原因，药品零售业基础薄弱，布局零散，未形成专业化、规模化、集约化的经营，进入壁垒较低。药禁解开后，连锁药店竞争主要靠价格战。同时，企业只注重规模的扩张和数量的增加，许多连锁店是挂上了总部的牌子，而其原来的单体店经营模式改进很少，根本没有达到连锁店在进货、广告、物流、形象设计等方面的独特要求和内在规模的统一，而且其内部管理分工不明确，协调缺乏科学性，导致管理成本上升，不能发挥连锁经营的规模化优势和价格优势。

 项目实施

一、我国连锁药店盈利模式经历的四个阶段

第一阶段：从药店创期到 2003 年前后，整体高利润率盈利模式。

这一阶段的特征是进销差价大、利润高，绝大多数产品都是相对的高毛利和低流量，药店依靠政策准入壁垒形成垄断竞争，获取垄断利润。

第二阶段：1996—2001 年，规模盈利模式。

这一阶段，药店依靠政府的连锁扶持政策、原来国企的资金实力及背后医药公司的背景，大规模跑马圈地，并迅速开始连锁化经营，形成较大的门店数量和销售规模，从而盈利。其主要特点是依靠连锁药店的大规模购进压低采购价格，以及门店数量众多而收取包括广告位、陈列位及住店促销管理费等各种营业外收入盈利。这一时期，进销差价在盈利中比例减小。

第三阶段：2002—2006 年，平价大卖场导致的价格战和低毛利盈利模式。

以药品超市形式低价吸引大量客流，以平价为竞争利器，以大卖场多品种大幅度提升单价，以及多元化销售其他非药类产品，收取住店促销费用等各种非营业利润等手段。这一阶段开始了连锁药店民营化进程和真正的洗牌，进一步提升了集中度。

第四阶段：2006—2009 年，主推高毛利盈利模式。

大多数药店在经历了平价洗牌后，价格基本见底，盈利能力剧减，尤其是价格竞争导致吸引顾客的品牌产品和普药基本没有利润，或者毛利低到不够经营费用。于是不约而同，连锁药店开始了各种各样的高毛利主推盈利模式。这一盈利模式以自营高毛利品种、自有品牌产品、贴牌品种出现为主要标志。但这还不是战略举措，因为其实药店都是找一个与品牌产品相同成分的非知名产品拦截品牌产品和畅销产品。同时这个阶段药店还进行了进一步的多元化探索以提升盈利水平。

随着竞争环境的变化，主推高毛利模式必将趋于理性并逐步寿终正寝，主要原因有国家基本药物制度的推行、新医改方案的实施，一些高毛利产品在国家限价后，社区卫生中心零差率销售；还有一些高毛利产品是以损害消费者利益来盈利的，容易引起消费者反感；还有过度推荐引起店员反感和信心丧失，从而降低消费者对药店的忠诚度等因素影响。

二、我国连锁药店盈利模式的发展方向

随着经营环境和政策环境的变化，连锁药店的盈利模式必将与时俱进，先人一步变化者必将取得先机。以下几种连锁药店的盈利模式将应时而生。

1.多元化提高客单价盈利模式

多元化首先要求把药店看成是零售场所,把药店看成能卖药的零售场所,而其他零售场所不能卖药。随着场地租金逐年增加、员工成本的增加、药品需求的刚性和一些药品的国家限价、社区零差率对药店的冲击,药店的药品销售额必将逐步降低,降低的销售额和毛利额,只有依靠非药品和收费服务项目来补上。未来几年非药品在药店的销售比例上升必将成为新趋势和主流;在有些连锁药店中销售占比甚至超过50%,而基本药物目录内的产品将降低为非主流。

药店只有多元化经营更多的品类和服务,才能让消费者一次购买更多的东西,才能提升客单价,舍此别无他法。

在多元化经营中,健康、美丽、养生、营养、保健、运动等产品品类将是首选,按照国际惯例,药妆店将是多元化的首选盈利模式。

目前多元化品类的现状是:三、四级市场和一些二级市场的药店,非药品(食字号、健字号、消字号、妆字号)的产品还是很有市场的,销售和盈利状况较好。而省会城市和一些发达的二级市场,这些产品的利润空间就小得多。

【小资料 13-1】

新医改方案的配套实施、基本药物目录内产品的零差率销售、国家对社区第四终端医疗单位的扶持、药价的严格管控、医药分开的遥遥无期、经济危机的蔓延、药店倒闭和并购及裁员潮流,都将使连锁药店面临更加激烈的生存压力,在新的政策环境下,药店将面临以下难题:

1.高毛利将逐步趋于理性和消失

首先这是由于国家对药品的价格管控政策决定的,基本药物的限价、价格在外包装盒上的公开标示、品牌药的价格透明、普药同质化和价格一路趋低,使得高毛利难以为继。同时由于很多药店都过度强行推进高毛利主推销售政策,透支了药店信誉和消费者的忠诚度、美誉度,高毛利主推慢慢地较难开展或者显示出其副作用。因此回归理性将是必然。

2.医保目录或者基本药物名录里面的产品在药店的销售将逐渐东风不再

可以肯定地说,只要医改方案强力推行、基本药物制度实施,药店中销售的产品将无法和社区第四终端医疗单位新型农村合作医疗等政策抗衡,加上药品价格的严控,连锁药店销售基本药物目录里面的药品将逐步成为鸡肋,食之无味弃之可惜,但最终还得抛弃。

3.药品品类在药店中份额必将减少

今后的连锁药店,不管你愿意不愿意,必须适应的一个趋势就是,卖药将逐步不再成为主流、药品品类在药店中的销售占比必将逐步降低、非药品品类上升将成为必然趋势。换句话说,多元化成为药店必由之路,成为药店发展的不二法门。

2.自有品牌产品盈利模式

高毛利主推的盈利模式,下一步的演变就是自有品牌产品为主的盈利模式。高毛利主推是一个复杂的商品结构规划调整问题,涉及商品部的商品管理,不是简单的所谓的品类管理。

我国连锁药店高毛利主推的产生,是在平价后无奈的情况下对品牌产品的拦截而已,不符合市场规律,且目前连锁药店的高毛利产品并未形成自己的品类特色和差异性。因此注定高毛利主推是短暂的,也是一把双刃剑,它赢得了利润却损失了药店的销售额、客流量,长此以往,必然损失消费者的忠诚度和连锁药店的品牌形象。

改变这一现状,就得学习屈臣氏,依靠自己初期的准确定位,慢慢构筑自己的差异化品类,形成特色的自有品牌产品线和产品群,以此来盈利。

对于大连锁药店而言,自己有能力发展自有品牌。而对于中小连锁药店来说,发展自有品牌只能靠业内类似PTO(药店贸易联盟)的采购联盟。可惜的是这些中小药店都只想着靠联盟提供一切服务,而较少愿意和联盟一起培养起自己特色的自有品牌产品,而没有这些差异化的自有品牌,中小连锁最后的结果只能是被大型连锁并购。

3.内部精细化管理盈利模式

目前中国的连锁药店行业,比百货业和商超落后至少五年,其经营理念、经营管理水平、门店营运、促销企划、人力资源、绩效管理、商品品类管理、专业药学服务、营业额提升的措施、物流信息系统、经营数据的系统分析改进等方面,都有很大的提升空间。

做零售就是做细节,做零售就是做服务。以上这些方面,哪怕是一两个方面的持续不断的改进,进入精细化管理,盈利就是必然结果。

4.顾客满意持续提升(专业药学服务关联销售)盈利模式

目前的连锁药店,基本上还谈不上顾客满意度服务,还做不到以消费者需求为中心,因此也就没有真正意义上的品类管理。因为很少有药店对其商圈内的消费者构成和近几年的需求变化做调研,最多是个别连锁药店开业时做个简单的商圈研究而已。

对于顾客满意度的提升,主要包括以下两个方面:

一是专业的医学和药学服务。高水平的药学服务主要是站在消费者治病的角度科学地推荐产品和关联销售组合,让消费者少花钱选择到最为有效的药物。这和目前药店普遍实施的高毛利主推、驻店促销以及仪器检测促销的做法是矛盾的,改革变化是迟早的事情。

二是药店应该建立商圈内大多数消费者需求的档案,提供适销对路、性价比高的产品。其中品种要齐全,这样就可节省消费者的时间和精力。我们知道,消费者到药店买药而不到医院买药的主要原因有三点:一是药店品种丰富,自我可选性高;二是就近方便;三是价格便宜。做到这三点,服务也就算是到位了,满意度也就提升了,忠诚度也就培养起来了。

5.专业化定位盈利模式

竞争策略有三:一是依靠大规模提升集中度形成总成本领先的盈利模式;二是差异化定位盈利模式;三是专业集中化盈利模式。

连锁药店下一步的盈利模式中,专注于一种业态做强、做出特色将是必要的定位选择。这些可选的业态大体如下:大健康型药店(健康检测与体验、讲座、整体干预型药店)、药妆店、社区便利店、超市药店、网上药店、药诊店(中医坐堂)、专科药见长型药店、社区药房托管型药店、超市店中店、处方药调配药店(医院旁)、广告炒作型药店、保健品专卖店等。

当然还可以在定位上区别开来,比如高档商圈内的高档定位的药店。

链接

日本连锁药店的多元化经营模式

日本连锁药店走的是定位美丽生活的药妆店模式。在日本,药妆店的平均单店年销售额达到 3000 万元人民币。日本的药店中,药品销售已经不占主导地位,取而代之的是美妆品。日本药妆店里的商品与普通商超商品定位是不同的,药妆店全部上架的是"健康与美"的功能性诉求商品。其多元化经营的平均构成可参见图 13-2。

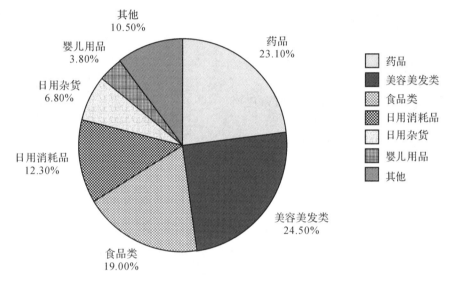

图 13-2 2010 年日本连锁药店多元化商品构成

在不同的商圈,日本药店因地制宜地开设不同规模的店铺,面向不同消费群体进行差别销售。店铺定位因地制宜,常见的有四种药店,详见表 13-2。

表 13-2 日本常见各种药店对比

分 类	面 积	地理位置	服务对象	商品类目
迷你型店铺	<100m²	中心商业区、地下购物街等	商业圈内的上班族	品类较少,以医疗药品及美容美发商品为核心
便利型店铺	100~300m²	住宅区、商业区	周围住户及商业街顾客	品类丰富,以医疗药品和美容美发商品为主,顺带销售部分日用品和便利商品
超市型店铺	300~600m²	郊区	周围住户	以医疗药品、美容美发商品和日用品为主,顺带销售部分便利商品
大型店铺	>600m²	郊外	周围住户	种类丰富,医疗药品、美容美发商品、日用品及便利商品均是其核心商品

归纳总结

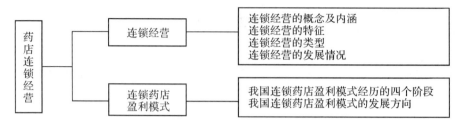

实用技术训练

测试 13

一、知识训练

1.重要概念解释

连锁经营　　直营连锁

2.问题理解

（1）连锁经营的特征

（2）列举我国连锁药店的 5 种盈利模式

3.知识应用

（1）判断题

（　　）①直营连锁销售利润全部由总公司支配，店长无权决定利润的分配。

（　　）②特许连锁又称为合同连锁、加盟连锁、契约连锁，它是连锁经营最发达的形式。

（　　）③自由连锁的商品来源是总部统一进货。

（2）选择题（每小题至少有一个正确答案）

①连锁经营的内涵主要体现在　　　　　　　　　　　　　　　　　　　　　（　　）

　　A.经营理念统一　　　　　　　　　　　　　B.经营管理统一

　　C.商品和服务统一　　　　　　　　　　　　D.企业识别系统及商标统一

②我国连锁药店盈利模式经历的四个阶段包括　　　　　　　　　　　　　　（　　）

　　A.第一阶段：从药店创期到 2003 年前后，整体高利润率盈利模式

　　B.第二阶段：1996—2001 年，规模盈利模式

　　C.第三阶段：2002—2006 年，平价大卖场导致的价格战和低毛利盈利模式

　　D.第四阶段：2006 年—2009 年，主推高毛利盈利模式

③以下关于特许连锁经营的说法正确的是　　　　　　　　　　　　　　　　（　　）

　　A.特许连锁经营的核心是特许权的转让

　　B.维系特许经营关系的纽带是特许合同

　　C.经营管理权的集中和所有权的分散

　　D.特许连锁是企业之间为了共同利益而结成的联合体，各成员店是独立法人，具有较
　　　高的自主权，只是在部分业务范围内合作经营，以达到共享规模效益的目的

二、技能训练

(一)案例分析

最佳门店运营:××连锁药店

2018年中国连锁药店中,××连锁药店获得最佳门店运营奖。该门店经营如此"上乘",除得益于企业在门店的面积、选址、商品配置等方面的周密考察外,更体现了该门店以顾客人性化为根本准则的运营系统。具体如下:

其一,降低运营成本,一方面缩小货架的有效容积,将原宽度为 $40\sim45cm$ 的货架变成 $35cm$;另一方面提高货架的有效利用率,在原来三四层货架的基础上又加了 $1\sim2$ 层,有效利用了资源。

其二,店面布局充分考虑顾客的视觉感受:药品陈列整齐、布局舒心。收银台和最近的货架之间的距离至少应该有 $4m$,以保证足够空间让等候的顾客排队;店内通道直而长,并利用商品的陈列,使顾客不易产生疲劳厌烦感,延长了在店内的逗留时间;考虑到药房的顾客主要是中老年人,该门店除在每组货架配备放大镜外,还将维生素等小瓶药品的标签放大同步做于陈列中,使消费者马上就能看清楚药品的信息。

其三,除提供代客煎药、送药上门、缺药登记、爱心伞、休息椅等一系列优质服务外,该门店独有的客服系统还能很好地对顾客进行社区定位分析,定期与重要社区开展免费测血糖、量血压、购物抵用券兑换家庭过期药品等社区公益活动,定期推出顾客健康教育等。

思考:该连锁药店的骄人成绩是如何取得的? 有何启示?

(二)操作实训

【实训项目】 管理思维分析连锁药店

【实训目的】 增强对连锁药店管理的感性认识,培养对组织管理思想的分析能力。

【实训内容】 从报纸、杂志或网络中收集我国某一连锁药店经营管理案例,运用所学管理知识对其经营管理进行分析。

【实训组织】 以小组为单位进行调研,写出分析提纲。

【实训考核】

1.以小组为单位,由组长为组员考评;

2.由课代表组成的领导小组为各个小组考评;

3.由带教老师将各组情况汇总,根据实际巡视结果,进行最后考评。

(宣 扬 吴 锦)

参考文献

曹泽洲.连锁企业门店运营与管理[M].北京:清华大学出版社,北京交通大学出版社,2008.

陈玉文,李维涅.浅谈我国药店的会员制[J].中国药房,2005,16(21):1678-1679.

陈玉文.实用药品GSP实施技术[M].北京:化学工业出版社,2004.

陈玉文.药店店长手册[M].北京:人民卫生出版社,2010.

陈玉文.药店经营管理实务[M].北京:中国医药科技出版社,2006.

程有斌,薛伟,陈春.医药营销专业人才必备素质和能力探析[J].科技信息,2007(36):787.

邓冬梅,柯小梅.连锁药店运营管理[M].北京:化学工业出版社,2015.

董国俊.药品市场营销学[M].北京:人民卫生出版社,2009.

杜明华.医院与药店药品管理技能[M].北京:化学工业出版社,2006.

樊丽丽.药店零售与药店经营全攻略[M].北京:中国经济出版社,2009.

范婷婷.国外经典药店经营模式对比[J].中国卫生产业,2007(5):84.

宫巨宏.财务管理学[M].北京:中国铁道出版社,2006.

关静.浅谈药店营销人员素质教育的培养[J].中小企业管理与科技(上旬刊),2010(6):37-38.

侯胜田.药店营销管理(生物医药出版分册)[M].北京:化学工业出版社,2007.

侯胜田.医药市场营销学[M].北京:中国医药科技出版社,2009.

梁春贤,俞双燕.药店经营与管理(第2版)[M].北京:中国医药科技出版社,2017.

梁毅.药品经营企业GSP实务[M].北京:军事医学科学出版社,2003.

林菲.浅析药店店员对药品销售的影响[J].商业文化(学术版),2009(4):105.

刘皓,董丽,陈玉文.浅谈药店的会员制管理[J].中国药业,2006,15(5):28-29.

邱秀荣.医药会计基础与实务训练[M].北京:化学工业出版社,2004.

屈云波.零售业营销[M].北京:企业管理出版社,1996.

石磊.开店创业与科学经营[M].北京:金盾出版社,2009.

唐俊,牛海鹏.药店管理手册[M].北京:中国经济出版社,2008.

唐纳德·J.鲍尔索克斯,戴维·J.克劳斯.物流管理[M].北京:机械工业出版社,1999.

王淑玲,李斌.探析消费者用药行为提高药店销售成功率[J].中国执业药师,2009,6(1):38-40.

王淑玲.连锁药店门店实用手册[M].北京:中国财富出版社,2015.

王淑玲.药品零售管理与实务[M].北京:人民军医出版社,2010.

王晓杰,胡红杰.药品质量管理[M].北京:化学工业出版社,2008.

肖怡,刘宁.现代商店经营管理实务[M].广州:广东经济出版社,2003.

熊细银.会计学原理[M].北京:清华大学出版社,2004.

徐荣周.零售药店员工手册[M].北京:中国医药科技出版社,2010.

徐荣周.实用药品 GSP 认证技术[M].北京:化学工业出版社,2003.

杨世民.中国药事法规解说[M].北京:化学工业出版社,2004.

杨哲,方敏.商场超市安全与防损管理[M].深圳:海天出版社,2004.

尹刚.优秀收银员工作技能手册[M].北京:中国时代经济出版社,2008.

张大禄,胡旭,包绍卿.药品经营策略与技巧[M].北京:中国医药科技出版社,2003.

张建华,高广猷.药店营业员培训教程[M].北京:中国劳动社会保障出版社,2007.

张骏.把流动顾客转换成忠实顾客[J].中国药店,2004(1):45.

赵丽生.财务管理[M].北京:中国财政经济出版社,2006.

中国就业培训技术指导中心.收银员国家职业资格培训教程[M].北京:中央广播电视大学出版社,2009.

中国医药质量管理协会.医药行业 QC 小组基础培训教材[M].北京:化学工业出版社,2004.

朱红,马景霞.药店经营与管理[M].济南:山东科学技术出版社,2004.

课堂随想及实用技术训练参考答案

项目一 申请开办药店

课堂随想

1-1 保健品不属于药品。

1-2 《药品经营许可证》、营业执照、《GSP 认证证书》。

一、知识训练

1.重要概念解释

药品:用于预防、治疗、诊断人的疾病,有目的地调节人的生理机能并规定有适应证或者功能与主治、用法和用量的物质,包括中药材、中药饮片、中成药、化学原料药及其制剂、抗生素、生化药品、放射性药品、血清、疫苗、血液制品和诊断药品等。

药店:药品零售企业的俗称,是指将购进的药品直接销售给消费者的药品经营企业。

2.问题理解

(1)药店的功能:提供以药品为中心的健康产品;提供以药学服务为中心的健康服务;提供以用药信息为主的健康信息。

(2)开办药店的条件:具有依法经过资格认定的药学技术人员;具有与所经营药品相适应的营业场所、设备、仓储设施、卫生环境;具有与所经营药品相适应的质量管理机构或人员;具有保证所经营药品质量的规章制度。

3.知识应用

(1)判断题:①×　　②×　　③×

(2)选择题:①ABC　　②B　　③C　　④D

二、技能训练

(一)案例分析

本案中的零售药店,若仅仅是在货柜上摆放了药品却无对外销售行为,则药品监管部门不宜对该药店进行行政处罚。但为了预防违法行为的发生,执法人员应当提醒该零售药店注意守法经营,不能在未取得药品经营许可证的情况下对外销售药品。本案中的供货单位,应视具体情况决定是否需要对其实施行政处罚。若供货单位知道或应当知道该零售药店尚未取得《药品经营许可证》,但仍向其销售药品,则供货单位有故意违法行为,应当给予行政处罚;若供货单位不知道该零售药店尚未取得《药品经营许可证》,由于疏忽,在销售过程中也未查验《药品经营许可证》,则供货单位亦存在违法行为,应当给予行政处罚。若该零售药店通过伪造、变造、租借《药品经营许可证》的手段从供货单位购进药品,该零售药店行为明显违法,应当给予行政处罚;此时若供货单位能证明自己不知情,则可免除行政处罚。

（二）操作实训（略）

项目二　选择药店地址

课堂随想

2-1　火车站、汽车站、机场等地,虽然客流的数量很多,但有效的购买顾客并不多,所以不适合开办药店。

一、知识训练

1.重要概念解释

选择目标市场:企业从地理位置的角度在行政区域上来选择的目标市场,即企业拟将哪些地区确定为自己的目标市场。

商圈:特定商店销售范围的地理界线,它以商店为中心,沿一定距离形成不同层次的吸引顾客的区域。

2.问题理解

(1)商圈的影响因素主要有以下五个方面:①药店经销药品的品种、规格和价格;②药店所在地的地理环境及交通便利程度;③周围店铺的竞争性与互补性;④当地的人口规模变化及消费者特征;⑤时间因素。

(2)选择药店地址应考虑的因素有:客流量、交通因素、购买力因素、分店与配送中心的关系。

3.知识应用

(1)判断题:①√　　②×　　③√

(2)选择题:①B　　②A　　③ABC　　④ABCD

二、技能训练

（一）案例分析（略）

（二）操作实训（略）

项目三　设计药店营业场所

课堂随想

3-1　根据设计元素,药店招牌分为:①文字型;②文图型;③形象型;④照明型。根据地点不同,药店招牌分为:①正面招牌;②侧面招牌;③屋顶招牌;④路边招牌;⑤墙壁招牌;⑥遮阳篷招牌等。

一、知识训练

1.重要概念解释

药店空间:一般由三个基本空间构成。①药品空间:指药品陈列的场所;②店员空间:指店员接待顾客和从事相关工作所需的场所;③顾客空间:指顾客参观、选择和购买药品的地方,以及顾客休闲的区域。

顾客流动线:指店内顾客的流动方向,实质是药店通道,是顾客购物与药店服务员补货的必要通路。

药店环境设计:指通过店堂布局、环境卫生、仪表用语、音乐灯光等方面的精心安排,从视觉、听觉、嗅觉和感觉等角度为顾客营造一个温馨舒适、宽松和谐、赏心悦目的购物环境和氛围。药店环境设计主要包括:灯光照明设计、色彩运用、声音和音响配置、气味设计等。

2.问题理解

(1)药店营业场所设计的宗旨:①有利顾客,服务大众;②突出特色,善于经营;③提高效率,增长效益。

(2)药店顾客流动线设计的原则:①开放畅通,使顾客轻松出入;②笔直、平坦;③明亮清洁,使顾客心旷神怡;④没有障碍物;⑤"曲径通幽",使顾客停留更久。

(3)药店招牌的主要命名方法:①以企业的名称命名;②以服务精神命名;③以经营地点命名;④以人名命名;⑤以美好愿望命名;⑥以新奇幽默命名;⑦以花卉或动物名称命名;⑧以中文与外文合用命名。

(4)药店橱窗的主要类型:①综合式橱窗;②系统式橱窗;③专题式橱窗;④特定式橱窗;⑤季节性橱窗。

3.知识应用

(1)判断题:①× ②√ ③× ④√ ⑤√

(2)选择题:①ABC ②ABCD ③ABC ④ACD ⑤A ⑥C ⑦D ⑧C ⑨ABCD

二、技能训练

操作实训(略)

项目四　采购与验收药品

课堂随想

4-1 药店药品品种组合包括宽度、深度和高度三个方面。宽度,指各类药品的配置,如处方药,非处方药,保健品,中药饮片等类型齐备。深度,即指同一类药品中规格剂型的多寡,如某一种药品,要配置不同的剂型、规格。高度,则指陈列药品的库存量。如今药店要非常注重缩减库存量,以减少库存成本。

一、知识训练

1.重要概念解释

首营企业:购进药品时,与本企业首次发生供需关系的药品生产或经营企业。

首营品种:本企业首次采购的药品。

2.问题理解

(1)药品采购的程序:①确定供货企业的合法资格;②确定购入药品的合法性;③核实供货单位销售人员的合法资格;④与供货单位签订质量保证协议。

(2)药品验收的程序:①审查书面凭证;②外观目检;③填写验收记录。

3.知识应用

(1)判断题:①√ ②√ ③× ④× ⑤× ⑥× ⑦√

(2)选择题:①C ②A ③D ④B ⑤ABCD

二、技能训练

(一)案例分析

1.关于违法行为的举证义务问题

根据《中华人民共和国行政诉讼法》规定,在行政诉讼程序中,药监机关就被诉的行政处罚行为有举证义务,应当向人民法院提供充分的证据来证明行政相对人确实实施了违法行为,并证明行政处罚决定是合法的。但是,行政管理与行政诉讼有所不同,在行政管理过程中,行政相对人就自己涉药的合法行为,对药监机关有举证义务。例如,药监机关依法履行日常监管职责,在对行政相对人进行药品购进渠道、药品购销记录检查时,药品经营企业、医疗机构等行政相对人应当提供药品购进票据、购销记录等资料,以证明自己在药品购销上履行了行政义务,并证明相关涉药行为是合法的。

药品管理法律规定,药店必须从合法渠道购进药品,并建立药品购进记录。当事人开办药店,就应当知道这些法律规定,并在药监机关检查时提供相关的票据和记录等资料作为证据,一方面证明自己已经履行了法定义务,另一方面证明自己合法从事涉药行为。本案中,××药店没有建立药品购进记录,没有提供合法有效的证据证明其从合法渠道购进药品,因而,药监机关认定其从非法渠道购进药品是正确的。

2.无药品购进记录与从非法渠道购进药品能否合并处罚

本案中的药店有两个违法行为,即无药品购进记录和从非法渠道购进药品。第一种观点坚持只以无药品购进记录为由予以行政处罚,而第二种观点只以非法渠道购进药品为由予以行政处罚。那么,哪种观点是正确的,这两个违法行为能否合并处罚?

本案当事人不建立药品购进记录,目的是隐瞒从非法渠道购进药品的违法行为,因此,表面上的两个违法行为,实际上有着前后因果关系,是一个连续性违法行为。在这种情况下,无药品购进记录应当被视为隐瞒从非法渠道购进药品的一个手段或者过程。所以,应当以从非法渠道购进药品定性处罚。

3.关于从重处罚问题

从重处罚,指行政主体对行政相对人实施的违法行为在法定幅度的中等线以上水准予以处罚。例如,本案所适用的《药品管理法》规定,对从非法渠道购进药品的违法行为,并处违法购进药品货值金额 2 倍以上 5 倍以下的罚款。可知,罚款中档线是 3.5 倍。当药品违法者具有从重情节时,应当处以 3.5 倍以上 5 倍以下的罚款,而不能在法定幅度中线以下罚款。

在认定××药店违法行为是从非法渠道购进药品的基础上,从违法事实中可以看出,该药店有两个从重处罚情节:一是不提供查证线索,导致药监机关无法查清出售人,进而无法对出售人的违法行为进行查处,故意帮助了相关违法行为人逃避监督检查和行政处罚,根据《药品管理法实施条例》规定,属于从重处罚情节;二是在违法行为被查获不久,又以同样的手段购进药品,继续实施同一性质的违法行为,属于累犯,故应从重处罚。

(二)操作实训(略)

项目五　仓储与养护药品

课堂随想

5-1　药品批准文号是药品生产合法性的标志,每一种药品的每一种规格发给一个批准文号,同一药品同一规格不同生产企业发给不同的药品批准文号。药品生产批号表示生产日期和批次,可由批号推算出药品的有效期和存放时间的长短,同时便于药品的抽样检验。药品生产批号更多的是反映药品生产方面的信息,而药品批准文号则是反映行政许可方面的信息。一个药品可以有很多生产批号,但它只有一个批准文号。从药品生产批号上不仅可以找出该药品的生产日期,还可细化到该生产日期的批次。而生产日期则只能反映出该药品的生产时间,更多的作用是提示消费者。

一、知识训练

1.重要概念解释

药品养护:运用现代科学技术与方法,研究药品储存养护技术和储存药品质量变化规律,防止药品变质,保证药品质量,确保用药安全、有效的实用性科学技术。

药品储存:指药品从生产到消费领域的流通过程中经过多次停留而形成的储备,是药品流通过程中必不可少的重要环节。

近效期药品:指距离失效日期比较接近的药品,一般大中型企业将距离失效日期1年之内的药品定义为近效期药品,小型企业将距离失效日期6个月之内的药品定义为近效期药品。

2.问题理解

(1)药品库区的合理布局:指在城市规划管理部门批准使用地的范围内,按照一定的原则,把仓库的建筑物、道路等各种用地进行合理协调的系统布置,使仓库的各项功能能得到发挥。仓库库区由储运生产区、辅助生产区和行政商务区构成。储运生产区主要进行装卸货、入库、验收、复核、出库等作业,这些作业一般具有流程性的前后关系。辅助生产区和行政商务区内主要进行计划、协调、监督、信息传递、维修等活动,与各储运生产区有作业上的关联性。

(2)近效期药品的储存管理:药品在储存时,应进行效期监测和管理。库房内要设《近效期药品示意单》,将近效期的药品填写《近效期药品卡片》,并放置在相应的月份。每一货位要设货位卡,注明效期与数量,记录发药、进货情况应与《近效期药品示意单》相一致,在一个小牌上注明数量和失效时期,挂在该药品的堆架下。每次购进新药时,再按效期先后做适当调整,发药时取排在最前的该批药品。这样,从货架上可以了解销存情况,库房人员可以通过《近效期药品示意单》掌握到货、发货的效期情况。工作人员要定期检查,按效期先后及时调整货位,做到近期先用。

3.知识应用

(1)单项选择题:①B ②D ③B ④D ⑤A ⑥C ⑦A ⑧D
⑨B ⑩D

(2)多项选择题:①CE ②ACD ③ABCDE ④BDE ⑤ABCE ⑥BCE
⑦ABCDE ⑧ACDE

二、技能训练（略）

项目六　陈列药品

课堂随想

6-1　因为送礼人往往不喜欢受礼人知道礼品的价格,购买礼品后他们往往会撕掉其包装上的价格标签。由此可能会损坏包装,破坏了礼品的包装美观,从而导致顾客不快,这是营业员特别要注意的,应从细微之处为顾客着想。

6-2　实地盘存制的优点:平时可只记进货成本,不记销售或发出数量和成本,从而简化核算工作。缺点:不能随时反映陈列药品的收入、发出、结存数量的动态。非销售或贪污盗窃损失等全部进入销货成本之中。

一、知识训练

1.重要概念解释

药品陈列:指以药品为主题,来进行展示,突出重点,反映特色,以引起顾客注意,提高顾客对商品了解、记忆和信赖的程度,目的是最大限度地引起顾客的购买欲望。

陈列点:又称为陈列位,即陈列的位置。

陈列线:指药品实物陈列和POP药盒陈列要形成一种线性关系,即有连续性,可以引导患者的购买行为。

陈列面:指面向消费者的药品的单侧外包装面。

盘点:指针对门店陈列的药品,定期或不定期地对店内的药品进行全部或部分的清点,以了解门店药品损坏、滞销、积压或缺货等真实情况,确实掌握该期间内的经营业绩,并据此加以改善,加强管理。

2.问题理解

药品陈列的要求:

(1)按剂型、用途以及储存要求分类陈列,并设置醒目标志,类别标签字迹清晰、放置准确。

(2)药品放置于货架(柜),摆放整齐有序,避免阳光直射。

(3)处方药、非处方药分区陈列,并有处方药、非处方药专用标识。

(4)处方药不得采用开架自选的方式陈列和销售。

(5)外用药与其他药品分开摆放。

(6)拆零销售的药品集中存放于拆零专柜或者专区。

(7)第二类精神药品、毒性中药品种和罂粟壳不得陈列。

(8)冷藏药品放置在冷藏设备中,按规定对温度进行监测和记录,并保证存放温度符合要求。

(9)中药饮片柜斗谱的书写应当正名正字;装斗前应当复核,防止错斗、串斗;应当定期清斗,防止饮片生虫、发霉、变质;不同批号的饮片装斗前应当清斗并记录。

(10)经营非药品应当设置专区,与药品区域明显隔离,并有醒目标志。

(2)端架陈列的商品类型及注意事项:一般展示季节性、广告支持、特价药,以及利润高的药品、新药品、重点促销的药品。端架陈列的注意事项:品项不宜太多,一般以5个为限;品项之间要有关联性,不可将互无关联的药品陈列在同一端架内;端架周围有充分宽敞的通道;尽可能地向消费者明确优惠点。

(3)药店门店盘点流程:下发盘点执行通知—人员就位领取盘点表格—陈列区域盘点—监点人复盘—盘点结果的确认—盘点结束—恢复营业。

3.知识应用

(1)判断题:①√　　　②×　　　③×

(2)选择题:①D　　　②B　　　③B　　　④B

二、技能训练

(一)案例分析

根据药品陈列的 GSP 要求,药品与非药品要分开存放,处方药与非处方药应分开存放,拆零药品要集中存放于拆零药品专柜。如果药店在工商部门获得了经营日用品的资格,那必须严格按照 GSP 认证要求去做,药品与卫生用品应该严格分柜分类摆放,把药品和卫生用品摆在同一柜台中的做法是错误的。按照处方药管理的减肥药、治疗腰腿痛药必须摆放在柜台,只能闭柜经营,不能放在门口进行促销销售。

(二)操作实训(略)

项目七　销售药品

课堂随想

7-1　促销不等同于营销,促销是营销的一个方面。

一、知识训练

1.重要概念解释

药品消费者行为:指药品消费者在一定的购买动机驱使下,为了满足某种需求而购买药品或服务的活动过程,包括消费者从形成购买决策,到选择药品、支付费用、获得药品以及进行使用和使用后的感受的一系列购买行为,这样的行为直接影响消费者下一次购药的行为。

药店促销:指在药店中通过人员推销和非人员推销的方式,促进药品销售,向广大消费者传递药品信息,引导、启发、刺激消费者产生购买动机,发生购买兴趣,做出购买决策,采取购买行动的一系列活动。

2.问题理解

(1)药店消费者购买行为特征:①市场消费量大,但人均单次消费水平相对较低;②消费者进店购药的目的单一性与多样性并存;③消费者进行药品消费的非专家性;④药品购买具有周期和时间特点。

(2)药店促销的模式有:店员现场促销、体验促销、社区促销、服务促销、展览与展示促销、多元化经营的集客促销、POP 广告促销。

3.知识应用

(1)判断题:①√　　　②√　　　③×　　　④×

(2)选择题:①B　　②ABCD　　③C　　④D　　⑤B　　⑥B　　⑦D　　⑧B

二、技能训练

(一)案例分析(略)

(二)操作实训(略)

项目八 药店服务管理

课堂随想

8-1 不是所有药店都适合会员制营销。要看药店是否需要降低客户流失率,是否需要一个稳定的、可以预测的现金流,是否期望从现有客户中获得更多的销售收入,药店会员制营销就像一把双刃剑,成也于此,败也于此。

一、知识训练

1.重要概念解释

服务:服务是指为他人做事,并使他人从中受益的一种有偿或无偿的活动,不以实物形式而以提供劳动的形式满足他人某种特殊需要。

会员制营销:企业战略营销的一个重要组成部分,它以某项利益或服务为主题将人们组成一个俱乐部或团体,与其保持系统、持续、周期性的沟通,广泛开展宣传、销售、促销等全面综合的营销活动。

2.问题理解

(1)让顾客满意的服务方式:①对顾客负责;②懂得换位思考;③赢得顾客的信任;④给顾客改变主意的机会;⑤认真对待顾客的投诉;⑥用"谢谢你!"结束。

(2)药店实施会员制营销的优势:①树立药店品牌,降低开发新顾客成本;②增加与供应商的谈判能力,提升价格优势;③提供药店与顾客的沟通渠道,改进药店的经营模式。

药店实施会员制营销的劣势:①准备工作多,成本费用高;②营销效果难以预计,风险大;③入会循序渐进,回报效果慢。

3.知识应用

(1)判断题:①√ ②× ③√ ④√

(2)选择题:①ABCD ②ABCD ③ABCD ④ABCD

二、技能训练

(一)案例分析(略)

(二)操作实训(略)

项目九 药店员工管理

课堂随想

9-1 高中以上文化,如为初中文化,须具有 5 年以上药品经营工作经历;取得地市级(含)以上药品监督管理部门核发的营业员上岗证;具有一定的医药专业知识。

9-2 分工明确,监管到位,制度保障,奖惩分明,又有排班,分区陈列,责问制。

一、知识训练

1.问题理解

(1)药店的工作岗位:药店主要负责人、药店质量管理负责人、药店质量管理员、药品采购人员、药品验收人员、药品保管人员、药店养护人员、药店营业人员、药店收银人员、药店驻店药师。

(2)药店培训方式:按组织部门可划分企业外部培训和企业内部培训。企业外部培训主

要是指药品监督部门、主管部门、相关部门和业务单位组织的培训。如质量管理员、药品验收员和营业员每年要接受省、市药品监督管理部门组织的培训。企业内部培训包括全员培训、部门培训和小组培训。如药店的验收、养护和计量人员每年要接受药店组织的培训。

2.知识应用

(1)判断题:①×　　②×　　③×　　④√

(2)选择题:①ABC　　②BD　　③C

二、技能训练

(一)案例分析

暂且不对每种方法的优劣急于下结论,先来分析一下员工对上司要求的态度转变及心态变化。员工对店经理的要求的态度都会经过一个从拒绝到接受的过程。从社会心理学角度来看,从拒绝变为接受,一般要经过三个阶段:即"依从"、"认同"和"内化"。

"依从"、"认同"和"内化",虽然在行动上都表现为接受,但是显然是三种不同程度、不同水平和不同性质的接受,那就是——认权、认人和认理。对于认权的员工,靠的是赏罚;对于认人的员工,靠的是关系;对于认理的员工,靠的是自觉。那么究竟最好是靠什么才能稳定提高管理水平从而保证药店的服务水平呢?

靠赏罚,让员工认权,只是一种低水平管理。靠关系,让员工认人,虽然要比阳奉阴违的靠赏罚强,但也不能完全保证服务质量。只有让员工认理,让他能够清醒地判断是非,并自觉接受正确的东西,思想认识水平接近或达到一定高度,自觉要求自己,从内心里自觉遵照执行,这种管理才算达到一个较高的水平了。现实工作中,作为药店经理,当然不会满足于低水平的靠赏罚或中等水平的靠关系来管理药店。要让你的员工,自觉地照你所提出的要求去做,前提条件就是让他们确信,你所提的要求是有道理的、正确的。第一就是讲道理,进行职业教育和培训;第二必须让他们在实践中去体会。

因此作为一位药店经理,想要提高服务水平,必须制定一套系统、全面的服务规范,并综合运用以下几种方法来搞好药店的日常管理:其一,靠赏罚——制定全面系统的规章制度并辅以赏罚措施保证严格执行;其二,靠关系——与员工多沟通,保持良好的人际关系,保证说话有人听;其三,靠自觉——(这也是最重要的一点)就是强化职业教育和培训,提高员工的思想认识水平,并且通过实践让员工理解、接受所有的服务规范和规章制度,从而自觉遵照执行。这样,企业就从"人治"上升到"法治",企业管理也就从随意的经验管理上升到严谨的科学管理阶段。当管理达到一个高水平境界时,药店的服务水平也就会随之稳定提高。

(二)操作实训(略)

项目十　药品价格管理

课堂随想

10-1　25元。

一、知识训练

1.重要概念解释

药品价格:药品价格是药品价值的货币表现。

成本导向定价法:以成本为主要依据再加一定利润和应纳税金来制定价格的方法。

需求导向定价法:以消费者对药品的需求或对药品价值的认识程度为基本依据的定价方法。

竞争导向定价法:对于一些市场竞争十分激烈的药品,其价格的制定不能根据成本或需求,而要以同行业主要竞争对手的价格为主要依据来制定,这就是竞争导向定价法。

药品定价策略:指药店为实现定价目标,在特定的经营环境下采取的定价方针和价格竞争方式。

2.问题理解

(1)影响药店药品价格的因素:①国家政策和法律制度的影响;②药品供求因素的影响;③竞争对手的价格策略;④消费者心理因素的影响。

(2)药品的定价方法:①成本导向定价法;②需求导向定价法;③竞争导向定价法。

3.知识应用

(1)判断题:①×　　②×　　③×　　④√　　⑤×

(2)选择题:① ABC　　② ABCD　　③ ACD　　④ ABCD　　⑤ A　　⑥ AB
⑦ AD　　⑧ D

二、技能训练

(一)案例分析

点评:一般医药产品进入零售药店的通路要经过以下几个环节:生产企业—总经销—大区或省级代理—地市级代理—医药批发公司—配送中心—药店—消费者。环节过多,层层剥利,药品到消费者手里价格自然就高得惊人。而平价药店直接从厂家或者大型批发企业进货,直达消费者,省却了中间环节,药价因此可以大幅下降。另外平价药店的房租低廉,装修简单,勤进快销成了它们应对药店竞争的制胜手段,而且平价药店多是现款进货,这样还可以获得10%左右的返利。由此可见,药品价格的黑洞就是在烦琐的通路环节中。环节过多,需要分配的利益自然相对就多,价格虚高的原因也在这里。同时,也正是由于这些"内伤",大型连锁药店"锁"住了药品价格。而平价药店以较低的价格迎合了消费者的需求,普遍受到消费者的欢迎。其生意的兴隆,证明了它们"生逢其时"。只有精简中间流通环节,降低采购成本,将医药流通的利润摊薄,挤掉药价虚高的水分,还百姓一个透明规范的药品市场,才是目前药品经营企业尤其需要注意的事情。

(二)操作实训(略)

项目十一　收银作业与财务管理

一、知识训练

1.重要概念解释

会计凭证:会计凭证是记录经济业务的发生和完成情况,明确经济责任的书面证明,是登记账簿的依据。

会计账簿:会计账簿是以会计凭证为依据,对全部经济业务进行全面、连续、系统地记录和核算的簿籍。它是由具有专门格式连接在一起的账页组成的。

财务管理:财务管理就是对财务活动和财务关系的管理,组织企业财务活动,处理与各方面财务关系的一项经济管理工作。一般通过财务预测、财务决策、财务预算、财务控制等方法对企业财务活动进行管理。

2.问题理解

(1)收银工作的内容:收银员工做的工作很多,但就收银工作而言,主要是收银业务、收入款项的管理与上交业务,以及凭证的填制与装订业务等。

(2)收银员的岗位职责:①具有敬业爱岗精神,严格遵守药店的各项规章制度,服从上级领导的工作安排。②服从收银主管的班次安排,每日早上按时参加晨会,做好重要事项的记录以及营业前的各项准备工作。③按规范、工作程序进行收款操作,正确受理现金、支票、信用卡、会员卡、优惠券等业务,按规定开具销售发票,要确保收银工作不出差错,能顺利进行。④不带私款、物品上岗,不贪污,不私兑外币,认真执行财务纪律,严格审核优惠券等销售权限及退货、退款批准手续,要确信收银工作不出差错,能顺利进行。⑤文明接待每一位顾客,做到站立服务、主动热情、礼貌待客,送别顾客要使用文明、礼貌。⑥不擅离工作岗位,不私自调班,不做与工作无关的事情。⑦收款仔细认真,操作准确无误,一旦操作失误必须及时写出操作说明,报收银科(部)批准后通知信息中心改正。⑧做好交接手续,按交款单如数上交营业款,合理使用备用金以节省费用开支。⑨增强防盗、防骗意识,加强对假币、假票据的甄别,切实维护药店的经济利益。⑩负责电子收银机的日常维护、保养,遇到收银机发生故障或自身无法解决的问题及时上报。

(3)银行卡收银业务的操作程序:①收卡、证;②确认、审卡、刷卡、签字;③认真核实;④打印单据;⑤发还卡、证、单据。

(4)财务管理制度的内容:健全财务处理程序制度、建立财务稽核制度、建立内部牵制以及财务监督制度、建立财务审批制度、建立原始记录管理制度、建立票据管理制度、建立档案管理制度。

3.知识应用

(1)选择题:①ABCD　②ABCD　③ABD　④ABD　⑤ABCD　⑥AB
⑦ABCD　⑧ABC　⑨A

二、技能训练

(一)案例分析

作为持卡人,应该妥善保管自己的银行卡,银行卡应该设置密码,一旦遗失,应立即采取相应的措施。而作为收银员,在接受顾客银行卡付款时,应严格把好银行卡的审核关,审核信用卡是否完整无损、顾客的有效身份证件、发行和到期年月、信用卡是否被相关金融机构列入禁用名单等。一旦发现可疑情况,应该采取相应的措施,以保护卡主的利益不受侵害。

(二)操作实训

【实训项目一】(略)

【实训项目二】

<u>陕西</u> 省增值税专用发票

发 票 联

开票日期:2009 年 2 月 20 日　　　　　　　　　　　　　　　　　NO:6738005

购货单位	名　称	三峰医药公司			纳税人登记号		4101055808975382		
	地址、电话	西安市环城北路 2388 号 电话 89078992			开户银行及账号		工商银行西安支行 0856397729		
商品或劳务名称		计量单位	数量	单价	金额		税率(%)		税额
感冒清		件	10	300	3000		17%		510
合计									
价税合计(大写)			人民币叁仟伍佰壹拾元整						
销货单位	名　称	四环制药有限公司			纳税人登记				
	地址、电话				开户银行及账号				

【实训项目三】

现金日记账

2008 年		凭证号数	摘　要	对方科目	借　方	贷　方	借或贷	余　额
月	日							
2	1		月初余额				借	2500
2	2		银行提现		2000		借	4500
2	5		支付差旅费			1000	借	3500
2	7		买办公用品			800	借	2700
2	10		银行提现		200000		借	202700
2	12		发放工资			200000	借	2700

银行存款日记账

2008 年		凭证号数	摘　要	对方科目	借　方	贷　方	借或贷	余　额
月	日							
2	1		月初余额				借	300000
2	2		银行提现			2000	借	298000
2	10		银行提现			200000	借	98000
2	25		付水电费			6000	借	92000
2	31		交纳税款			7000	借	85000

项目十二　运营网上药店

课堂随想

12-1　正规的网上药店必须有若干资质。其中,必须在其网站首页显著位置标明《互联网药品交易服务机构资格证书》号码指的就是《互联网药品交易服务资格证书》后

"XC20090001"之类的字样(其中"X"一般为各地的简称,如"京"、"沪"等)。

一、知识训练

1. 重要概念解释

网上药店(或称虚拟药店):指企业依法建立的,能够实现与个人消费者在互联网上进行医药商品交易的电子虚拟销售市场,是医药电子商务的一个分支,属 B2C 交易模式。

2. 问题理解

(1)药监部门批准的可以向个人消费者销售药品的网站需要具备哪些条件?

①网站开办单位为依法设立的药品连锁零售企业,取得由省一级相关监管部门颁发的互联网药品交易服务资格证书。②在网站的显著位置标示出互联网药品交易服务机构资格证书的编号。③网站只能向消费者销售开办企业经营的非处方药,网站具备网上查询、网上咨询、生成订单、电子合同等交易功能。

(2)当前,网上购药付款方式有哪几种?

主要有三种:一种是货到付款,送货上门,满意再付款;另一种是利用支付宝等诚信货币支付;最后一种是款到发货。

3. 知识应用

(1)判断题:①×　　②√

(2)选择题:①D　　②B　　③ABC　　④ABCD

二、技能训练

(一)案例分析

非法网上药店的危害性可以从用药以及网上购药信心建立等各个角度进行分析,着重阐述对消费者和网络环境的危害。

(二)操作实训

需要学生从各个角度对非法网上药店进行分析,提炼其明显特征,在网上进行宣传,并提醒消费者注意区别。

项目十三　药店连锁经营

课堂随想

13-1　直营连锁:连锁总部对各连锁分店拥有全部所有权、经营权、监督权。总部决定各连锁分店的经营种类、商品采购,统一确定商品价格、销售政策,确定制度统一的推销方案、统一商店的布置等。实施人、财、物、购、库、销等方面的统一管理。各分店的经营活动必须在总部的所有管理制度的约束下统一地从事经营活动。

特许连锁:一方面,经营管理权高度集中于主导企业,在店名、店貌、采购、经营、价格、服务和管理方面,必须服从于主导企业的统一管理,加盟者必须按照特许合同严格执行生产经营任务,没有独立的生产经营权。另一方面,加盟者具有独立的企业法人资格和企业的人事、财务权,特许连锁体系内部,各加盟者对其各自的门店拥有所有权。主导企业与各加盟者之间不存在所有权上的关系,加盟者对自己的经营成败负责。

一、知识训练

1.重要概念解释

连锁经营是连锁商店所采取的一种经营方式和管理制度,指由同一个经营总部领导下的若干分支企业或门店构成的联合体为实现规模效益所进行的统一的商业经营活动。

直营连锁又叫正规连锁,是连锁经营的基本形态。这是连锁企业总部通过独资、控股或兼并等途径开设门店、发展壮大自身实力和规模的一种连锁形式。连锁企业的所有门店在总部的直接领导下统一经营,总部对各门店实施人、财、物及商流、物流、信息流、资金流等方面的统一管理。

2.问题理解

(1)连锁经营的特征:①管理上的标准化、专业化、简单化(3S);②组织形式上的联合化和一体化;③经营方式上的规模化和网络化。

(2)我国连锁药店的5种盈利模式:①多元化提高客单价盈利模式;②自有品牌产品盈利模式;③内部精细化管理盈利模式;④顾客满意持续提升(专业药学服务关联销售)盈利模式;⑤专业化定位盈利模式。

3.知识应用

(1)判断题:①√　　②√　　③×

(2)选择题:①ABCD　　②ABCD　　③ABC

二、技能训练

(一)案例分析(略)

(二)操作实训(略)